资源型经济转型的财税法律制度研究

RESEARCH ON THE LEGAL SYSTEM
OF
FINANCE AND TAXATION FOR THE TRANSFORMATION
OF
RESOURCE-BASED ECONOMY

薛建兰 等 著

法律出版社 LAW PRESS · CHINA

PREFACE 前言

《中共中央关于制定国民经济和社会发展第十四个五年规划和二〇三五年远景目标的建议》强调，要把新发展理念贯穿发展全过程和各领域，构建新发展格局，切实转变发展方式，推动质量变革、效率变革、动力变革，实现更高质量、更有效率、更加公平、更可持续、更为安全的发展。这无疑对资源型经济转型发展提出了新的更高要求。完善的财税法律制度从宏观上能够确保资源型经济转型“于法有据”，从微观上又为加快破解制约资源型经济转型的深层次体制机制障碍和结构性矛盾，走出一条转型升级、创新驱动发展的新路注入法治动能，可以说是资源型经济转型的“先锋官”和“撒手锏”。

2010年12月1日，经国务院同意，国家发展和改革委员会正式批复设立“山西省国家资源型经济综合配套改革试验区”这是我国设立的第九个综合配套改革试验区，也是我国第一个全省域、全方位、系统性的国家级综合配套改革试验区。《山西省转型综合配套改革试验总体方案》（2012）中明确提出，要深化财税体制改革。面对这样的发展形势和改革契机，作为山西省的财税法研究者，我们深感有责任为本省，乃至全国资源型经济转型的财税法律制度完善作出自己力所能及的理论贡献。因此，我们立足山西省的改革实践，放眼全国的转型进程，组织团队以“资源型经济转型的财税法律制度研究”为题申报了2013年度的国家社科基金项目，并有幸获得批准资助。本部书稿也是在结题报告的基础上加以丰富完善，最终得以呈现在大家面前。

本书尝试从资源型经济转型的基础理论入手，详细论证资源型经济转型与财税法律制度的逻辑关系，并以此为立基点，着眼财税权配置和制度运行两个维度阐释了现行财税法律制度对于资源型经济转型的影响和制约，在借鉴国外资源型经济转型有益财税制度的提出上，从税权配置、理论完善和制度创新三个方面提出了完善资源型经济转型财税法律制度的具体对策建议。本书总计十章，具体分工如下：第一章为资源型经济转型的基础理论（薛建兰　韩菲）；第二章为资源型经济转型的财税法律制度梳理及评析（许建业　韩菲）；第三章为现行财税权配置对资源型经济转型的影响（赵亮）；第四章为现行财政法律制度对资源型经济转型的制约（薛建兰　单云慧　张向宇）；第五章为现行税收法律制度对资源型经济转型的影响（薛建兰　王娟　石莹菲　邢超超）；第六章为国外资源型经济转型的财税制度及借鉴（许建业　李洲）；第七章为合理配置资源型地区财税权的建议（赵亮）；第八章为资源型经济转型的财税法律制度理论完善（薛建兰　赵亮）；第九章为促进资源型经济转型的财政法律制度创新研究（薛建兰　单云慧　张向宇）；第十章为促进资源型经济转型的税收法律制度创新研究（薛建兰　王娟　石莹菲　邢超超）。全书由薛建兰统稿。

本书在借鉴研究国内外学者的相关理论和各国相关转型实践经验中得以完成，希望这一成果也能够为资源型经济转型财税法律制度的理论完善和实践优化添砖加瓦。感谢为本书撰写提供指导的各位领导、专家和同行，感谢为本书出版付出辛劳的法律出版社编辑田浩。

虽然我们在撰写过程中尽最大努力对本书的体系、内容和文字方面进行斟酌把握，但是由于资源型经济转型财税法律制度的完善是一项具有长期性和复杂性的系统工程，加之我们水平有限，难免存在缺点和错误，真诚地欢迎各位读者多多批评指正。

薛建兰

2020 年 12 月 21 日

C O N T E N T S 目 录

绪　论

资源是国民经济持续健康发展的重要支撑，资源型地区为中国经济的发展和工业体系的建设做出了重要贡献。但随着经济的快速发展，很多资源型地区都面临着资源日益枯竭所引发的资源问题、生态问题、产业问题和社会问题等，严重制约着经济社会的可持续发展，转型迫在眉睫。为了保障资源的合理开发和利用，为了修复生态以实现人与自然和谐发展，为了转型产业以实现经济的再度振兴，资源型地区应加快转型发展的步伐，立足本地实际情况，通过强有力的措施来探索资源型经济转型发展的出路。财税法律制度通过影响公共产品的供给，进而影响经济发展；通过调整各方经济利益，进而促进产业结构的调整和国民经济的可持续发展。

一、本书研究的理论价值和应用价值

财税法律制度与其他法律制度相比较，在调整国民收入分配、引导产业结构合理布局、促进经济发展方式转变等方面具有方法更直接、传导速度更快、导向作用更明显等一系列独特优势。本书的研究目的在于从财税法律制度方面对资源型经济转型发展“把脉搏”“开药方”，希冀通过完善财税法律制度为资源型经济转型发展提供法律保障和制度引导，促进资源型地区走出“资源竭经济衰”的困境，走出我国经济发展的“塌陷区”，冲破资源型经济转型发展面临的诸多约束，实现化危机为生机，转衰退为重振，变束缚为推动，推动资源型经济的转型发展。

目前我国运用财税法律制度促进资源型经济转型发展尚未形成完备的理论基础，也没有形成一个完整的财税法律体系来指导资源型地区转型发展。从研究现状来看，目前国内学者对此专题的研究成果较少，主要侧重于从经济学角度对财税政策促进转型发展的作用机制进行研究，并提出相应对策；从法学的角度主要是对财税法的功能和作用作了比较宽泛的研究，缺乏从法学的角度专门针对资源型经济转型的财税法促进的研究。基于财税法定和财税民主理论，国家财税应当通过法律表现出来，无法不成税，这就决定了要研究改革现有财税制度，必须从法学的角度进行，既要鼓励、促进和保障转型，合理配置财权和税权，科学设立税种，明确税收优惠等税制要素，又要促进经济发展；既要照顾资源型地区，适当赋予地方一定的税权，又要符合我国税权集中的制度。因此，亟需对法学理论进行系统研究。本书从转型发展与财税法律制度的关系出发，分别从理论和制度层面，分析了目前资源型地区财税权和财税法律制度的现状和不足，并对国外资源型地区转型发展的经验进行了总结，系统研究了如何运用财税法律制度促进资源型经济的转型发展问题，对资源型经济转型发展的财税法律制度建设提出了建议。通过本书的研究，在理论上使经济学界对资源型经济转型的财税政策的研究法律化，使法学界对财税法的功能和作用的研究具体化。站在经济转型的高度，反思传统财税法理论，探索促进和保障资源型经济转型的财税法理论，对于财税法理论的提升，将具有一定的推动和促进作用。在实践层面，针对当前的资源型经济转型形势，剖析了现行财税法对转型发展的障碍，提出了促进经济转型的财税法律制度的完善建议，对于完善财税法律制度体系，规范、引导、促进和保障资源型经济转型发展，具有重要的应用价值。

二、本书研究的主要内容

本书旨在研究财税法应如何促进资源型经济转型。因此，主要从以下几个方面进行了研究。

（一）资源型经济转型与财税法的内在关联

依据资源诅咒理论，探讨了资源型经济转型的必要性。从公共产品理论和宏观调控理论，探讨了财税法对资源型经济转型调整的特殊功效和作用机制，表现为：一是正关联即促进与保障，财政税收制度通过增加公共产品的供给以及安排具体税制保障和促进资源型经济转型；二是负关联即制约与阻碍，财权与事权不协调、税制结构不合理、财政支出结构不完善制约和阻碍了资源型经济转型。从财税法定原则、公平原则和效率原则，探讨财税法对资源型经济转型的促进和保障的必要性和可行性；从政策和法律的关系，探讨促进和保障资源型经济转型的财税政策和财税法律一体化建设问题。

（二）资源型地区的财税权配置研究

我国实行的是全国统一税制，但是由于资源型地区的产业结构和历史遗留问题，现行财税权配置不能满足资源型经济转型发展的需求。本书基于事权与财权相统一、事权和支出责任相一致的原则，探讨了分税制的不合理性对资源型地区的财权、事权和财政转移支付造成的影响，并进一步研究了扩大资源型地区财权的路径，包括完善分税制、适度赋予资源型地区税收立法权、扩大资源型地区的税收收益权等，并从理论上提出了资源型地区财税立法的原则、体例和路径。

（三）资源型经济转型的财政法律制度

财政法律制度对资源型地区经济与社会的协调发展至关重要，但现行财政法律制度在一定程度上制约着资源型经济转型发展。本书主要依据事权与支出责任相统一的原则，通过调查研究，分析了我国预算法和财政转移支付制度中存在的问题，即资源型地区财政事权与支出责任划分不合理、资源型地区预算收入无法得到保障、资源型地区预算扶持机制不完善、财政转移支付法律制度立法位阶低、中央对资源型地区的财政转移支付结构不合理、专项财政转移支付法律制度向资源型经济转型倾斜不足、资源型地区省以下财政转移支付法律制度缺乏针对性、横向财政转移支付法律制度缺位以及资源型地区财政转移支付法律责任设置不合理等问题，并提出了相应的平衡政府之间财政能力和区域经济协调发展的财政法保障措施。

（四）资源型经济转型的税收法律制度

本书以促进资源型经济转型和保障经济增长为双重目标，借鉴国外促进转型的税收立法经验，针对现行税法制约实现目标的因素，研究改革的思路。包括：提出“营改增”后增值税法律制度存在的问题，新实施的环境税法还存在的不足，资源税法律制度依然面临的问题和企业所得税税收优惠方面存在的问题。针对上述问题，提出了完善建议，对于完善我国财税法体系，推动财税法对促进资源型经济转型发展的规范和保障作用具有重要的运用价值。

三、本书的研究思路和研究方法

（一）研究思路

本书从资源型经济转型的背景及必要性入手，沿着财税法的特殊功效和作用，探讨财税法对资源型经济转型的促进与保障的必要性与可行性，基于我国现行财税法对促进与保障资源型经济转型的不足，依据事权和财权相统一、事权和支出责任相一致、财税法定、财税民主、税收效率、公共产品等理论，分析探讨财税法促进和保障资源型经济转型的路径，进而分别从财税政策与财税法一体化建设以及财税权配置等方面进行详细分析，最后从财税立法层面有针对性地提出促进和保障资源型经济转型的建议。

（二）研究方法

本书改变了单一的法学研究方法，根据国际国内市场经济瞬息万变的形势和我国资源型经济转型发展的实际需要，采用多层次、多视角、多方位的创新性研究方法。主要包括：

1. 调查研究法

通过制作问卷、走访企业、向有关部门调查等方式，进行大量的调查研究，全面了解和掌握我国资源型经济转型面临的财税政策和法律问题以及转型亟需解决的财税法律问题。

2. 比较分析法

通过对德国、法国等国家资源型经济转型的财税制度和财税政策的比较，提炼出对我国资源型经济转型可借鉴的经验，以完善我国促进资源型经济转型的财税法。

3. 法经济学研究法

财政效率能够反映政府配置资源和政府行政运行的双重效率，对于资源型地区而言，政府配置资源的效率和政府行政运行的效率直接关系到其能否顺利实现转型发展。通过对专项财政转移支付与山西省财政支出效率的实证分析，得出了研究结论：山西省财政支出效率会随着山西省的专项转移支付比重的增加而降低，从而影响了山西省转型的进程。

4. 文献分析与逻辑推演方法

通过对国内外相关研究成果的分析，推演出财税法促进资源型经济转型的必要性和可行性，并针对资源型地区现实，提出完善财税法的立法建议。

四、本书的基本观点和创新之处

（一）基本观点

财税法在促进和保障资源型经济转型方面具有明显的独特优势。资源型地区转型的事权决定了在保持分税制基本方向不变的前提下，应注重中央宏观调控和地方财政自主性的辩证统一；在保证事权和财权相一致的前提下，应通过加大对资源型经济转型地区的均衡性财政转移支付力度和建立横向转移支付制度，加大资源型地区的财权；在坚持税收法定的前提下，按照法定程序适度赋予资源型地区一定的税收立法权，扩大其税收收益权；在坚持税收中性原则的前提下，进一步完善增值税、资源税、环境税和企业所得税法律制度，构建完备的税收法律体系，以促进和保障资源型经济转型发展。

（二）创新之处

1. 选题创新

本书将从财税法促进资源型经济转型的功能和作用以及资源型地区的财税权配置到具体财税法律制度的建立和完善进行全面的、系统的研究。到目前为止，法学界尚没有学者专门对此问题进行研究，本书属于首次提出。

2. 研究角度创新

本书所涉内容具有学科交叉性，笔者将在已有研究的基础上，将经济学和法学结合起来研究，突破经济学领域就促进资源型经济转型的财税政策的单一研究，而是将其和法律一体化建设研究；同时，突破法学领域对财税法功效的宽泛研究，而将其具体化研究，提出促进和保障资源型经济转型的具体建议。

3. 研究方法创新

本书采用多层次、多视角、多方位的创新性研究方法，特别是在法学研究报告中采用了法经济学的研究方法。以山西省为例（山西省是典型的资源型省份，列入国家资源型城市的地级行政区有 10 个，县级市有 3 个），通过对财政效率的 DEA 测算，得出了新的结论：山西省财政支出效率会随着山西省的专项转移支付比重的增加而降低，从而影响了山西省转型的进程。

4. 学术观点创新

一是，从法学研究的角度论证了资源型经济转型和财税法律制度之间的内在关联，首次提出了正关联和负关联的概念及相关含义。二是，全面梳理了我国资源型经济转型的财税法律制度并进行评析，填补了我国在这一领域研究的空白。三是，运用法经济学研究方法，得出新的结论：山西省财政支出效率会随着山西省的专项转移支付比重的增加而降低，从而影响了山西省转型的进程。四是，全面系统分析了我国预算法、财政转移支付法、增值税、资源税、环境保护税和企业所得税法律制度中存在的阻碍资源型经济转型的具体制度和相关问题，并提出完善的对策，在我国法学研究领域尚属首创。

第一章　资源型经济转型的基础理论

纵观世界经济的发展，丰富的自然资源特别是矿产资源是工业化起步的基础，也是经济发展初期的“引擎”。19 世纪英国、德国以及之后的美国在经济发展初期大都依赖丰富的矿产资源从而获得经济的原始积累。我国在经济建设初期，工业化的迅速发展在很大程度上也得益于矿产资源作用的充分发挥。因而，在经济发展中，自然资源的开发与利用是经济增长和经济发展潜在的、重要的催化剂。① 然而，随着经济的发展，特别是20 世纪 60 年代以后，依靠自然资源发展起来的部分老工业基地出现了不同程度的反向发展问题，如经济增长缓慢、环境污染突出、贸易条件恶化、资源流失严重，这种丰富资源与经济增长的反向互动关系引起了人们对资源型经济的广泛关注。

一、资源型经济界定

（一）资源型经济界定的文献综述

自然资源是人类生存和发展的重要物质保障，特别是以煤、石油、天然气为主的矿产资源对于推动经济的工业化和现代化贡献颇丰。对于此结论，早期的经济学家基本持肯定态度，如沃特金 · M. H. （Watkin · M. H. ）、赖

① 参见张复明、景普秋：《资源型经济及其转型研究述评》，载《中国社会科学》2006 年第 6 期。

特·G.（Wright·G.）、德隆·B.J.（De Long·B.J.）和J.G.威廉森（J.G. Williamson）、大卫·P.A.（David·P.A.）和G.莱特（G. Wright）在研究英国、美国、德国、澳大利亚、加拿大等主要资本主义国家的发展历程时，发现自然资源禀赋对于区域经济的起步和发展均意义重大。① 罗森施泰因·罗丹（Rosenstein·Rodan）在研究拉丁美洲众多发展中国家的经济问题时，发现自然资源的开发利用与当地经济的增长呈现正相关。②我国学者孙永平（2011年）以三次“中心—外围”格局的形成及其转换为视角，对自然资源与区域经济增长的关系进行了详细的历史考察，发现在区域经济发展初期，自然资源产品贸易能够有效地促进经济增长。③

然而，20世纪60年代以后，一方面，依靠资源禀赋实现经济增长的发展模式出现了众多问题，如“荷兰病”现象的出现；④ 另一方面，一些资源贫瘠的国家和地区却呈现经济持续发展的势头，如“亚洲四小龙”在20世纪中后期的兴起。基于此，W.M.科尔德（W.M. Corden）和J.P.内亚里（J.P. Neary）通过设立三部门模型发现在能源价格的冲击下，生产要素向资源部门迅速积聚，导致产业结构的单一与经济增长的滞缓。⑤ 在此基础上，奥蒂·R.M.（Auty·R.M.）首次提出了“资源诅咒”一词，意在解释资源的丰裕度与经济增长之间的反向互动关系。⑥ J.D.萨克斯（J.D. Sachs）和A.M.华纳（A.M. Warner）

---

① 参见邵帅、范美婷、杨莉莉：《资源产业依赖如何影响经济发展效率——有条件资源诅咒假说的检验及解释》，载《管理世界》2013年第2期。

② See P. Rosenstein·Rodan, *Notes on the Theory of the “Big Push”*. *In H. S. Ellis, H. C. Wallich (eds.)*, New York: St. Martins Press, 1961, pp. 101－103.

③ 参见孙永平：《自然资源与经济增长关系的历史考察》，载《经济评论》2011年第2期。

④ “荷兰病”现象，是指第二次世界大战后，荷兰的经济发展令人瞩目，通货膨胀率低于3%，GDP增长率超过5%，失业率只在1%左右波动。20世纪60年代，荷兰北海发现了储量丰富的天然气，随着天然气资源的大规模开采，天然气出口收入快速增长。然而，骤然繁荣的天然气产业和源源不断的天然气财富，却带来了始料不及的问题，提高了荷兰货币的汇率，降低了制造业部门的国际竞争力，失业率上升。

⑤ See W. M. Corden, J. P. Neary, “Booming Sector and De－industrialization in a Small Economy”, *The Economic Journal* 92, 1982, pp. 825－848.

⑥ See Auty. R. M., *Sustaining Development in Mineral Economies: The Resource Curse Thesis*, London, Routledge Press, 1993, pp. 59－60.

以“干中学”理论为指导，对“资源诅咒”假说进行了实证检验，进一步证明了资源部门的繁荣可能导致经济增长速度缓慢。① 我国学者基于中国的省际数据，也纷纷对“资源诅咒”现象进行了中国化研究（徐康宁和王剑，2005 年；李天籽，2007 年；邵帅和齐中英，2009 年；冯综宪，2010 年；邵帅和杨莉莉，2011 年；黄子健，2013 年；郭淑芬，2016 年等）。基于以上研究，学者们发现“资源诅咒”现象无论是在跨国层面还是在一国内部区域层面均普遍存在。

综上所述，随着自然资源与经济增长由正向促进到反向阻碍关系的变化，以及实践中“资源诅咒”现象的频繁发生，人们越来越关注自然资源在经济发展中的重要作用，并将其发展成与服务型经济、知识型经济、加工型经济并重的资源型经济。国外围绕资源型经济产生的诸多问题开展了广泛而深入的研究，大体包括以下三个阶段：第一阶段，20 世纪 60 年代左右，经济学家和地理学家围绕发达国家老工业区域的衰退与整治对煤炭、钢铁等资源型产业进行了卓有成效的研究，旨在通过调整产业结构振兴区域经济；第二阶段，20 世纪 70 ~ 80 年代，主流经济学家围绕大量发展中国家出现“荷兰病”的现象对资源型部门的贸易结构、就业结构、工资水平和生产成本进行了实证研究，揭示了资源型经济产生的原因；第三阶段，20 世纪 90 年代以来，以奥蒂 · R. M.（Auty · R. M.）为首的经济学家围绕“资源诅咒”现象对资源丰裕与经济增长之间的关系进行了广泛研究，实现了对资源型经济的多领域探讨。一言以蔽之，国外对于资源型经济现象及原因的研究起步早且影响深远。一方面，研究内容广泛。涉及产业结构、贸易条件、生产成本、就业影响等经济领域，也包括环境污染、寻租腐败、政府政策等社会问题；既关注发达国家的资源型经济发展，也注重发展中国家资源型经济产生的问题；既研究国内的资源型经济现象，也探讨跨国、跨区域的资源型经济发展。另

① See A. M. Warner, “Sources of Slow Growth in African Economies,” *Journal of African Economies* 6, No. 3, 1997, pp. 335 – 380; J. D. Sachs, A. M. Warner, “The Big Push, Natural Resource Booms and Growth,” *Journal of Development Economics* 59, 1999, pp. 43 – 76.

一方面，研究方法不断发展。从早期的粗略定性研究到日益精致的定性与定量相结合方法，逐步科学深入地揭示了资源型经济产生的原因和影响，为日后准确判定资源型经济，避免“资源诅咒”奠定了理论基础。

在借鉴国外研究经验以及结合我国资源型经济发展实践的基础上，国内对于资源型经济的界定已产生并日趋完善，但尚未形成统一定论，理论界有广义和狭义之说。广义的资源型经济界定包括：罗平和尚晓慧（2008 年）从自然资源的概念出发，认为资源型经济就是依赖资源的开采和利用而形成的经济增长机制。① 黄毅（2009 年）以传统的经济增长理论为指导，探讨“自然红利”对于经济发展的重要影响，从而得出资源型经济就是开发利用本国、本地区的自然资源，实现资源导向型发展战略的资源配置形式。② 樊爱荣（2011 年）以山西省资源型经济发展的实践为基础，深入分析了资源型经济的优势和弊端后，认为资源型经济是以优越的自然资源禀赋为支撑，由资源型产业为主体构成的产业集群和经营活动的总称。③ 邵帅和杨莉莉（2010 年）、杨彦红（2018 年）以对资源依附与资源丰裕概念的区分为基础，认为资源型经济主要是指资源依赖型经济，其判断标准为资源产业在区域经济发展中的作用。④

狭义的资源型经济界定包括：张复明和景普秋（2006 年）结合国外资源型经济实践和研究的发展历程，认为资源型经济主要是指以煤炭、石油、天然气等能源资源，以及铁、铜等矿产资源开发为主导的经济体系。⑤ 杨宏忠、苏文（2011 年）通过对资源、资源型产业以及资源型经济的发展模式和路径的研究，指出资源型经济是以矿产资源为导向、以矿产资源产业为基础的经济体系。⑥ 张娟（2012 年）按照我国《国民经济行业分类与代码》的规定将

---

① 参见罗平、尚晓慧：《资源型经济与创新型社会的思考》，载《生态经济》2008 年第 2 期。

② 参见黄毅：《资源型经济转型与资源诅咒的化解》，载《云南社会科学》2009 年第 2 期。

③ 参见樊爱荣：《资源型经济地区转型发展途径探析》，载《中国国情国力》2011 年第 11 期。

④ 参见邵帅、杨莉莉：《自然资源丰裕、资源产业依赖与中国区域经济增长》，载《管理世界》2010 年第 9 期。参见杨彦红：《资源型经济产业结构变动对能源效率的影响研究》，山西财经大学 2018 年硕士学位论文，第 11 页。

⑤ 参见张复明、景普秋：《资源型经济及其转型研究述评》，载《中国社会科学》2006 年第 6 期。

⑥ 参见杨宏忠、苏文：《甘肃资源型经济转型的路径分析》，载《中国矿业》2011 年第 1 期。

资源型经济界定为以能源资源（包括煤炭、石油、天然气等）的开发和矿产资源（包括铁、铜等）的开发为经济发展主导力的经济体系。[①] 赵辉、刘学敏（2013 年）为了更好地利用最优生产选择模型对资源型经济转型的路径进行研究，把资源型经济界定为以自然资源，尤其是矿产资源开发为导向和发展基础的经济。[②] 除此之外，学者们还从资源型经济的产业结构、贸易产品、发展路径、区域特色等角度分析认为资源型经济是指主要依靠区域资源，特别是煤炭、石油等能源资源的比较优势，通过对自然资源的开采、初级加工并形成初级产品的经济增长模式。（王柏杰和郭鑫，2017 年；[③] 韩建强，2017 年；[④] 杨振勇，2018 年[⑤]）

综上所述，由于我国资源型地区[⑥]数量多、分布广、历史贡献大、现实地位突出，但经济社会问题严重，因而引起了理论界的普遍关注。随着对资源型经济的不断深入研究，我国学者开始对资源型经济进行界定并日趋完善，形成广义理解和狭义解释之分，尚未形成统一定论。

（二）本书对资源型经济的界定

马克思主义经济理论认为：资源型经济、服务型经济、知识型经济、加工型经济是产业活动的基本类型。人类社会发展的实践也证明了资源型经济在国家、区域以及城市层面均普遍存在，且其在创造经济腾飞的同时也产生了诸多经济社会问题。因而，准确界定资源型经济是进一步研究资源型经济转型的前提和基础，具有重大意义。

由上述文献梳理可知：对资源型经济这一概念的界定理论上存在广义理

---

① 参见张娟：《山西省资源型经济转型研究》，山西大学 2012 年硕士学位论文，第 5 页。

② 参见赵辉、刘学敏：《资源型经济转型路径分析》，载《城市问题》2013 年第 3 期。

③ 参见王柏杰、郭鑫：《地方政府行为、“资源诅咒”与产业结构失衡——来自 43 个资源型地级市调查数据的证据》，载《山西财经大学学报》2017 年第 6 期。

④ 参见韩建强：《新常态下资源型经济创新转型的对策研究——以鄂尔多斯市为例》，载《财政科学》2017 年第 12 期。

⑤ 参见杨振勇：《新常态下资源型经济的转型升级研究》，载《企业管理与改革》2018 年第 13 期。

⑥ 所谓资源型地区，是指由于自然资源丰富，因而，以自然资源为对象的采掘工业及其相关的社会生产发展到一定规模后，由于人口集聚而形成的特定区域。

解和狭义解释之分，本书对资源型经济的界定采用狭义说。理由如下：第一，本书所要解决的是工业化进程中资源型经济产生的问题，而矿产资源或称能源资源是工业化发展的基础和保障，所以工业化进程中资源型经济产生的诸多问题都集中体现在对矿产资源的不合理开发和利用上，因而，本书以矿产资源经济的转型为研究重点。第二，根据国务院印发的《全国资源型城市可持续发展规划（2013~2020年）》（国发〔2013〕45号）确定的262个资源型城市来看，其中以矿产和能源为主要资源的城市有244个，占比93%，足以说明研究矿产资源型经济转型对整个资源型经济转型的重要意义。第三，根据《中国税收年鉴（2017年）》统计的我国2016年分行业税收收入情况来看，采矿业税收收入为29,052,494万元，而森工加工业（木材加工业、家具制造业、造纸业）的税收收入为6,203,954万元，仅为采矿业税收收入的21%，因而矿产资源型经济转型是整个资源型经济转型的典型代表。第四，本书隶属山西省高校，而山西省是我国重要的能源基地，煤炭资源是其经济发展的支柱，因而是典型的资源型经济，2017年国务院特批山西省为国家资源型经济转型综合配套改革试验区，[①] 在推进资源型经济转型改革和发展中具有重要地位。因而为了研究的方便和深入，本书集中以矿产资源的经济转型为研究重点。基于以上原因，本书对资源型经济的界定采用狭义说。

具体来讲，本书所指的资源型经济主要是以煤炭、石油、天然气等能源资源，以及铁、铜等矿产资源开发为动力，以能源、矿产等资源部门为主导，围绕资源产业形成的资源加工、贸易、服务等资源产业为主体的经济体系。其判断依据主要包括以下四个方面：第一，区域经济发展是否依赖矿产资源禀赋；第二，以矿产资源为主导的产业是否是该区域的支柱产业；第三，以矿产资源开发为基础的生产部门是否对区域经济发展具有重要意义；第四，

① 国务院《关于支持山西省进一步深化改革促进资源型经济转型发展的意见》（国发〔2017〕42号）。

由资源开发形成的产品是否是区域贸易的核心。[①] 以此标准判断，我国新疆维吾尔自治区、内蒙古自治区、黑龙江省、山西省、江西省、贵州省等矿产资源丰富，且资源型产业是其支柱产业，因而是典型的资源型经济地区。

二、资源型经济转型的界定

资源型经济转型是一个世界性的难题，对于正处于工业化和城镇化进程中的我国尤其如此。我国进行资源型经济转型的挑战巨大，任务艰巨。但是改革开放以来，我国许多资源型地区由于掠夺式开发，已经逐渐走向枯竭，由此引发了一系列复杂问题，各方面的矛盾日益显现。随着国家经济发展战略的调整以及体制机制改革的推进，特别是在市场经济发展进程中，长期积累的矛盾与问题逐渐暴露出来，资源型产业的传统发展模式已经不能适应新的发展要求。2017 年，习近平总书记在党的十九大报告中明确指出："要树立可持续发展的思路，支持资源型地区经济转型发展。"因而，资源型经济正面临着转型升级的严峻考验。[②]

（一）资源型经济转型的背景

由上述资源型经济的内涵可知：资源型经济主要是在充分利用区域资源优势的基础上，通过对矿产资源的开采和初级加工而形成的经济增长模式。在经济发展初期，自然资源禀赋确实是区域经济发展的比较优势，然而，由于资源型经济发展的资源依附性与开发单一化，导致出现经济增长乏力、经济结构失衡、生态环境恶化等诸多问题，而转型是解决上述问题的必经之路。具体我们将从资源型经济发展中存在的经济问题与社会矛盾两个维度来分析资源型经济转型的背景。

---

① 参见阮慧主持、张复明执笔：《中西部资源型区域经济转型模式研究》（国家社会科学基金项目结项报告），项目批准号：98BJY039，2001 年 12 月。

② 资源型地区大多把资源产业作为唯一的专门化发展方向，导致非资源型产业发育不足、技术水平偏低、竞争力较差，无法为资源型产业提供技术支持和装备支持，而资源性产品的主导市场又在区外，导致产业发展的链条必然地被甩在外边，这样，资源型产业便成了与当地经济缺乏有机联系的"经济飞地"。

1. 资源型经济发展中存在的经济问题

首先，产业结构单一化与经济结构刚性化问题突出。由于资源型经济在发展中过分依赖资源优势，地区经济受资源禀赋及资源价格的变化而波动，导致产业结构严重失衡，第一产业与第三产业发展滞后，阻碍了资源优势的充分发挥。因而产业结构畸形即产业结构单一化是资源型经济发展中的突出问题。除此之外，由于资源型产业是国家工业化建设中的支柱产业，为国家工业化的发展提供能源支持和物质保障。因而其长期受计划经济体制的管理和约束，经济结构刚性化问题明显。表现在两个方面：一方面，由于国家经济发展初期需要大量的能源和矿产，因而资源型产业一直处于短缺的经济状态，供给不足始终制约着经济的增长，由此形成了相应的刚性体制。另一方面，在国家大力扶持下，资源型产业集聚了大量的资金、技术和人力资源，导致其他产业的发展受到明显抑制，区域经济综合发展缓慢。

其次，贸易条件恶化，反工业化严重，经济增长乏力。由于资源型地区主要依靠矿产资源禀赋发展经济，因而与矿产资源的开采、加工、贸易、服务等相关的生产部门尤为繁荣。这种繁荣必然使资金、技术、人力资源等大量生产要素向资源生产部门积聚，从而提高了生产要素的价格，导致其他生产部门特别是制造业的成本增加，影响其在区域贸易或国际贸易中的竞争力，造成贸易条件恶化。随着资源部门的不断扩张，制造业中可进行贸易的部门越来越少，就必然导致工业企业发展的衰退，从而出现反工业化的现象。综上所述，矿产资源的不可再生性及日渐恶化的贸易条件再加上工业发展的逐渐衰退，最终必将导致经济增长乏力，经济发展后劲不足。

最后，区域经济的稳定与发展受制于资源型产品国际价格的波动。在以资源型生产部门为支柱产业的区域内，资源收益是其财政收入的重要来源，资源部门是其国民经济的支柱。以资源型产品为主的贸易是区域贸易的核心，因而，受多种因素影响的资源型产品的国际价格波动将会对资源型地区自身的经济稳定和经济发展带来重大影响。

2. 资源型经济发展中蕴含的社会矛盾

首先，生态环境问题严重，可持续发展能力匮乏。资源型经济是以对资源的开采和利用为发展模式的经济形式，产业结构单一，增长方式粗放，属于典型的线性经济，[①] 具有“高消耗、高污染和低利用率”的特征。因而，资源型经济在带来工业化快速发展的同时，也带来了日益严重的环境污染和生态破坏问题，“雾霾天”“黑臭水体”“水土流失”“耕地锐减”等问题非常突出，再加上资源的不可再生性，经济可持续发展能力匮乏。

其次，资源收益分配不公平问题。这一问题具体表现在两个方面：一方面，资源收益在国家与资源型地区分配不公平。为了保障工业化的顺利进行，国家对资源价格实行计划定价，严重违背了市场经济发展的规律，偏离了市场对资源配置的主导作用，导致资源充裕省份在支撑国家经济增长的同时，却遭遇资源财富流失，外部性问题凸显，资源配置失当、区域贸易受损，社会发展滞后等问题，破坏了社会公平。另一方面，资源收益在资源获得者与资源所有人之间分配不公平。因资源的可耗竭性和信息的不完全对称，资源性产品的交易往往难以通过市场发现资源的真正价值和市场价格，使资源所有人的合理收益难以得到切实保障，影响了资源收益的公平分配。

最后，寻租问题愈加广泛。如前所述，资源型经济依赖自然资源禀赋得以发展，并以资源产业为其支柱产业，以资源产品为其区域贸易的核心。因而，经济发展中所需的重要生产要素均集中在资源型区域和资源型部门，财富的迅速集聚必然会导致资源收益分配的不公平，因而在资源型地区政府与资源部门企业之间便会产生内部交易和寻租行为，当寻租利益远远高于寻租成本时，利益主体就会竭尽全力，想方设法地将主要精力放在寻租行为上，从而扩大寻租行为的范围，不仅如此，这种行为还会随着资源型经济的发展扩大而愈加广泛。

（二）资源型经济转型的内涵

资源型经济以资源开发为起点，形成了长期依赖资源的单一发展模式，

① 线性经济是循环经济的对称，以资源线性流动为特征的经济模式。表现为传统经济中“资源—产品—废弃物”的单向流动。

从而导致经济增长滞缓、贸易条件受损、生态环境破坏等一系列问题。因而，转型就成为资源型经济发展过程中的题中之义。当前，关于资源型经济转型内涵的界定理论界尚未形成统一定论。笔者认为：资源型经济转型是指由资源依赖型、结构单一型发展模式向寻求新的经济增长点、多元化的发展模式转变的过程，包括经济运行和经济结构的调整以及经济发展路径的转变，其实质是以创新为依托的各种生产要素、公共资源的重新组合及优化配置，其目标是实现调结构、兴产业、保民生、促发展。

（三）资源型经济转型的方向

马克思唯物辩证主义认为，生产力与生产关系的矛盾运动是推动经济社会不断进步发展的动力。从工业化发展的历程来看，资源型的经济产生与发展是历史的必然，其在创造丰富的物质财富的同时，“资源诅咒”现象逐渐显现，单纯依靠粗放的资源开采与初级加工而繁荣的资源型产业日渐走向衰落。因而，资源型经济转型是资源型经济发展的必然选择和应有之义。那么，资源型经济应该往哪里转？如何转？是我们研究资源型经济转型必须要解决的首要问题。

1. 改造提升传统产业

资源型产业是资源型地区资本积累的主要力量，所以是其经济增长的关键，其发展形势对地区经济整体发展具有重要的影响。因而，为加快资源型地区经济增长，地方政府常常盲目追求经济利益，低水平重复、扩张资源型产业，使得大量紧缺资金、技术以及人才等生产要素向资源型生产部门集聚，从而造成该地区产业结构单一，经济发展粗放，生态环境恶化，社会矛盾尖锐，使得非资源型产业的发展捉襟见肘、举步维艰，经济转型难见成效。因而，资源型经济的发展不能固守传统的资源优势，也不能局限于上天的恩赐而获得的短暂经济利益，应设法激发资源部门的竞争优势。具体来讲：首先，优势延续；在延续原本资源优势的基础上，通过改进技术和创新管理，提高资源的开发和利用程度，实现资源的集约开采和可持续利用。其次，优势联合；对地区内或邻近区域进行组合开发，发挥资源的综合效力，实现经济发展的优势互补。比如中西部许多地区资源丰富且多样，若以区域为单位单独开发，势必造成资源浪费及发展粗放。因而应借助市场这一平台对不同地区、不同资源实行联合开发，以实现地区间的优势联合。最后，优势深化；资源型地区应依托矿产资源优势，拓宽经济发展的深度和广度，加大对资源加工业的发展力度，进而形成新的产业优势和区域经济综合优势，增强地区经济的竞争力。

2. 培育壮大新兴产业

如前所述，资源型地区的经济发展主要依赖资源型产业，特别是以资源的开采为主导的采掘业发展繁荣，而以高科技为主要特征的现代制造业和高新技术产业却发展落后。加之资源型地区集聚创新人才和资金要素的能力较弱，严重阻碍了资源型地区接续替代产业的进一步发展。因而，资源型经济转型必须坚持推进接续替代产业的跨越式发展，从而形成多元化的经济增长体系。由资源型经济转型的目标可知：新的接续替代产业应能体现未来时代发展的需要和趋势，并能长期支持资源型经济的转型。综上所述，培育壮大新兴产业是资源型经济转型的应有之义。因而在资源型经济转型的过程中应充分重视技术层次的约束作用。坚持低污染、低消耗、高附加值、高技术含量的产业技术标准，大力发展新能源、节能环保、生物医药、高端装备制造、新能源汽车等战略性新兴产业，并强化政策引导，力求使接续替代产业成长为资源型地区支柱性主导产业，显著提高其对经济增长的贡献率，从而实现产业结构的多元发展。

3. 大力发展现代服务业

传统资源型产业优势的延续及新兴产业的发展都需要有配套的现代信息网络、现代商务网络、现代物流网络及现代金融网络等发达的现代服务业来保障。因而，资源型地区应大力发展现代服务业以促进产业结构优化升级。具体表现在以下几个方面：第一，大力发展旅游业。旅游业作为第三产业对于缓解就业压力，促进经济发展具有重要作用。因而，资源型地区应充分利用当地的旅游资源及历史文化优势，努力将旅游业打造成重要的支柱产业，增加其在经济发展中的比重。第二，推进现代物流业的发展。资源型地区应在现有的丰富物流资源的基础上，不断完善现代物流体系，支持发展以基础能源原材料为服务对象的专业物流，推进现代物流园区建设，着力提高物流服务效率与水平。第三，推动电信网、广播电视网、互联网“三网融合”，加强新兴产业的宣传和信息共享。综上所述，为了促进资源型经济转型，提升发展新型工业化水平的措施，资源型地区需要大力发展现代服务业，特别是与主导产业相关的现代信息、物流、商务和金融业等，以期为资源型经济的转型和发展提供服务保障。

4. 促进循环经济发展

资源型地区由于开发强度大、资源综合利用水平低，导致生态环境破坏严重，且治理难度极大，严重阻碍了经济的健康发展，损害了人民群众的生活质量。因而，大力发展循环经济是促进资源型经济可持续发展的重要抓手，是坚持资源型经济转型的应有之义。具体来讲：一方面，资源型地区应以“多联产、全循环、高端化”为产业转型的基本模式，加大技术改造投资力度，积极采用先进技术来提升煤炭、焦化、冶金、电力等资源型产业的循环生产。全方位推进矿产资源的清洁利用和综合利用，促进节能减排，淘汰更多落后产能。另一方面，资源型地区应建立健全生态建设和环境保护的补偿机制，加大生态环境治理修复力度，从而实现资源型地区的可持续发展。

（四）资源型经济转型的目标

在我国当前全面提升经济质量的过程中，资源型地区经济增量持续下滑，经济地位每况愈下。究其原因，主要是资源型经济结构单一，资源依附性强，发展粗放，进而导致资源型地区经济竞争能力、自我发展能力和经济效益不佳。有鉴于此，资源型地区必须改造提升传统产业、培育壮大新兴产业、大力发展现代服务业和循环经济，革新资源型经济开发模式，从而实行资源型经济转型，尽快走出由单一化、高强度资源开发而导致的“资源—经济—环境”恶性循环的发展链。资源型经济转型既是经济运行和经济结构的调整，也是经济发展路径的转变，其实质是以创新为依托的各种生产要素、公共资源的重新组合及优化配置，其目标是实现调结构、兴产业、保民生、促发展。具体来讲，资源型经济转型的目标包括以下几个方面：

第一，倡导有序开发。资源的无序开采和粗放利用是资源型经济出现反工业化的重要原因。因而，资源型经济转型应当坚持绿色、循环发展理念，严格开采条件，加强对资源开发的规划与管理，倡导资源的节约集约利用，强化资源型经济发展中的生态保护和环境治理，实现经济社会的可持续协调发展。

第二，保障资源供给。如前所述，资源是工业化发展的基础和支柱，也是社会进步的重要保障，因而，如何提高资源的节约集约利用水平，保障资源的充分供给是资源型经济转型的首要目标。资源型地区应坚持发展循环经济，通过技术改进，改造提升传统产业，形成一批重要的矿产资源接续基地，进而提升重要矿产资源的保障能力，促进经济社会的高质量发展。

第三，优化产业结构。产业结构失衡，是“资源诅咒”现象产生的重要原因，即资源型地区过度集中的发展资源型产业导致第一产业与第三产业发展严重滞后，阻碍了资源优势的充分发挥。因而，优化产业结构是资源型经济转型的重要目标。资源型地区应大幅提升资源性产品附加值，培育壮大新兴产业，大力发展现代服务业，以期能够全面建立多元化产业体系，显著增强产业竞争力，进而形成多元化产业平等竞争、共同发展的新局面。

第四，改善生态环境。资源的无序开采给资源型地区带来了严重的环境问题。“雾霾天”“黑臭水体”“水土流失”“地表塌陷”等问题日益影响到人民生活质量的提升。因而，改善生态环境是资源型经济转型的题中之义。资源型地区应以绿色发展理念为指导，积极治理恢复历史遗留的环境问题，坚持节能减排、生态环境保护优先，促进资源的合理开发和利用，实现资源开发的经济效益、生态效益和社会效益协调统一。

第五，促进社会和谐。资源型经济转型必然导致大量资源型产业部门的职工失业，加之历史遗留的棚户区改造和社会保险问题，所以转型必须密切关注民生保障。资源型地区应逐步完善基本公共服务体系，不断提高养老、医疗、工伤、失业等社会保障水平，改善住房条件，鼓励创新创业，切实保障低收入人群的基本生活，促进社会和谐。

综上所述，资源型经济转型并不意味着对资源开发利用的完全摒弃。具体来讲，资源型经济转型发展需经过以下三个阶段：第一阶段，资源型地区仍然依赖自然资源，但可以实现可持续发展；第二阶段，在延续资源型产业的优势内容下发展新兴产业；第三阶段，新兴产业完全取代资源型产业，转型就是建立一种全新的产业内容和模式。无论实现了上述哪一种模式，资源型经济转型都是自然资源对地区经济发展约束程度的调整和转变。2001 年以来，在党中央、国务院的领导和各方面的共同努力下，以资源枯竭城市转型为突破口的资源型经济转型已取得了阶段性成果，政策体系逐步完善，工作机制初步建立，资源型地区在合理开发的基础上实现了经济社会的可持续发展。因此，在我国当前经济发展新常态下，鉴于资源型经济转型现阶段目标的成功实现，笔者认为：资源型经济转型已进入了第二阶段，即应在延续资源型产业的优势下大力发展新兴产业，以实现调结构、兴产业、保民生、促发展的转型目标。

三、资源型经济转型的基本理据

资源型经济转型是全球工业化进程中的关键环节，因而是一个世界难题。多年来，国内外专家学者从不同角度对资源型经济转型进行了研究，提出了诸多理论。本书将围绕我国资源型经济面临的问题和症结，运用“资源诅咒”、产业生命周期、可持续发展以及“长尾理论”等经济理论，深入研究我国资源型经济转型发展的规律，并结合法学理论中的秩序与公平内涵，探讨资源型经济转型发展的法学价值。

（一）资源型经济转型的经济学理论

1. “资源诅咒”理论

“资源诅咒”产生原因是什么？资源丰裕与经济增长之间有无悖论？如何能够规避“资源诅咒”？这些是“资源诅咒”理论所关注和研究的。“资源诅咒”最早由奥蒂·R. M.（Auty. R. M.）于1993年提出，[①] 他同时将自然资源分为以煤炭、石油、天然气等能源资源为主的“点资源”和以农产品为主的“散资源”，并且，“点资源”丰富的国家“资源诅咒”更加严重。[②] “资源诅咒”指的是丰裕的资源对一些国家的经济增长并不是充分的有利条件，反而是一种限制。[③] 资源型地区由于制造业被资源部门严重压抑（荷兰病）、技术创新和吸收的能力弱、人力资源的培育机制无法形成以及寻租行为泛滥等原因，导致这些地区并没有因为资源丰富而出现长期的经济繁荣，反而处在贫困和落后的状态。[④] 比如对全国662个城市的调查表明，非资源型城市的贫困发生率只有4.49%，而资源型城市的贫困发生率达到8.17%。[⑤] “资源诅咒”理论揭示了资源诅咒存在的缘由以及可能造成的后果：“资源诅咒”是一种资源型经济现象，它的产生既有市场层面的原因，也有政府政策层面的原因，前者主要包括市场价格、技术革命以及资源的多样化等，后者主要与一国的经济和政治体制有关，包括税收在内的政府政策影响等。[⑥] 同时，由于资源的繁荣和资源型经济体的低技术含量可能导致资源型地区忽视人力资本投资；资源租的存在滋长了寻租和腐败行为，进而产生负的制度效应，给经济发展带来负面后果。[⑦] 因此，资源型经济转型成为各界关注的焦点，调整产业结构、控制通货膨胀、改变出口结构、制度建设与产权保护等是各资源型地区普遍采取的措施。[⑧] 例如，减轻税收负担、缩减福利、削减

---

① See Auty. R. M. *Sustaining Development in Miner: Al Economies: The Resource Curse Thesis.* London, Routledge Press, 1993, pp. 35 – 37.

② See Auty R. M.（ed.）, *Resource Abundance and Economic Development.* London, Oxford University Press, 2001, pp. 75 – 76.

③ 参见张复明：《资源型经济及其转型研究述评》，载《中国社会科学》2006年第6期。

④ See Stevens P, “Resource impact: Curse or a Blessing a Literature Survey”, *Journal of Energy Literature*1, 2003, pp. 22 – 25.

⑤ 参见蔡昉、吴要武：《中国人口与劳动问题报告》，社会科学文献出版社2005年版，第159页。

⑥ 参见张复明：《资源型经济及其转型研究述评》，载《中国社会科学》2006年第6期。

⑦ 参见黄玲、裴潇、蒲志仲：《资源诅咒假说的文献综述》，载《财会通讯》2014年第10期。

⑧ 参见张复明：《资源型经济及其转型研究述评》，载《中国社会科学》2006年第6期。

公共开支和适度的工资水平政策为20世纪80年代后期到90年代末期荷兰摆脱“资源诅咒”带来了奇迹。

2. 可持续发展理论

经济社会的高速发展给人们带来丰盈物质生活的同时，也引发环境恶化、生态破坏等一系列影响人类生存发展的问题，因而，经济社会的可持续发展是当今世界发展的应有之义。可持续发展的内容既包括经济社会的可持续发展，也蕴含着生态环境的可持续发展，是三者的有机统一。具体来讲，首先，在经济发展方面，可持续发展要求经济数量增长与经济质量提升统一协调；其次，在社会发展方面，可持续发展要求经济发展应与社会发展相协调，既要强调效率，又要注重公平，以实现优化资源配置，提升生活质量的社会目的；最后，在生态可持续发展方面，可持续发展强调经济、社会活动的进行应与环境的承载能力相协调，以自然资源为基础，在资源和环境的承载能力之内，以可持续的方式和强度对资源和环境进行利用，在不威胁后代人满足其需求的条件下取得发展。资源瓶颈导致的深层次矛盾和问题是资源型经济转型的主要障碍之一。因此，资源型经济转型必须坚持可持续发展理论，走可持续发展的道路。

3. “长尾理论”

“长尾理论”是网络时代兴起的一种新理论，由美国人克里斯·安德森（Chris Anderson，1961年至今）提出。“长尾理论”认为，由于受成本和效率的影响，人们只能关注重要的人或重要的事，如果用正态分布曲线来描绘这些人或事，那么人们只能关注曲线的“头部”，而将处于曲线“尾部”、需要更多的精力和成本才能关注到的人或事予以忽略。安德森认为，网络时代是关注“长尾”、发挥“长尾”效益的时代。以新经济时代媒体与娱乐产业模式为核心内容的“长尾理论”重点不在于揭示弥散在传统经济中的诸多微小市场如何不被传统企业所重视，而在于希望透过网络时代发现小市场与大市场之间的关系。然而，在以资源型产业为经济支柱的资源型经济地区非资源型产业与资源型产业之间的关系却由于“挤出效应”呈现“小头短尾”的特点。资源型经济地区的头部产业一般少于10个，如黑龙江、山西、吉林、云南等省份，头部产业都是以资源产业为主，尾部产业数量寥寥无几，均落后于发达地区。[①]“营改增”背景下的结构性减税政策与资源型产业自身发展进入瓶颈期的叠合效应使得资源型经济地区发展陷入困境，因而，增加“头部产业”与“尾部产业”数量是调整资源型经济结构的重要途径之一。

（二）资源型经济转型的法学价值

由于对资源的依附性与开发的单一化，资源型经济发展导致了经济增长乏力、经济结构失衡、环境污染突出、贸易条件恶化、资源流失严重等诸多问题，造成了对经济秩序、社会正义以及人权和自由的侵害，因而，资源型经济转型除了具有重要的经济意义之外，还蕴含着丰富的法学价值。

1. 秩序价值

资源的无序开采和粗放利用是导致资源型经济发展问题重重的首要原因，转型就是要将资源型经济由无序发展变为有序推进，由粗放开采变为可持续开发。具体来讲，资源型经济转型的秩序价值体现在以下三个方面：

第一，资源开发与环境保护的秩序。由于资源的无序开发，资源型地区的生态环境遭到了极沉重的破坏。以山西省为例，过去的20多年，山西省煤炭资源的开采强度大大高于其他省份，粗放的资源开采导致了严重的生态环境问题：一是采煤引起矿区地表塌陷严重。仅在山西省累计8000平方公里的矿区，采空区就多达5000平方公里，引起严重地质灾害的有2940平方公里以上，波及1900多个自然村，上百万人。二是水资源破坏严重。山西省之长在于煤，山西省之短在于水。据统计，山西省每挖1吨煤就会损耗2.48吨水，这样的速度使得山西省每年都会损耗掉16亿吨水。三是空气污染严重。煤矿开采中废气、粉尘、煤矸石产生大量的二氧化硫、二氧化碳等有害气体，造成严重的大气污染。因而，转型必须要遵循资源开发与环境保护的秩序价

① 参见朱丽萍等：《资源型经济地区的“挤出效应”与中小产业的发展》，载《高等财经教研研究》2015年第4期。

值，加强开发前、开发中以及开发后的监督保障，确立开发秩序约束机制、产品价格形成机制和资源开发补偿机制。具体来讲，开发前应坚持预防为主，严格执行环境评价和“三同时”制度；开发过程中应科学规划引导开发时序和强度，严格准入执行矿产资源勘查开发分区管理；开发后应建立资源开发补偿机制，通过明确开发各方主体在环境保护与生态建设方面的义务与责任，依法对生态环境的破坏予以修复治理。

第二，节约集约利用秩序。资源型经济长期在“依托资源、发展资源”的高强度指导下盲目开发，造成不可再生或可再生性缓慢的自然资源遭到了粗放的开采和利用，最终导致资源型经济发展的深层次矛盾和问题日益突出。因而，转型需要将资源的无序利用变为节约集约利用。即资源的开发利用应坚持按照清洁生产与循环经济要求，首先，通过采用先进工艺、使用清洁原料等措施，从源头预防污染发生。其次，通过改进技术提高矿产采选回收水平，提升开采回采率，更好地利用低品位矿产资源。最后，通过在开采、加工过程中增加资源循环利用的活动，减少资源消耗和废弃物的产生。自然资源的节约集约利用是实现可持续发展的应有之义，也是资源型经济转型的必经之路。

第三，转型与发展秩序。如何协调转型与发展的关系是一个世界性的难题，对于正处在工业化和城镇化进程中的中国尤其如此。转型与发展秩序就是强调对传统资源型产业实施改进，对先进制造业和新兴产业予以促进，使新老产业接替有序展开。首先，应规范资源型产业的发展；具体来讲应规范准入机制，严禁私挖滥采；应规范生产机制，保障安全生产，发展循环经济；应规范退出机制，综合产业发展与社会效益，减弱资源型经济衰退引发的社会负面影响。其次，循序渐进地推进先进制造业和新兴产业的发展。结合资源型地区经济发展的实际，在政府的引导和市场的推动下，鼓励资本、技术、人才等生产要素向先进制造业和现代新兴产业集聚，促进资源型经济从无序到有序，从不规范到规范，实现资源型经济的转型发展。

2. 公平正义价值

公平正义是资源型经济转型的内在要求，资源型经济转型是实现公平正义的有效途径。工业化发展初期，我国依靠丰富的自然资源，通过大规模的资源开发实现了经济的原始积累，提高了人民的生活水平。此时，充分发挥资源禀赋的优势是公平正义的应有之义。然而，基于资源的有限性，盲目、粗放的规模化开发带来了严重的资源浪费和资源破坏，进而滋生了寻租、腐败、就业困难、环境恶化等大量社会问题，导致了经济社会发展的不可持续性，严重损害了经济社会的公平正义。

第一，经济公平。经济公平是市场经济的内在要求，其含义是指在平等竞争的条件下，通过等价交换实现要素投入与要素收入相对称。如前所述，资源型经济的无序发展严重违背了经济发展的公平正义，具体体现为资源产权制度的不明晰。我国对资源的产权规定模糊，严重违背市场在资源配置中的主导作用，导致资源的无序开发和使用浪费等问题，损害了经济的公平与正义。因而，资源型经济转型应坚持经济公平原则，建立健全资源产权制度，在产权明晰的基础上，推行自然资源有偿使用制度，实行“有监管、有限定”的有偿出让方式，发挥市场在资源配置中的基础作用，提高单位资源产出效益，促进资源的合理开发利用。

第二，社会公平。为了保障工业化的顺利进行，国家对资源价格实行计划定价，形成了不合理的资源收益分配制度，严重违背了市场经济发展的规律，偏离了市场对资源配置的主导作用，导致资源充裕省份在支撑国家经济增长的同时，却出现资源财富流失，外部性问题凸显，资源配置失当、区域贸易受损，社会发展滞后等问题，破坏了社会公平。随着资源型经济的发展，公平问题愈发明显，不仅表现为代内公平的消失，甚至影响到代际公平的实现。这些问题固然与我国当前经济社会发展的阶段有关，但科学合理的资源收益分配制度缺失，特别是资源型经济发展忽视公平正义的价值理念也难辞其咎。因而，在资源型经济转型发展的过程中，我们应建立市场化的资源收益分配制度，资源收益应当在中央与地方，政府与企业之间合理配置。资源收益分配制度的设计，应当考虑资源的稀缺性因素、资源产业的经济地位、资源企业承担社会责任的情况、资源开发行为的外部不经济性等情况，综合考虑后加以确定。

第三，环境公平。资源型经济在带来工业化快速发展的同时，也带来了日益严重的环境污染和生态破坏问题，“雾霾天”“黑臭水体”“水土流失”“地表塌陷”等问题非常突出，生活环境持续恶化，生活质量逐渐下降，人民群众渴望高质量的生活与现阶段发展不充分的矛盾日趋凸显，因而，资源型经济转型应当更加注重环境公平，实现环境正义。为此，法治应从矿山地质环境恢复治理、重点污染物防治、节能减排、重点地区生态建设等几方面入手展开生态修复与环境整治，解决历史遗留问题，恢复矿山地质环境。

四、资源型经济转型与财税法的内在关联

资源的稀缺性和重要性使得资源型经济在发展中极易出现市场失灵现象。因此，资源型经济转型需要政府宏观调控的合理干预。具体来讲，政府可以通过明确的财税政策工具引导资源型地区经济、社会及环境的发展方向，实现资源型经济的顺利转型。马克思辩证唯物主义认为：“经济基础决定上层建筑，上层建筑对经济基础具有反作用。”有鉴于此，财政税收制度作为上层建筑，对经济发展具有反作用。即当财政税收制度与经济发展相适应时，就会促进经济发展，反之，则阻碍经济发展。具体到经济转型发展亦然。因而，财政税收制度的优劣与运行状况与资源型经济的转型发展具有内在关联。

（一）正关联——促进与保障

转型是一项复杂的系统工程，要摆脱资源过度依赖，就需要增强资源型地区转型发展的动力和活力。众所周知，经济政策的目的在于促进经济活动的竞争性、公平性和有序性。因而，科学、规范的财税政策的配套和实施，可以有效地促进和保障资源型经济的转型和发展。

1. 财政制度通过增加公共产品的供给保障资源型经济转型

不同财政制度的实施将直接影响地方财力的充裕度，一个地区财力充足，地方政府就能够提供充足的公共产品，降低交易成本，产生正外部性，进而影响私人部门的产出，促进当地经济发展。因此，要促进区域经济的协调发

展，必须保证地方政府有充足的提供公共产品和公共设施的财力。因此，授予地方必要的财权、严格预算管理、加强对财政支出的监督或增加财政对资源型地区的转移支付力度就显得尤为重要。

2. 税收制度通过安排具体税制促进资源型经济转型

财政税收制度通过对税种、征税范围、税率、税收优惠、税收征管等要素的规定调节各方经济利益，促进产业结构的调整，进而促进资源型经济转型的发展。税率标准的科学确定是税收实体法要解决的首要问题，国家根据该标准对企业和公民个人的收益进行合法分配，从而获得国家实现公共利益的财政收入。税率标准的高低表明国家调节经济的程度，因而税收收入随税率增大而增大。但美国经济学家阿瑟·拉弗（Arthur Betz Laffer，1941 年至今）用一条开口向下的抛物线表明，当税率超过纳税人承受能力时，税收就随税率增大而减少。可见，科学确定税率标准对促进经济发展具有重要的作用。税收优惠产生扩张效应，科学的税收优惠政策，可以促进资源型经济转型发展，不但不会减少国家的总体税收收入，反而会呈现提高趋势。税收征管的优化一方面要保护纳税人的利益，另一方面要规范税收征管行为，因而科学、规范的税收征管活动是现代税收法定和税收效率的集中体现，也是现代财税制度的应有之义。

（二）负关联——制约与阻碍

财政税收制度被誉为“庶政之母”，其体制优劣与运行状况，关乎政策导向、财富分配与社会和谐，资源型经济转型目标的实现需要配套的财政税收制度给予支持与保障。因而，如果现行财税制度不能科学合理地安排税制并分配财权的话，将无法适应资源型经济转型的形势，进而制约和阻碍资源型经济的转型与发展。

1. 财政制度中不完善的财权划分与支出结构无法保障转型的资金供给

如前所述，资源型经济转型是一个世界性的难题，对于发展中的我国来说更是严峻挑战。因而，要解决资源型经济发展中存在的经济问题和社会矛盾，实现资源型经济的转型就需要财政给予大量的资金支持，然而，我国现行财政制度的缺陷却无法保障资源型经济转型的资金供给。具体来讲，表现在以下两个方面：

第一，财权与事权不协调。1994 年的分税制改革明确了我国中央与地方的财权划分，其体制运行过程中公共支出地方化特征突出，导致地方财权与事权不匹配问题严重。资源型地区在全面发展经济的过程中，由于结构单一、发展粗放引发了严重的经济、社会和环境问题，因而，急于转型的当地政府比非资源型地区的地方政府有更多的事权要求和支出责任。以山西省为例，中华人民共和国成立以来，山西省产煤 120 亿吨以上，为我国的工业化建设做出了历史性的贡献，但造成了严重的生态环境破坏，需要当地政府集中力量来修复改造。财权与事权不匹配将直接导致经济社会难以统筹发展，如前所述，实现资源型经济转型改革，就需要数倍的财力来保障，但资源型地区现有财力有限，实现资源型经济转型改革缺口很大。一方面，资源型地区财政收入有限且增长较慢。2016 年，全国税务部门组织税收收入 115,878 亿元（已扣减出口退税），较 2015 年增长 4.8%，但山西、黑龙江等省份资源型地区税收收入却出现同比下降的情况。[①] 另一方面，财政转移支付制度不完善，无法给予资源型地区经济转型有力的支持和保障。综上所述，我国财政体制中财权与事权的不匹配导致地方财力严重不足，特别是县级以下地方人民政府财政困难严重，因而，在中央未赋予地方举债权的情况下，地方各级人民政府变相举借债务的规模不小、问题不少。这一现象在资源型地区尤其严重，阻碍了资源型经济转型的有效实现。

第二，财政支出结构待完善。财政支出作为财政活动的重要部分，是基本公共服务供给的资金保障。资源型经济由于在发展中长期秉持“经济利益至上”的原则，盲目开采，粗放发展，导致资源型地区出现大量经济、社会、环境和民生问题，因而，以“调结构、兴产业、保民生、促发展”为目标的资源型经济转型就需要大量的财政支出提供资金支持。但是，我国当前

① 数据来源：《中国税务年鉴 2017》，中国税务出版社 2017 年版，第 414～417 页。

的财政支出结构不完善，社会发展比例失衡。具体来讲，一方面，我国财政支出分配格局中的“越位”现象频发。首先，经济建设支出过度。为促进经济的高速发展，我国在能够促进国民产值的经济建设领域投入大量的资金，约占财政支出的 40%，远远超出发达国家的平均水平。其次，行政管理支出超标。随着财政收入的不断增加，我国在行政管理方面的财政支出严重超标，平均占比达到 12.79%，且其比例持续高于财政总支出的增幅。另一方面，财政支出分配格局中“缺位”现象严重。长期以来，我国用于文教、科学、卫生、社会保障等基本公共产品和公共服务的支出占财政总支出的比例均在 50% 以下，远低于发达国家的 70%。有待完善的财政支出结构阻碍了资源型地区公共产品的有效供给。

2. 税收制度中不合理的税制结构不利于转型的路径选择

如前所述，资源型经济转型是一个系统工程，需要作为国家宏观调控重要手段的财税制度予以支持和保障。但是，我国目前的税制结构不合理，导致经济增长方式难以转变，阻碍了资源型经济转型的路径选择。具体来讲：首先，直接税与间接税之间结构失衡。我国现行税制结构由直接税和间接税构成，且间接税所占比重过大，导致政府收入在初次分配中所占比例过高；而直接税比重过小，使得再分配环节难以对收入分配不公进行有效校正，从而弱化了税收调节力度。其次，中央税与地方税税种划分不科学，导致地方财政收入严重不足，无法保障资源型地区经济转型的顺利进行。最后，地方税制体系不健全。众所周知，1994 年全面实行的分税制改革将税种划分为中央税、地方税和共享税，实现了地方固定的财政收入，但所形成的地方税税制结构仍存在许多不合理之处。例如，地方税权缺失、地方缺乏有效的主体税种等问题突出。上述税制结构不合理的问题阻碍了资源型经济转型的顺利进行，因而，应当深化税收制度改革，健全地方税体系。

第二章　资源型经济转型的财税法律制度梳理及评析

资源型经济转型，无论是从提升经济发展质量的根本方法看，还是从适应我国当前主要矛盾变化的基本要求来衡量，都是迫在眉睫的，也是实现资源型地区“工业新型化、农业现代化、市域城镇化、城乡生态化”的应有之义。如前所述，转型是一项复杂的系统工程，要实现经济的转型发展就需要强有力的财税政策配套和实施以增强资源型地区转型发展的动力和活力。因而，经济转型的同时需要转变政府职能，积极推进公共领域和社会管理体制创新，加大对资源型经济转型的财税政策调整。那么，系统梳理并评析我国当前资源型经济转型的财税法律制度就成为构建资源型经济转型的财税政策扶持体系的前提和必经之路，其意义重大。

一、资源型经济转型的财税法律制度梳理

资源所具有的公有性、交易的计划性使得资源型经济的发展总是伴随着市场失灵现象的发生，因而，政府的适当调控就成为资源型经济转型不可或缺的手段。财税政策是国家宏观调控的重要抓手，政府可以通过积极的财税政策工具引导资源型地区经济、社会、环境的发展方向，实现资源型经济转型的目的。其中，财政政策是国家通过调节财政收支以实现国家经济发展的

总体目标。其主要包括预算政策、转移支付政策、财政补贴政策、政府投融资政策等。而税收政策是国家通过对税基、税率以及税收优惠的合理安排有效调节市场主体的行为，以获得财政收入，实现资源的优化配置。因而，梳理我国现行资源型经济转型的财政法律制度和税收法律制度以研究其如何发挥对资源型经济转型的调节作用就显得尤为重要。

（一）资源型经济转型的财政法律制度梳理

如前所述，资源型经济转型中涉及的结构调整、民生保障、生态环境治理及可持续发展等都需要政府财政的宏观调控和资金保障。具体来讲，对资源型经济而言，影响其转型发展的财政法律制度大体包括预算法律制度、转移支付法律制度、财政补贴法律制度等，其中几大财政法律制度相互独立又相互影响，从而对整个资源型经济转型发挥其强大的乘数效应。

1. 促进资源型经济转型的预算法律制度

预算法律制度，是国家为了实现规范政府收支行为，强化预算约束，保障经济社会健康发展的宏观经济目标，经过法定程序制定的用以调整国家预算关系的法律、行政法规和相关规章制度的总称。我国预算法律制度由《预算法》、《预算法实施条例》以及有关国家预算管理的其他法律法规（如《审计法》）等制度构成。其对于解决资源型经济转型中的诸多经济社会问题意义重大。我国当前预算法律制度中对资源型经济转型的调节具体表现在以下几个方面：

第一，对资源型地区的财政收支给予明确管理与规范。新《预算法》、《预算法实施条例》及《审计法》坚持财政控权和公共利益至上的理念，按照全面、公开、透明的原则，规范资源型地区政府的预算编制、预算收支和预算管理等行为，规范了资源型经济转型资金的使用、管理。

第二，对资源型地区的国有企业改革给予财政支持。众所周知，国有企业改革是资源型经济转型的重要抓手，其成败决定了资源型经济转型的有序发展。2014 年，财政部印发的《关于完善政府预算体系有关问题的通知》

（财预〔2014〕368号）中要求，2015年中央国有资本经营预算除继续加大用于保障和改善民生支出外，应主要用于解决国有企业的改革转型成本和历史遗留问题，加强对国有企业的资本金注入以及国有企业政策性补贴。2017年，国务院印发的《关于支持山西省进一步深化改革促进资源型经济转型发展的意见》（国发〔2017〕42号）中明确规定："中央财政对厂办大集体改革继续给予补助和奖励。"上述政策均有利于资源型地区国有企业的改革和转型。

第三，对资源型地区相关投资给予的支持。2013年财政部、国土资源部印发的《矿山地质环境恢复治理专项资金管理办法》（财建〔2013〕80号）规范了矿山地质环境恢复治理专项资金管理，提高了资金使用效益，为资源型经济转型提供了资金支持。另外，中央预算内对资源型地区的相关投资也给予了大力支持。如国家对兼并重组煤矿的安全改造、产业升级以及地质勘探等项目，优先列支补助或加大贴息支持。

2. 促进资源型经济转型的财政转移支付法律制度

财政转移支付制度是国家为弥补财政实力薄弱地区的财力缺口，均衡地区间的财力差距，而实行的政府之间的一种补助，分为一般转移支付和专项转移支付。资源型经济转型需要国家和省级财政立足实际，进一步加大对资源型地区的一般性和专项转移支付力度。具体来讲，我国当前财政转移支付法律制度中对资源型经济转型的调节具体表现在以下几个方面：第一，设立资源枯竭城市财力性转移支付资金。第二，对资源型经济有关产业转型的财政转移支付制度。第三，资源型地区生态环境治理的相关财政转移支付制度。第四，有关资源型地区社会保障方面的财政转移支付制度。详细规定见表2－1：

表 2-1　促进资源型经济转型的财政转移支付法律制度

支付项目	法律位阶	名称	时间	内容
资源枯竭城市	部门规章	《关于促进资源型城市可持续发展的若干意见》（国发〔2007〕38号）	2007	明确要加大对资源枯竭城市的一般性和专项转移支付力度
		《2012年中央对地方资源枯竭城市转移支付管理办法》（财预〔2012〕305号）	2012	对补助范围、补助期限、分配原则、分配办法、资金使用、资金管理作出了具体规定
		《中央对地方资源枯竭城市转移支付办法》（财预〔2016〕97号）	2016	1. 规定了资金用途； 2. 并根据转型的需要增加了对资源型地区的资金支持
		《中央对地方资源枯竭城市转移支付办法》（财预〔2017〕103号）	2017	
产业转型	部门规章	《工业转型升级（中国制造2025）资金管理办法》（财建〔2016〕320号）	2016	支持工业和信息化领域转变发展方式
		《工业企业结构调整专项奖补资金管理办法》（财建〔2018〕462号）	2018	推动煤炭、钢铁产业化解产能过剩
		《中央财政服务业发展专项资金管理办法》（财建〔2015〕256号）	2015	支持商贸流通领域服务业发展
		《战略性新兴产业发展专项资金管理暂行办法》（财建〔2012〕1111号）	2012	规范战略性新兴产业发展专项资金管理
		《中小企业发展专项资金管理暂行办法》（财建〔2015〕458号）	2015	引导地方扶持中小企业发展

续表

支付项目	法律位阶	名称	时间	内容
绿色发展	部门规章	《可再生能源发展专项资金管理暂行办法》（财建〔2015〕87号）	2015	支持可再生能源和新能源的开发利用
		《节能减排补助资金管理暂行办法》（财建〔2015〕161号）	2015	支持节能减排
		《大气污染防治专项资金管理办法》（财建〔2016〕600号）	2016	支持地方开展大气污染防治工作
		《水污染防治专项资金管理办法》（财建〔2016〕864号）	2016	支持水污染防治和水生态环境保护工作
		《土壤污染防治专项资金管理办法》（财建〔2016〕601号）	2016	支持土壤污染综合防治工作
社会保障	部门规章	《中央财政补助城镇保障性安居工程专项资金管理办法》（财综〔2017〕2号）	2017	支持地方发放租赁补贴、城市棚户区改造及公共租赁住房建设
		《公共卫生服务补助资金管理暂行办法》（财社〔2015〕255号）	2015	支持基本公共卫生和重大公共卫生工作
		《城乡医疗救助基金管理办法》（财社〔2013〕217号）	2013	用于城乡贫困家庭医疗救助

3. 促进资源型经济转型的专项补贴政策

财政专项补贴政策较其他财政制度具有较强的灵活性，因而，国家可以根据资源型经济转型发展的实际需要适时地设置或取消某项财政补贴。目前，我国专项补贴政策对资源型经济转型与发展给予的支持主要表现在：

第一，促进矿产资源节约与综合利用的专项补贴政策。2013年，财政部和国土资源部联合发布了《矿产资源节约与综合利用专项资金管理办法》，该办法规定：为了提高矿产资源的开发水平，加强矿产资源综合利用，促进矿产资源领域循环经济发展，中央财政从分成的矿产资源补偿费及探矿权采矿权使用费和价款中安排专项资金，用于矿产资源节约与综合利用。并对该专项资金的管理和使用作出了具体的规定。

第二，化解资源型经济产能过剩的专项补贴政策。2016 年，财政部印发了《工业企业结构调整专项奖补资金管理办法》（财建〔2016〕253 号），该办法规定：中央财政安排两年 1000 亿元专项奖补资金，支持中央企业和地方企业化解煤炭行业和钢铁行业的产能过剩问题，其中专项补偿资金实行梯级奖补。

（二）资源型经济转型的税收法律制度梳理

资源型经济转型是由资源依赖型、结构单一型发展模式向寻求新的经济增长点、多元化的发展模式转变的过程，其要实现调结构、兴产业、保民生、促发展的目标，就需要运用国家税收制度加以调节。作为国家宏观调控重要手段的税收制度通过对税种、征税范围、税率、税收优惠、税收征管等要素的规定调节各方经济利益，从而促进产业结构的调整，助力资源型经济转型发展。具体来讲，对资源型经济而言，影响其转型发展的税收法律制度主要包括增值税法律制度、企业所得税法律制度、资源税法律制度、环境保护税法律制度。

1. 增值税法律制度

“营改增”政策在全国范围内的实施对资源型经济的转型与发展产生了重大影响。一方面，因增值税只对产品或者服务的增值部分纳税，减少了重复纳税的环节，有利于资源型企业降低税负，增加其自主转型的动力和活力。另一方面，增值税的抵扣政策大大降低了资源型企业的经营成本，为企业投资新建项目和技术更新改造提供了资金保障，同时也加速了企业资金周转，提高了企业的实际利润。具体来讲，增值税法律制度对资源型经济转型的作用主要体现在其税收优惠政策上，特别是对促进绿色发展和向新兴产业转型方面，影响资源型经济转型。详细梳理见表 2 -2：

表 2-2 促进资源型经济转型的增值税法律制度

优惠项目	法律位阶	名称	时间	内容
绿色发展	部门规章	《关于促进节能服务产业发展增值税营业税和企业所得税政策问题的通知》(财税〔2010〕110号)	2011	合同能源管理项目免征增值税优惠
		《关于全面推开营业税改征增值税试点的通知》(财税〔2016〕36号)	2016	
		《关于印发〈资源综合利用产品和劳务增值税优惠目录〉的通知》(财税〔2015〕78号)	2015	资源综合利用产品及劳务增值税
		《关于新型墙体材料增值税政策的通知》(财税〔2015〕73号)	2015	新型墙体材料增值税即征即退
		《关于大型水电企业增值税政策的通知》(财税〔2014〕10号)	2014	风力、水力发电增值税即征即退
		《关于风力发电增值税政策的通知》(财税〔2015〕74号)	2015	
		《关于供热企业增值税房产税城镇土地使用税优惠政策的通知》(财税〔2016〕94号)	2016	供热企业免征增值税优惠
		《关于污水处理费有关增值税政策的通知》(财税〔2001〕97号)	2001	污水处理费免征增值税优惠
小微企业		《关于执行暂免征收部分小微企业增值税和营业税的通知》(财税〔2013〕52号)	2013	对月销售额或营业额不超过2万元的增值税小规模纳税人及营业税纳税人暂免征收增值税及营业税
		《关于小微企业免征增值税和营业税有关问题的公告》(国家税务总局公告2014年第57号)	2014	将减免额度扩大到月销售额或营业额不超过3万元
		《关于延续小微企业增值税政策的通知》(财税〔2017〕76号)	2017	自2018年1月1日至2020年12月31日，继续对月销售额2万元(含本数)至3万元的增值税小规模纳税人，免征增值税

2. 企业所得税法律制度

作为我国税收收入重要来源的企业所得税对企业的生产经营行为具有明显的调节作用，特别是其中的税收优惠政策能够有效地引导企业的生产经营。2007 年，党的第十届全国人民代表大会第五次会议审议通过了《企业所得税法》，并专章规定了税收优惠政策。同年，国务院公布的《企业所得税法实施条例》又对税收优惠政策作了进一步细化规定。具体来讲，影响资源型经济转型的企业所得税优惠政策主要体现在以下几个方面：

第一，对资源型经济产业转型方面的税收优惠。企业所得税法律制度对以农产品初加工为主的现代农业及专用设备制造业、生物药品制造业、铁路船舶航空航天和其他运输设备制造业、信息传输软件和信息技术服务业等六大产业，及轻工、纺织、机械和汽车等四个重点领域给予税收优惠。该税收优惠政策有利于资源型地区培育接续替代产业，实现资源型地区的产业转型。详细规定见表 2－3：

表 2－3　对资源型经济产业转型方面的企业所得税收优惠法律制度

优惠产业	法律位阶	名称	时间	内容
现代农业	法律	《企业所得税法》	2007	第 27 条：从事农、林、牧、渔业项目的企业所得免征、减征企业所得税
	行政法规	《企业所得税法实施条例》	2008	第 86 条：对《企业所得税法》第 27 条免征、减征的范围做了具体的界定

续表

优惠产业	法律位阶	名称	时间	内容
现代农业	部门规章	财政部、国家税务总局《关于发布享受企业所得税优惠政策的农产品初加工范围（试行）的通知》（财税〔2008〕149号）	2008	对《企业所得税法》第27条免征、减征的范围做了具体的界定
		国家税务总局《关于实施农林牧渔业项目企业所得税优惠问题的公告》（国税发〔2011〕48号）	2011	
		财政部、国家税务总局《关于享受企业所得税优惠的农产品初加工有关范围的补充通知》（财税〔2011〕26号）	2011	
六大行业		《关于完善固定资产加速折旧企业所得税政策的通知》（财税〔2014〕75号）	2014	对六大行业固定资产加速折旧企业给予优惠
四大领域		《关于进一步完善固定资产加速折旧企业所得税政策的通知》（财税〔2015〕106号）	2015	对四大领域固定资产加速折旧企业给予优惠

第二，对促进资源型地区绿色发展方面的税收优惠。资源型经济转型应坚持可持续发展，加强资源的综合利用，促进以节能环保为宗旨的绿色循环经济的发展。我国现行的企业所得税法律制度对资源综合利用和节能环保等项目的所得实行税收优惠政策。具体规定如表2－4：

表 2-4　对促进资源型地区绿色发展方面的企业所得税收优惠法律制度

优惠项目	法律位阶	名称	时间	内容
资源综合利用	法律	《企业所得税法》	2007	第 33 条：企业综合利用资源取得的收入减计收入
	行政法规	《企业所得税法实施条例》	2008	第 99 条：符合《资源综合利用企业所得税优惠目录》减按 90% 计入收入总额
	部门规章	《资源综合利用企业所得税优惠目录》（财税〔2008〕117 号）	2008	适用条件：项目技术条件、企业主体的执业资格、注册资本、投资规模等
节能环保	法律	《企业所得税法》	2007	第 27 条：从事符合条件的环境保护、节能节水项目的所得可以免征、减征企业所得税 第 34 条：购置环保节能专用设备的投资额，可以按一定比例实行税额抵免
	行政法规	《企业所得税法实施条例》	2008	第 88 条：企业从事环境保护、节能节水项目的所得，享受"三免三减半的税收优惠"①
	部门规章	《关于公布环境保护节能节水项目企业所得税优惠目录（试行）的通知》（财税〔2009〕166 号）	2009	资源综合利用的具体条件：资源种类、产品种类、技术标准
		《关于印发节能节水和环境保护专用设备企业所得税优惠目录（2017 年版）的通知》（财税〔2017〕71 号）	2017	环保设备名称、性能参数、应用领域
		《关于印发节能节水和环境保护专用设备企业所得税优惠目录（2017 年版）的通知》（财税〔2017〕71 号）	2017	节能节水设备名称、性能参数、应用领域
		《关于垃圾填埋沼气发电列入〈环境保护节能节水项目企业所得税优惠目录（试行）〉的通知》（财税〔2016〕131 号）	2016	将垃圾填埋沼气发电项目列入《环境保护节能节水项目企业所得税优惠目录》

① "三免三减半"，是指企业从事前款规定的符合条件的环境保护、节能节水项目的所得，自项目取得第一笔生产经营收入所属纳税年度起，第一年至第三年免征企业所得税，第四年至第六年减半征收企业所得税。

第三，对促进资源型企业向现代新兴企业转型方面的税收优惠。小型微利企业和高新技术企业对于增加就业、调整产业结构作用显著，因而，其蓬勃发展对于资源型经济转型意义重大。我国现行企业所得税法律制度对符合条件的小型微利企业和高新技术企业实行税收优惠政策，具体规定如表2－5：

表2－5　对促进资源型企业向现代新兴企业转型方面的企业所得税收优惠法律制度

优惠项目	法律位阶	名称	时间	内容
高新技术企业	法律	《企业所得税法》	2007	第28～33条、第57条：优惠方式包括直接优惠方式和间接优惠方式
	部门规章	《关于提高科技型中小企业研究开发费用税前加计扣除比例的通知》（财税〔2017〕34号）	2017	在2017年1月1日至2019年12月31日期间，科技型中小企业研发费用加计扣除增至75%
		财政部 税务总局《关于创业投资企业和天使投资个人有关税收政策的通知》（财税〔2018〕55号）	2018	按照投资额的70%在股权持有满2年的当年抵扣该公司制创业投资企业的应纳税所得额
中小企业	法律	《企业所得税法》	2007	《企业所得税法》第28条、《企业所得税法实施条例》第92条及以下两个部门规章规定：小型微利企业所得减按50%计入应纳税所得额，按20%的税率计算缴纳企业所得税
	行政法规	《企业所得税法实施条例》	2008	
	部门规章	《关于进一步扩大小型微利企业所得税优惠政策范围的通知》（财税〔2018〕77号）	2018	
		《关于贯彻落实进一步扩大小型微利企业所得税优惠政策范围有关征管问题的公告》（国家税务总局公告2018年第40号）	2018	
		《关于完善固定资产加速折旧企业所得税政策的通知》（财税〔2014〕75号）	2014	对六大行业固定资产加速折旧企业给予优惠
		《关于进一步完善固定资产加速折旧企业所得税政策的通知》（财税〔2015〕106号）	2015	对四大领域固定资产加速折旧企业给予优惠
		《关于提高科技型中小企业研究开发费用税前加计扣除比例的通知》（财税〔2017〕34号）	2017	科技型中小企业在研发费用方面的税收优惠

3. 资源税法律制度

随着自然资源消耗的日益严重，资源税对经济社会的调控愈发重要。因而，资源税改革对推动资源型经济结构调整、促进资源节约利用，以及为资源型经济地区政府筹集财力、促进资源型经济转型发展方面均发挥着应有的作用。具体来讲，分为以下五个阶段。

第一阶段：1949～1981 年，矿产资源实行无偿开采。新中国成立后的《全国税政实施要则》仅规定我国开始征收盐税。但是，对煤炭、石油、天然气等矿产资源却没有作出开征资源税的规定。

第二阶段：1982～1985 年，开始对矿产资源征收资源税。1982 年，国务院颁布的《对外合作开采海洋石油资源条例》作出对海洋石油资源征收矿区使用费的规定，标志着我国开始对资源实行有偿开采。1984 年，国务院发布了《资源税条例（草案）》，开始以“资源税”的名义对煤炭等矿产资源按产品销售利润率超率累进税率缴纳资源税。1985 年，财政部颁布了《关于资源税若干问题的补充规定》，对资源税的征管工作进行了规范。

第三阶段：1986～1993 年，全面规范资源税阶段。从 1986 年开始，为进一步规范资源税的管理，有效调节极差收入，我国颁布施行了诸多调节资源税的财政税收政策（见图 2－1）。1993 年，国务院发布了《资源税暂行条例》及《资源税暂行条例实施细则》，进一步扩大了资源税的征收范围,① 并于 1994 年 1 月 1 日起按照“普遍征收、级差调节”的原则，采用定额税率按矿产品销售量征税，不再按超额利润征税。

---

① 把盐税并到资源税中，并将资源税的征收范围扩大为原油、天然气、煤炭、其他非金属原矿、黑色金属原矿、有色金属原矿和盐 7 种。

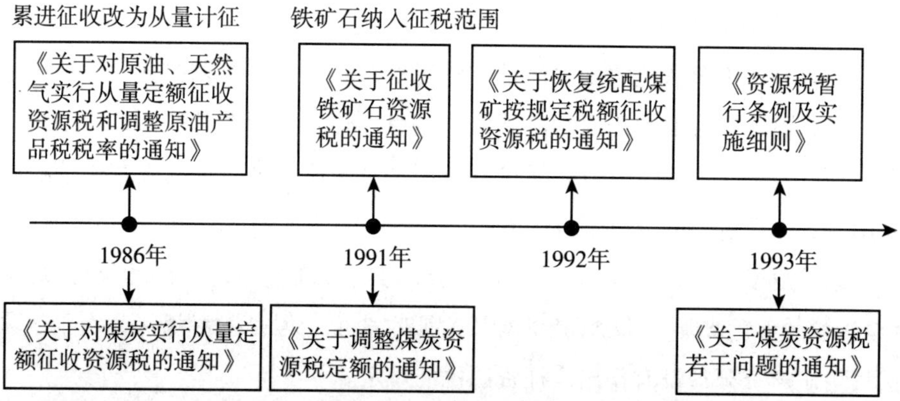

图 2-1　1986~1993 年，全面规范资源税阶段

第四阶段：1994~2010 年，日渐细化资源税阶段。随着工业化进程的不断推进和市场经济的逐渐完善，这一阶段的资源税政策更为具体，也更加专业。具体来讲，1994 年，对自产自用缴纳的资源税范围做了详细说明。1995 年，对资源税中的税收优惠作了细致的规定。1996 年，为促进资源合理有序开发、节约利用，我国陆续发布了一系列的调整资源税税额标准的政策。具体规定见图 2-2。

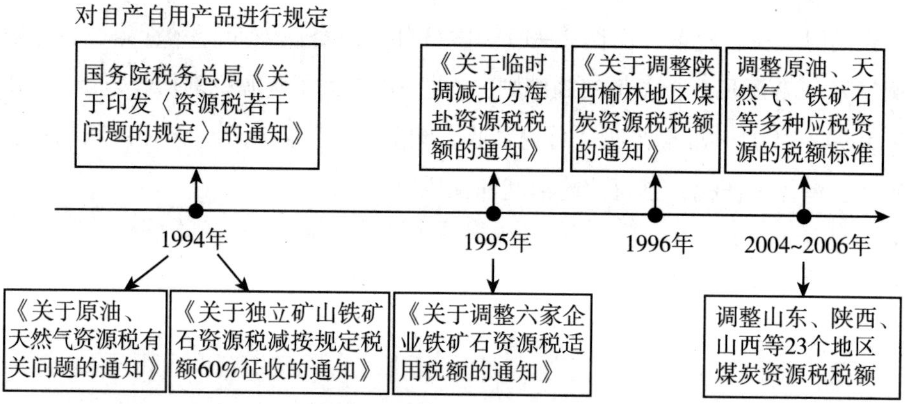

图 2-2　1994~2010 年，日渐细化资源税阶段

2010 年，为促进资源税与资源市场价格的接轨，我国以新疆为试点，对原油和天然气实行从价计征，同年 12 月，将试点范围扩大到西部 12 个省区，全面实施原油、天然气的从价计征改革。

第五阶段：2011 年至今，注重节约利用资源和环境保护阶段。为解决工业化进程中出现的资源粗放开采、生态环境恶化等资源型经济问题，促进经济社会的可持续发展，从而实现资源型经济额的顺利发展，政府出台了一系列的政策来促进资源的节约利用和环境保护。具体政策见图 2 -3。

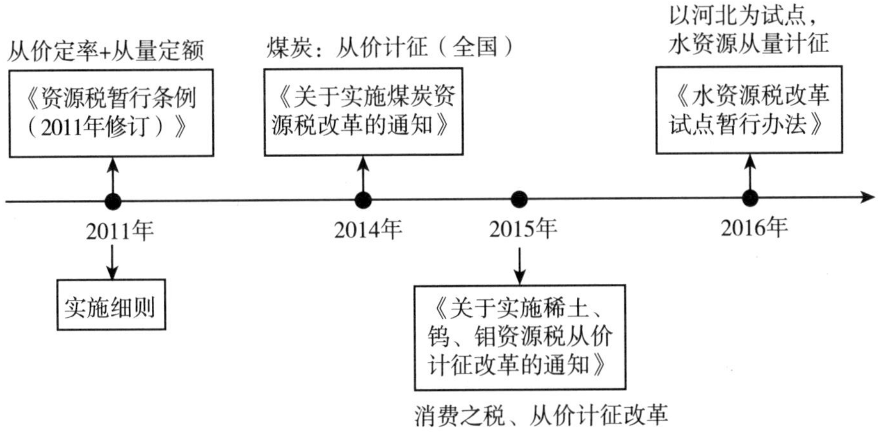

图 2 -3　2011 年至今，注重节约利用资源和环境保护阶段

4. 影响资源型经济转型的环境保护税法律制度

环境保护税就是把环境污染和生态破坏的社会成本，内化到生产成本和市场价格中去，这必然会影响污染企业的税收负担，改变其成本收益比，迫使企业重新评估自己的资源配置效率。因而，环境保护税对资源型经济转型具有明显优势。具体来讲，本书将从排污费制度和环境保护税法两个方面梳理影响资源型经济转型的环境保护税法律制度。

（1）排污费制度

我国从 1979 年开始对废气、污水、固废、噪声等 4 种污染源实行排污收费制度。该制度是我国一项基本的环境管理制度，其旨在运用行政与经济手段来激励排污企业节能减排，以实现环境保护和绿色发展的目标。我国的排污费制度由法律、行政法规、部门规章以及地方性法规和规章构成，形成由实体法到程序法、内容完整、规定详实的环境保护法律制度。因地方性法规和规章内容庞杂且极具地方特色，不具有代表性，因而，本书仅就与排污费相关的法律、行政法规以及部门规章进行了梳理。具体如表 2 –6：

表 2 –6　我国的排污费制度

法律位阶	名称	时间	主要内容
法律	《环境保护法》	2014	第 28 条明确了以环境标准为依据征收排污费
	《大气污染防治法》	2000	第 14 条规定了向大气排污的征费标准及所征费用的归属和监督
	《水污染防治法》	2008	第 24 条规定了向水体排污的征费标准及所征费用的用途
	《环境噪声污染防治法》	1996	第 16 条规定了产生环境噪声污染的征费标准及所征费用的用途
	《固体废物污染环境防治法》	2004	第 56 条规定了对危险废物征收排污费
行政法规	《排污费征收使用管理条例》	2003	扩大了征收范围，明确了排污费管理机制，统一了征收权限，改变了收费方式
部门规章	《排污费征收标准管理办法》	2003	明确了排污费征收标准及计算方法
	《关于减免及缓缴排污费有关问题的通知》（财综〔2003〕38 号）	2003	明确了排污费的减免及缓缴问题
	《排污费资金收缴使用管理办法》（财政部、国家税务总局令第 17 号）	2003	明确了排污费资金的收缴和使用问题
	国家环境保护总局《关于排污费征收核定有关工作的通知》（环发〔2003〕64 号）	2003	明确了排污费征收核定方面的问题
	《关于环保部门实行收支两条线管理后经费安排的实施办法》（财建〔2003〕64 号）	2003	明确了环保机构的经费管理

（2）环境保护税法

随着“绿色、低碳、洁净、健康”等发展理念的深入，建立健全生态建设和环境保护的补偿机制，加大生态环境治理修复力度，实现可持续发展的需求日益迫切。2016 年，党的第十二届全国人大常委会第二十五次会议表决通过了《环境保护税法》。作为我国第一部推进生态文明建设的单行税法，《环境保护税法》以直接向环境排放应税污染物的企业事业单位和其他生产经营者为纳税人，以大气污染物、水污染物、固体废物和噪声 4 类应税污染物为征税对象，以应税污染物的排放量为计税依据，按照平移原则费改税，根据现行排污费项目设置税目，自 2018 年 1 月 1 日起施行。在税收优惠方面，《环境保护税法》还规定了两档减税优惠，根据企业少排污少缴税的原则，纳税人排污浓度值低于规定标准 30% 的，减按 75% 征税；排污浓度低于标准 50% 的，减按 50% 征税。以此方式来倒逼资源型企业积极转型，以节能环保为目标，大力发展绿色循环经济，实现资源型经济的可持续发展。

为了保证《环境保护税法》的顺利实施，2018 年，国务院公布了《环境保护税法实施条例》（国务院令第 693 号）。《环境保护税法实施条例》对《环境保护税税目税额表》中其他固体废物具体范围的确定机制、城乡污水集中处理场所的范围、固体废物排放量的计算、减征环境保护税的条件和标准，以及税务机关和环境保护主管部门的协作机制等作了明确规定。并且《环境保护税法实施条例》中明确规定，2003 年 1 月 2 日国务院公布的《排污费征收使用管理条例》同时废止。

二、资源型经济转型财税法制度评析

改革开放 40 年，我国财税法治建设取得了一系列重要成果。第一，实行分税制财政管理体制，理顺中央与地方政府之间财政关系。划分中央政府与地方政府的事权和支出责任，按照事权与财权相结合的原则，按税种划分中央与地方的收入，将税种划分为中央税、地方税和中央地方共享税。第二，推进财政制度改革，完善预算法律。1994 年制定《预算法》，2014 年修订

《预算法》，规范政府收支行为，强化预算约束。第三，深化税制改革，加强税收立法。主要有：增值税转型与扩围改革，2009 年实行生产型增值税改为消费型增值税，2016 年全面实行营业税改为增值税。在企业所得税与个人所得税改革方面，主要是统一税制、公平税负。推进资源税改革，改从量计征为从价计征方式，逐步扩大征税范围。开征环境保护税，建设绿色生态税制。第四，以地方先行先试模式，探索财税改革效果。在东北试点增值税转型改革，在上海市试点“营改增”改革，在上海市、重庆市试点房产税改革，在河北省试点开征水资源税改革。在山西省设立“山西省国家资源型经济综合配套改革试验区”，这是我国第一个全省域、全方位、系统性的国家级综合配套改革试验区。《关于支持山西省进一步深化改革促进资源型经济转型发展的意见》（国发〔2017〕42 号）文件指出，对山西省主导产业衰退严重的城市，比照实施资源枯竭城市财力转移支付政策。中央预算内投资在山西省农村旅游公路建设、生态建设、扶贫开发和社会事业等方面比照西部地区补助标准执行。加大政策支持力度，及时解决资源型经济转型发展中的困难和问题。支持山西省开展水资源税改革试点。通过试点改革积累经验，降低改革成本与风险。

财税法治的改革和完善，对资源型经济的转型发展，具有一定的促进作用，有些是直接的，有些是间接的。但是，在资源型经济转型发展方面，财税法律制度还存在缺失或不足。

（一）资源型经济转型的财税制度政策化

财税政策是党和国家在一定历史时期，为了实现一定的社会经济目标，在没有法律规定或者法律规定不明确的情况下，在财税方面制定的行为准则。财税政策是党的政策或国家政策，也是公共政策和经济政策。改革开放以来，经济政策由于其灵活性与机动性特点，被广泛应用于规制国家经济运行，为各项经济活动“摸着石头过河”提供指引和保障。由于财税立法缺失或者规定过于原则，为应对复杂的社会关系，各级政府及其财税相关部门制定发布了大量的财税政策，以政策替代法律。应急性的政策多，法律规范少，财税政策与法律法规比例严重失衡。当前，针对资源型地区的财税制度主要由政策构成，法律化程度较低。现行有关资源型经济转型方面的财税政策大多以《办法》《通知》《批复》等形式出现，比较杂乱。

（二）资源型经济转型的财税立法位阶低

我国财税立法，相对于其他经济领域，一直较为滞后。目前没有制定财税基本法，《财政基本法》《财政转移支付法》《税收基本法》等法律均缺失。大多数的财税法仍然是国务院及其财税主管部门制定的行政法规和部门规章，而非全国人大制定的财政税收法律。行政机关的立法远远超过了人大立法机关，占据了主导地位，这种现象有悖于税收法定原则。例如，我国现有税种 18 个，即增值税、消费税、关税、企业所得税、个人所得税、房产税、契税、城镇土地使用税、耕地占用税、土地增值税、资源税、车船税、车辆购置税、船舶吨税、城市维护建设税、印花税、烟叶税和环境保护税。我国实行“一税一法”，在现行 18 个税种中，只有 6 个税种完成立法，成为法律（包括《企业所得税法》《个人所得税法》《车船税法》《船舶吨税法》《烟叶税法》《环境保护税法》），还有 12 种税没有人大制定的法律，只有国务院制定的条例或者暂行条例。包括《增值税暂行条例》、《消费税暂行条例》、《进出口关税条例》、《资源税暂行条例》、《城市维护建设税暂行条例》、《城镇土地使用税暂行条例》、《耕地占用税暂行条例》、《土地增值税暂行条例》、《房产税暂行条例》、《契税暂行条例》、《车辆购置税暂行条例》和《印花税暂行条例》。目前，涉及资源型经济转型的财税立法，除了《预算法》、《企业所得税法》、《个人所得税法》和《环境保护税法》是由全国人大通过的法律以外，《增值税暂行条例》《消费税暂行条例》《资源税暂行条例》由国务院制定颁布，《增值税暂行条例实施细则》《消费税暂行条例实施细则》《资源税暂行条例实施细则》等规范则由国务院财税部门制定发布，均属于行政法规和部门规章的范畴，立法层次偏低，缺乏应有的法律权威性，使得财税法律制度的严肃性大打折扣。由于立法缺失或者规定过于原则，各级政府及其相关部门不得不制定发布一些财税政策，以政策替代法律。

（三）促进转型发展的财税制度缺乏针对性

1. 促进转型发展的财政制度针对性不强，导向不够明晰

国务院《全国资源型城市可持续发展规划（2013～2020年）》根据资源保障能力和经济社会可持续发展能力，将资源型城市划分为成长型、成熟型、衰退型和再生型四种类型，不同类型城市的发展方向和重点任务不同。需要改造提升传统资源型产业、发展绿色矿业，培育壮大接续替代产业，加快发展现代服务业，鼓励发展战略性新兴产业，推进资源型城市由单一的资源型经济向多元经济转变。这些方面都需要财税法律制度保障，但在国家的财税法律制度中没有专门针对资源型经济转型的规定。在财政支付方面缺少资源补偿横向转移支付制度规定。

2. 促进转型发展的税收优惠制度缺乏针对性

首先，现行促进经济转型的税收优惠制度少，仅有的几项促进资源综合利用和促进节能生产的税收优惠制度较为分散，缺乏系统性和统一性。税收制度对经济转型和资源综合利用的倡导作用明显不足。税收优惠范围较小，主要集中在对废旧物如废水、废气、废渣等的综合利用以及传统产业的循环发展上，对鼓励天然气、煤层气、氢气、太阳能、风能等新型能源发展的税收优惠较少，优惠期限过短。有些税收优惠制度技术标准过高，惠及范围太小，难以发挥税收制度应有的调控导向作用。

其次，税收优惠形式单一，缺乏针对性和灵活性。主要以免税、减半征收、即征即退等直接优惠为主，而加速折旧、再投资退税、税收抵免、延期纳税等对投资金额大、投资期限长的企业更有效果的间接优惠较少。税收优惠偏重所得税、轻视流转税。税收制度侧重于单向性优惠，缺乏资源损耗破坏的惩罚性规定。对于汽油、柴油等资源产品仍然实行出口退税。

（四）地方缺乏必要的财税立法权

改革开放以来，财税权集中仍然是我国财税立法权在纵向划分上的指导思想。因此，我国目前的财税法律体系中的财税法律、法规、规章等规范性文件，基本上都出自中央；地方人大及政府一般无权制定地方性财税法规和

规章。税权划分是配置资源型地区财税权的核心，也是构建地方财税法律制度的关键所在。其影响着中央与地方财政分配的关系，关系到各级政府行使税权的积极性，因此，合理进行税权划分非常重要。税权划分为横向分权和纵向分权两种。横向分权指的是税权在同级国家机关的配置；纵向分权指的是税权在中央与地方各级国家机关的配置。构建资源型地区地方税收法律制度主要是纵向分权的问题。

在资源型经济转型过程中，财税机制的作用是不言而喻的，作为国家收入的财税是宏观调控的重要工具，是国家治理的关键之一。在当前全面依法治国的背景下，依法治税是其应有之义。2015 年 3 月 15 日，《立法法》修正案获得人大通过，其中的亮点之一就是再一次明确了税收法定的财税法治理念，为税收立法的发展指明了方向。但是，目前税收立法权还存在不可忽视的问题。具体说来就是税收立法权集中于中央，地方无权力进行税收立法，导致一些地方通过财政补贴、税收优惠等“违法”手段对税收进行规制，这就形成了税收立法权配置上的冲突。在当前分税制的财税体制下，资源型经济转型地区不能够立法征收特色税种，既不利于发挥自身优势增加财政收入，也不利于进行经济转型发展，极大地打击了其发展经济的积极性，容易诱发非法收费扰乱现行财税制度。

对于自然资源而言，立法权限的设置高度集中于中央，税种设置和税率的设计过于统一，分税制的立法体制不健全，无法适应自然资源的区域性差别，势必会导致自然资源财税制度缺乏因地制宜的灵活性，地方政府也会因缺乏必要的财税自主权而积极性不高，被动征管，这样一来，反而制约了资源地区经济的健康发展。

第三章　现行财税权配置对资源型经济转型的影响

资源型经济转型的核心要义就是化解自身产业发展的结构性矛盾，减少对于资源密集型产业的路径依赖，特别是2009年爆发全球金融危机以来，资源类商品出口数量不容乐观，且国内需求不足，价格继续下跌，对于资源型地区的财政收入造成了极大冲击。我国各级政府将税收作为重要的宏观调控工具，不但可以通过税负的调整对生产要素的流动产生影响，而且还能够导致消费和投资等需求因素发生变化，进而作用于产业结构和资源型经济转型。其中，财税权是税收发挥作用的关键因素。虽然，我国实行的是全国统一税制，但是由于资源型地区的经济发展水平和产业结构具有自身特色，因此财税权配置对其转型发展产生了特定的影响。现行财税权配置是否能够促进资源型经济转型？各类财税权在转型中发挥着什么作用？妥善回答这些问题是深化资源型地区财税体制改革，促进资源型经济转型的必然要求。

一、分税制的不合理性对资源型经济转型的影响

分税制属于财政管理体制的范畴，其指的是为了分配中央和地方的财政收入，进而将税收划分为中央税和地方税，旨在区别中央和地方的财权和事权。分税制本质要求就是根据中央和地方的事权合理地明确其财权，是符合市场经济发展的财政管理体制。分税制的产生在我国有着深刻的历史渊源。

中华人民共和国成立至今，我国的经济体制发生了较大的变化，经历了三个阶段，即计划经济时期、市场经济初期和市场经济完善期。相应地，税制的发展也随着经历了三个阶段，即通常意义上的统收统支、财政包干和分税制。第一阶段是统收统支的税收体制。改革开放前。我国在税收收入上，中央政府完全充当着地方家长的角色，形成了国家制定税收基本法，主管部委制定税收基本法实施细则，省级政府受中央约束制定地方税收法规的立法模式。税收收益绝大部分是由中央政府进行统一支出，但是经过中央的特殊批准地方也可以征收地方税供自己使用。第二阶段是财政包干的税收体制。随着改革开放的进行，中央又进行了“利改税”的财政体制改革，这样，税收超过国有企业上缴利润成为国家财政收入最为重要的组成部分。此后，我国进行了几次税收体制改革，具体就是在税收上对地方政府放权让利，以此来调动地方政府的积极性进而刺激经济的发展。第三阶段是分税制。“财政包干”在相当程度上增加了地方的财政收入，加强了地方的经济实力，但相应地中央财政就不断减少。为了改变现状，弥补自身财政缺口，中央又通过征收两项基金，即“能源交通基金”和“预算调节基金”以增加财政收入。伴随着社会主义市场经济体制的确立，我国开始实施分税制改革。分税制改革的核心要义在于“分权”，即以各级政府的事权为基础，来明确其相应的财权，使事权和财权相统一。具体而言，中央政府主要承担国家安全、国民经济发展、外交、中央国家机关和事业单位运行等方面的财政支出如国防经费、科教文卫经费；地方政府主要承担所属行政区域政府机关和事业单位运转，以及地方经济事业发展所需的各类财政支出如行政管理经费、城建维护经费。与此同时，根据税种的性质分别划分为中央税、地方税和中央与地方共享税。其中，中央税主要涵盖关乎国家核心利益，对于经济宏观调控影响较大的税种如关税、消费税；地方税则主要包括适宜地方征管的各类税种如营业税、房产税；中央与地方共享税是指与经济发展具有直接相关性的主要税种如增值税、资源税。为了深化分税制改革，消除企业重复纳税环节，降低税负，2012 年 1 月开始在上海市试行“营改增”，即在部分行业将之前征收营业税的项目改成征收增值税，直至2017年10月“营改增”在全国全面落实，这表明作为地方重要税种的营业税正式从我国税制中去除。就税收征管而言，税收收益按照中央与地方的不同分别入库管理，各自支配，即中央税收收益由中央政府管理、支配；地方税收收益由地方政府管理、支配。此外，还分别设立了中央和地方两套税收征收机构，其中，国家税务机构负责征收中央税以及中央与地方共享税，地方税务机构则只负责征收地方税。2018年3月13日，国务委员王勇在第十三届全国人民代表大会第一次会议上作出《关于国务院机构改革方案的说明》，该说明在改革国税地税征管体制部分指出：将省级和省级以下国税地税机构合并，具体承担所辖区域内的各项税收、非税收入征管等职责。国税地税机构合并后，实行以国家税务总局为主与省（区、市）人民政府双重领导管理体制。截至2018年7月，全国各级税务机构全部完成机构改革。有利于提高税收征管效率，便于纳税主体缴纳税款，最终促进税收征管体系的优化。我国目前实行的分税制有以下特点：第一，明确了中央和地方的税收收支及转移支付；第二，简化了税制，统一了税率；第三，严格控制地方减免税收的行为。分税制的实施有利于增强中央政府的财政实力，确保国家通过税收进行宏观调控的能力，有利于在全国范围内有效配置财政资源，可以有效避免地方税收保护主义，符合社会主义市场经济的发展需求。但是由于分税制改革并不完善，加之不断变化的经济形势，使得其对地方经济发展有所束缚，对于主要依靠资源发展的地区更是如此。

（一）分税制对资源型经济转型地区财权的影响

分税制在增强中央政府财政收入的同时，相对降低了地方政府的财政实力，造成了其财政收入的萎缩，弱化了资源型经济转型地区发展的资金保障。主要表现在以下几个方面：第一，主要税收均上缴中央。流转税一直是我国税收的主要组成部分，在财政包干的税收体制下，只要上缴规定的额度，剩下的税收收入都可以进入地方财政。但是分税制改革后，增值税、消费税和营业税三大流转税中两项都是中央税，目前“营改增”已经全面实行，这就意味着我国税收的主要来源均为中央税，虽然2016年国务院公布了《全面推开营改增试点后调整中央与地方增值税收入划分过渡方案》，规定关于增值税中央和地方进行“五五分成”，即便这样能够弥补营业税缺失对地方的影响，但是总的来说主要税收收入仍然均上缴中央，这就阻碍了各个资源型地区充分运用税收杠杆来刺激经济转型发展，不利于调动其积极性，同时也不能为资源型经济转型提供足够的财政支持；第二，地方支撑性税种缺失。营业税曾经是地方税收的代表性税种，但是随着“营改增”的全面实施，此前营业税的征收已经全部纳入到增值税的范畴之中。因此目前增值税、企业所得税和个人所得税成为地方税收的主要来源，但是这些税种不能够具体反映资源型经济转型地区的税收需求。以房产税、城镇土地使用税为代表的财产税没有系统整合，还不能够成为支撑资源型经济转型地区发展的税种。即便是资源税，由于征税范围小、计税依据中价格的不稳定性等问题，也没有很好地发挥促进资源合理利用的效果，导致资源型经济转型地区真正体现地方特色的税种出现空白，不利于其利用自身资源优势充实地方财政，阻碍了资源型地区的转型发展；第三，加剧了基层财政的困境。目前的分税制只是区分了中央和省级政府的税制安排，没有明确省市县三级地方政府之间的财政收入关系。这就自然导致了“模仿效应”，即省级政府相对集中市级政府的财政收入，市级政府相对集中县区级政府的财政收入，本来就匮乏的基层财政因此就更加捉襟见肘。基层地区既是资源型经济转型的前沿阵地，也是资源型经济转型的薄弱环节，如果没有足够的财政保障，一方面有可能引起基层政府通过不正当收费“充实”财政收入，扰乱现行的地方财政体制；另一方面由于缺乏足够的财政保障，基层政府没有能力实现转型发展，只能在既有粗放式的资源经济的环境中进行恶性循环。这样没有基层的资源型经济转型，当然也就不可能有整个资源型地区的资源型经济转型。

（二）分税制对资源型经济转型地区事权的影响

分税制的实施重新划分了中央政府和地方政府的财权，但是没有相应地对其事权加以调整，这样就意味着减少了地方政府的财政收入的同时，没有相应地减轻地方政府的财政支出，相对地增加了地方政府的事权。资源型经济转型地区由于产品附加值低，财权与事权的冲突就更加明显。因此，分税制对资源型经济转型地区事权的影响极大，具体表现在以下几个方面：第一，中央政府事权错位。当前政府事权分为三种，中央直管、地方管理以及中央和地方共管。由于事权存在交叉，目前对其规定又模糊不清，因此中央政府在收回部分财权后，未必能及时履行事权，这就造成了中央政府事权缺位的现象。比如，资源型地区依靠资源开采发展经济的同时，破坏了当地的生态环境，目前均是地方财政进行补偿修复，这就又加重了资源型经济转型地区的经济负担。此外，还有中央政府通过行政命令要求地方政府承担额外的事权，比如中央政府要求地方政府承担中央财政支出的配套资金支持（中央直管机关经费、区域大型项目等）。值得注意的是，中央也会为保障地方基础设施建设、促进产业发展提供财政支持。这就造成了中央事权的错位，不符合权责利效相统一的原则，使得中央和地方的事权产生冲突的同时又出现了空白，难以调动资源型经济转型地区政府的积极性，不利于发挥其结合实际情况，促进资源型经济转型的自身优势。第二，地方政府事权过重。分税制实施后，财权向上转移的同时，事权还是由地方负责，使得地方政府不堪重负。随着经济的发展，这种财权和事权的冲突就越发明显。资源型经济转型地区公民不仅对社会公共服务的需求越来越多，而且对由于资源开采所带来的生态问题的处理特别关注。但是，地方政府由于财力不支导致执行力不足，相应机构人浮于事，制度设计空洞虚置，不能够很好地履行自身的事权，难以提供满足公民的需求，这不仅导致了地方政府的信任危机，而且使得资源型经济转型地区打上了“基础设施差，环境污染重”的烙印。此外，地方政府为中央政府的各种项目提供配套资金对其财政紧张的现状来说无异于雪上加霜。第三，引发权力寻租。鉴于地方财权与事权的冲突，为了增加财政收入，资源型经济转型地区政府必然会实施“创收”行为。一方面，其利用自身的行政权力和资源优势，通过设立企业进入市场营利。这种与民争利的行为，只会使地方市场萎缩，不利于转型发展。此外，地方政府热衷于此种形式的创收，必然会忽视本身的政府职能，扰乱经济发展秩序；另一方面，地方政府为了获得经济利益，增加财政收入会默许一些市场主体进行违法经营，在这个过程中会引发个别政府官员的腐败行为。比如，个别地方政府默许，甚至帮助房地产企业强制拆迁；一些地方允许没有资质的小煤窑开采经营，这些行为都引发了严重的后果和极其恶劣的社会影响。但是我们并不能一味地将责任都归咎于地方政府，要看到财税体制对这种行为的影响，以便从根本上解决问题，而并不是仅仅在道德上谴责地方政府。

（三）分税制对资源型经济转型地区财政转移支付的影响

在分税制实施之前，我国虽然进行了大量转移支付的工作，但是并没有这个理念，分税制改革后我国引入了转移支付的概念，逐步系统化地实施转移支付行为。从广义上讲，转移支付是中央政府或地方政府将部分财政收入按照法定标准和程序无偿或者附条件让渡给其他各级政府、企业或居民时有发生的财政资金的相互转移，具体包括：税收返还、一般转移支付和专项转移支付；狭义的转移支付仅指政府之间财政资金的相互转移或财政资金在各级政府之间的再分配，具体包括：一般转移支付和专项转移支付。[①] 就广义转移支付而言，其主要用于平衡区域间财政收入，保障区域协调发展，这对于经济相对落后的资源型经济转型地区意义尤为重要。但是随着分税制的实施，财政转移支付的问题也逐渐暴露，其主要体现在以下几个方面：第一，横向转移支付制度缺失。横向转移支付是指地方政府（同级政府或不同级政府）之间为了平衡财政关系而通过一定的形式或途径无偿转移财政资金的活动，其具有无偿性、多样性、法治性的特点。[②] 从某种意义上说，对口支援、生态补偿属于横向转移支付的实践尝试。当前我国只实施纵向转移支付制度，还没有形成规范的横向转移支付体系，不利于调整区域间日益扩大的财政水平。资源型经济转型地区存在的问题由来已久，其为发达地区提供资源，自身却因为资源的过度开采，生态环境不断恶化阻碍了经济发展，仅仅依靠中

---

① 参见孟庆瑜：《经济法》，清华大学出版社2014年版，第293页。

② 参见白永秀：《区域经济论丛（13）》，中国经济出版社2014年版，第24～26页。

央政府的纵向转移支付既不足以缓解资源型经济转型地区的财政危机，对生态环境进行有效治理，也不能较好地体现财权与事权相统一。这样发达地区通过“搭便车”的手段利用资源不断实现自身发展，但是没有承担维护当地生态环境的责任，反而无形之中将“生态环境破坏”的不利因素完全转嫁到了资源型经济转型地区，加重了当地的治理负担，严重阻碍了资源型经济转型地区的经济发展。第二，税收返还制度不合理。作为广义转移支付的组成部分，税收返还的宗旨应当是通过维持存量，调整增量，客观上增加地方政府财力，弥补特定地区的财政缺口，有助于实现区域税收收入均等化，是解决资源型地区与发达地区发展不平衡的财政保障。但是，中央财政通过税收返还激励地方政府税收努力的效果不断减弱，同时对于增加地方财政收入和打破横向财政平衡的效果均在持续弱化。① 虽然，税收返还是中央财政对于地方上划的收入实行基数返还，② 其中基数由国家财政机构进行具体核定。但是，由于上划税额各地参差不齐，使得越发达地区的税收返还额越多，越落后地区的税收返还额越低。这实质上是保护各个地方政府的税收既得利益，对于资源型经济转型地区这样相对落后的地区十分不利。第三，专项转移支付管理较为混乱。当前专项转移支付款项的使用不在事权的约束范围之内，具体费用分配标准和额度缺乏准备数据的支撑，同时专项转移支付的审批制度存在缺陷，导致资金使用的任意性较大，逐渐滋生了资金分配“讨价还价”的行为，“跑部钱进”的现象时有发生，加之专项转移支付涉及面较广，缺乏应有的针对性，不能有效地解决各地特定问题，这些都严重影响了专项转移支付的科学性。此外，中央实施的专项转移支付要求地方配套的项目较多，这就削弱了地方政府的财力，尤其是资源型地区等经济落后地区，使得本就困难的财政情况更加捉襟见肘，既影响了地方其他领域的财政支出，也导致了一些项目由于配套资金短缺半途而废，甚至导致了个别地方政府设置

① 参见张冬梅、吴凡：《中央对地方税收返还何去何从》，载《经济研究参考》2018 年第 38 期。

② 例如，消费税中的成品油消费税以 2014 年的返还额为基数定额返还、增值税以 2015 年的返还额为基数定额返还。

钓鱼项目来骗取中央的专项转移支付。

二、地方税收立法权缺失对资源型经济转型的影响

税收权力简称税权，具体说来就是一个国家征收税收的权力，一般包括税收立法权、税收收益权和税收行政权。税权划分是配置资源型地区财税权的核心，也是构建地方财税法律制度的关键所在。其影响着中央与地方财政分配的关系，关系到各级政府行使税权的积极性，因此，合理进行税权划分非常重要。税权划分分为横向分权和纵向分权两种。横向分权指的是税权在同级国家机关的配置；纵向分权指的是税权在各级国家机关的配置。构建资源型地区地方税收法律制度主要探讨的是纵向分权的问题。

在资源型经济转型过程中，财税机制的作用是不言而喻的，财税作为国家收入的主要内容是宏观调控的重要工具，是国家治理的关键之一。在当前全面依法治国的背景下，依法治税是其应有之义。2015 年 3 月 15 日，《立法法》修正案获得人大通过，其中的亮点之一就是再一次明确了税收法定的财税法治理念，为税收立法的发展指明了方向。但是，目前税收立法的基础——税收立法权还存在着不可忽视的问题。具体说来就是税收立法权集中于中央，地方并无权力进行税收立法，可是一些地方也会通过财政补贴、税收优惠等“违法”手段对税收进行规制，这就形成了税收立法权配置上的冲突。资源型经济转型地区由于转型的财政压力大，产业转型对税收激励的需求高，因此，适度赋予资源型经济转型地区部分税收立法权，既是对税收法定原则的坚持，又能够因地制宜地发展经济。

（一）关乎资源型经济转型的物质保障

资源型经济转型关键是摆脱对传统“资源”的依赖，实现产业结构的优化升级，但是，在资源红利尚未完全释放的前提下，市场主体长期处于稳定的盈利状态，对经济转型往往具有抵触情绪。因此，需要制定大量战略性政策实施激励，其中，最为重要的就是实行积极的财政政策为资源型经济转型

提供物质保障。“地方税直接影响地方财政收入总量与结构”,[①] 是资源型经济转型的物质基础。地方税收立法权缺失使得资源型地区的税收法律制度未能体现当地特色，不利于实现税收的受益性原则，在某种程度上损害了公平正义。地方税收立法权是在符合税收法定的前提下，以全面有效的公共服务为基准，保障资源型地区经济转型的物质供给的制度基础。值得注意的是，不能为了资源型地区税收的增加，而实质性损害中央政府的财力。具体来说有以下两层含义：

一方面，影响资源型地区税收收入在财政收支中的功能定位。实施分税制以后，地方税收收入为当地政府行使职能提供了财政支持。众所周知，由于财产税税基稳定、流动性弱，能够有效避免地方政府因争夺税源而引发的不当竞争，应当作为资源型地区的主要财政来源。但是，鉴于地方税收立法权的缺失，资源型地区政府财产税收入比重不高，无法满足经济发展的支出需要，为了减缓财政压力，不得不推行“资源财政”，甚至还需通过收费、举债等非税渠道来筹集资金，以弥补财政缺口。由此可见，地方税收立法权可以反映地方税收收入的本土特色，能够准确发挥资源型地区地方税收的应有功能。另一方面，影响资源型地区公共服务的供给程度。公共服务相对于私人服务而言，是满足一定范围内公众需求的非排他性产品或服务，可以分为全国性公共服务和地方性公共服务。地方政府既应当履行发展经济的职能，也必须为所辖行政区域提供充分的公共服务。公共服务的有效供给，也是资源型经济转型的目标之一。因此，资源型地区政府在承担经济转型的任务过程中，必须通过财政支持不断提升公共服务的供给水平。从目前情况来看，政府、市场和社会是地方公共服务的主要提供者，具体涵盖中央政府、地方政府、企业、社会组织、社会公众等多类主体，其中最为重要的主体就是地方政府。因为，地方政府能够相对直接接触当地公众，较为了解社会需求，还能及时有效地根据本地偏好和环境的改变做出反应，能够有效避免提供公

---

① 参见廖明月：《地方税体系：理论逻辑与制度重构》，载《财会月刊》2018 年第 18 期。

共服务过程中产生信息不对称问题，对于供给效率的提高具有重要意义。因此，就资源型地区而言，应当从“资源”入手筹集财政收入，增强地方公共服务提供的实效性，以全面助推资源型经济转型发展。当然，这些均受到地方税收立法权的制约，因此，地方税收立法权关乎资源型经济转型的物质保障。

（二）关乎资源型地区的治理效率

“财政是国家治理的基础，这一定位表明税收不仅仅是国家治理的财力基础，也是重要的治理工具。”① 资源型经济转型发展依赖于地方政府治理能力的提高和治理效率的提升，地方治理是在公平基础上，实现效率的目标，以期通过最小的治理成本获得最大的治理效果。一旦出现治理成本高于治理效果的情况，就意味着治理无效或者失败。由于资源型地区在发展程度、资源储备、区域定位、生态状况、基础设施和公众需求等许多方面与其他地方存在着很大差异，即便在资源型地区内部也有许多不同。因此在地方治理方式上不能盲目适用所谓“发达地区”的治理模式，应当形成一套符合自身实际情况的治理方法，以不断提高治理效率，最终实现治理能力的增强。税收对于地方治理起着不可替代的作用，是地方治理的财政基石。地方税收立法权蕴含着差异化的税收理念，有利于依据各地区实际情况形成各具特色的治理模式，进而促进资源型地区治理效率的提高。要注意防止“过度放权”，以免地方政府权力膨胀导致治理效率降低。具体体现在以下两个方面：

一方面，影响资源型地区政府能动性的发挥。资源型经济转型发展固然需要中央政府的顶层设计和政策支持，同时也必然需要地方政府立足实践自发式的创新推动。事权和财权相结合的分权模式是提高地方治理效率的重要保障。虽然目前地方税的设计以分权理念为指导，但是尚未能做到公共服务于财力支出相匹配，最终不利于地方事权的发挥。根据事权与财权相统一的

---

① 李华：《地方税的内涵与我国地方税体系改革路径——兼与 OECD 国家的对比分析》，载《财政研究》2018 年第 7 期。

原则，地方政府促进资源型经济转型职能的发挥，必须依靠相应财权和财力的支持。否则，巧妇难为无米之炊，没有足够的财政支撑，地方治理将寸步难行。增加资源型地区的地方财政收入决不能仅仅依靠中央政府的转移支付，而是要地方政府发挥主观能动性，通过税收来有效确定收入规模、结构等财政收支预期，以便于合理规划布局相关产业，确保促进经济转型的战略和决策的持续性和前瞻性，增强资源型地区政府的应对能力。此外，合理的地方税收体系，还能够激励政府创新、提高履行主动性，进一步提高资源型地区政府治理效率。另一方面，影响资源型地区政府的履职边界。地方政府合理履职是提高治理效率的关键之一，其履职边界涉及两类关系，即地方政府与中央政府的关系和地方政府与市场的关系。而地方税收立法权则为资源型地区政府履职边界的合理界定奠定了制度基础。就与中央政府的关系而言，一旦资源型地区的财政来源过度依赖中央政府的转移支付，则中央政府对于资源型经济转型的具体干预就会极大增强，地方政府不得不与中央政府关于一些“零散琐碎”的问题“讨价还价”，“跑部钱进”的现象很可能会大量出现，这不仅为权力寻租和腐败提供了空间，也必然会降低地方政府的治理效率。就与市场的关系而言，能够减少通过行政手段对市场交易的干预，有利于充分发挥市场在资源配置中的决定作用，实现对产业结构的合理引导和宏观调控。

（三）关乎资源型经济转型的制度布局

资源型经济转型是一项长期、复杂的任务，需要多种制度共同作用，发挥合力。资源型经济转型归根到底是对于分配关系的调整，必然要触动当前的利益分配体系，通过改革税收体制来调整利益格局是一个相对可行的办法。因此，地方税收立法权改革处于资源型经济转型制度的核心地位，是“牵一发而动全身”的制度基础，对于推动其他制度布局具有里程碑意义。地方税收立法权必然会对资源型地区的产业结构起到引导、规范和调解的作用，通过自身的完善健全为其他制度布局提供了前提条件和制度基础，从宏观来说关系到经济稳定，从微观来看影响众多市场主体，倒逼其他促进转型发展配套措施的不断健全。例如，地方资源税改革可能对电力体制、环境治理制度发展产生推动作用；地方房产税改革可能会引发土地使用制度的完善。因此，地方税收立法权对于资源型经济转型的制度布局具有带动作用。这可以从以下两点来认识：

一方面，影响产业结构和收入分配制度实施。资源型地区政府从中央获得一定程度的地方税收立法权后，就可以根据地方发展实际和经济情况的变化，“逐步提高地方专享税的税收收入比重，进而形成共享税分成与地方专享税收入占比相当的地方税体系”，[①] 并对其限制发展的产业或者行业增加税负，同时可以对鼓励发展的产业或者行业降低税负，使得资源型地区的地方税收与地方经济发展之间的关联度更高，对于促进资源型经济转型的作用更强，其他相关制度（如能源定价制度、环境保护制度）的制定和推广也必然以此为前提。在为全国经济发展做出贡献的同时，共同实现区域经济绿色、协调、可持续发展。值得注意的是，地方税收立法权还可能会突破区域范围，不同程度地影响到全国产业的发展，因此，应当注重中央和资源型地区，以及各个资源型地区税收立法之间的关系，防止出现恶性税收竞争，干预到其他区域的相关制度布局，确保各地区产业结构和收入分配共同良性发展。另一方面，影响资源型地区政府的政策制定。地方税收立法权引发的资源型地区税收体制变动，可以促使地方政府的政策制定形成良性循环。例如，通过资源税、消费税改革减少了市场主体的环境污染，连带减少了地方政府大量治理污染的财政支出，从而将资源型地区政府一定程度上“鼓励”污染企业增加的政策，到推动市场主体转型发展、遏制污染行为政策的转变，形成促进资源型经济转型的政策体系。

三、税收收益权分配对资源型经济转型的影响

税收收益权，也称为税收归属权，即政府依法获得税收收益的权力，其

---

① 杨森平、宋宁宁：《健全地方税体系的国际经验借鉴——以德国黑森州为例》，载《税务研究》2018 年第 4 期。

核心就是中央政府与地方政府对国家税收的分配。税收收益权是地方政府履行职能的财政保证，是实现地方税权的关键。其具有两个特点：一是税收收益来源固定；二是税收收益权力法定。分税制改革就是税收利益再分配的过程，这需要在中央的主导下，合理增加地方的税收利益，使地方政府有财政能力推动经济发展，实现财权与事权的统一。因此，资源型地区政府在税权方面的“分权”需求，其实质是要“分利”以满足自身发展，这样在客观上也推动了“一级政府，一级财政”体制的完善。有观点认为，税收收益的来源是税收立法的结果，税收收益的流转依附于税收行政，因此税收收益权不是一项独立的权力。本书认为，这种观点是值得商榷的。第一，税收权益是通过立法进行确认，而并非源于立法，在国家一些地方即使没有税收立法权，也具有税收收益权；第二，税收行政对税收收益的作用是影响，而并非决定，税收收益在一定程度上制约着税收行政行为；第三，税收收益权是税收“取之于民，用之于民”精神的具体体现，一旦被其他税权吸收，势必影响税收的根本宗旨。1994 年分税制改革，我国以收益为标准将税收种类确定为中央税、地方税、中央与地方共享税。其中地方政府税收收益主要来源为营业税（已改征增值税）、企业所得税（地方）、个人所得税等税种，还包括来源于中央与地方共享税中地方分享的部分。这就划分了中央与地方的税收收益来源，确立了地方税收收益权的使用范围，较之前中央和地方财政“讨价还价”的关系有较大进步。但是随着经济的发展，尤其是作为地方主体税种的营业税逐渐退出历史舞台后，地方税收收益权的作用越发减弱，对资源型经济转型造成不利影响。

（一）地方主体税种缺失对资源型经济转型的影响

一方面，弱化了资源型经济转型的财政支持。如前所述，资源型地区地方税种类虽多，但是征税范围窄、税源较差且缺乏弹性，同时征税成本高，致使其不能利用地方优势组织财政收入。而且先行的城建税、车船税等均属于一般性调节税种，不能体现资源型地区的区域特色，缺乏促进资源型经济转型发展的必要针对性。另一方面，增强了资源型经济转型的负面激励。我国资源型地区政府税收收益包括两部分，即地方税收收益和共享税地方分享收益。且地方税中最重要的营业税已改成增值税进行征收，因此，目前资源型地区政府税收收益主要不是来源于地方主体税收，而是依靠共享税地方分享收益。资源型地区地方税主体税种的缺失，就要依靠增值税中地方分享收益作为税收收益的主要来源，使企业成为了纳税主体，在现有财政体制下，税收收益的来源会分摊到各个行业之中。这样当地政府很可能会为了增加税收收益，而不顾生态容量和产能过剩，纵容高能耗、高污染的企业壮大扩张，阻碍经济转型发展。虽然这从分税制实施伊始就不同程度的存在，但是随着“营改增”，地方“土地财政”相对萎缩的同时，很可能会使这一问题继续恶化，还会引发政府间纵向的恶性税收竞争。“营改增”之后的增值税如果基本维持现有地方分享比例，则资源型地区政府财力势必更为窘困；如果增加增值税地方分享比例，则资源型地区政府会更加盲目追求工业扩张以拓宽税基。此外，主体税种的缺失还导致资源型地区现有的地方税种不具特色，未能发挥地方税收促进资源型经济转型的调节作用。

（二）地方税收入规模较低对资源型经济的影响

一方面，迫使资源型经济转型发展偏离轨道。地方税收入规模较低，就会导致资源型地区政府财政收入不足，容易引发预算外，甚至制度外的“增收”。极易引发以下四种后果：第一，“以费补税”，以资源为中心，对资源开采、流转等环节进行行政收费，用来弥补税收缺口，引发资源价格上涨，造成资源经济的恶性循环；第二，“土地财政”，在房地产市场持续过热的背景下，其通过依托行政权力的“土地收益”来获得高额财政收入，客观上形成“土地财政”，促进了房地产市场的泡沫；第三，“融资举债”，其通过设立公司来进行融资举债获得财政收入，容易导致监管混乱，引发债务风险；第四，“跑部钱进”，设法申请中央的转移支付以补贴财政支出，转移支付多违规使用，以填补他项财政漏洞。上述做法实质是通过走资源型经济的老路来增加税收收益，不利于经济发展新旧动能转换，实现资源型经济转型。

另一方面，阻碍资源型地区事权与财权的平衡。我国对中央和地方的财政支出责任规定不明，中央将部分全国性的事务下放给地方承担，如武警军费、义务教育费，致使资源型地区地方政府事权过多。然而，资源型地区多为调节性和补偿性税种，地方税收缺乏增长点，税收收入不能满足现有事权的要求。1994 年的分税制改革中，关于中央和地方税收收益权配置的初衷，是推行全国性的税收制度，增强中央的宏观调控能力，因此地方多为调节性和补偿性税种，致使地方税收自主权被削弱，相应地税收收益权受到限制。经过二十多年的发展，1994 年分税制改革所确立的地方税种日趋老化，缺乏增长点。即便个别地方税收益有所增长，如个人所得税，由于缺乏制度约束，中央通过税收政策将其调整为共享税，甚至不断降低地方分享比例，致使资源型地区既有的地方税种组织财政收入的规模变小，地方税收收益降低，远不能支撑地方事权财政支出的需要。

第四章　现行财政法律制度对资源型经济转型的制约

作为一项复杂的系统性工程，资源型经济转型关联着社会的各个领域，在理论与实践层面均处于起步阶段。科学高效地实现资源型地区转型发展，已然刻不容缓。现代法治话语体系下，可将财政界定为以国家为主体的收支活动以及在收支活动中产生的各类关系。现行财政法律体系中，规制政府收支行为的《预算法》、财政转移支付法律制度，以及为加强国家审计监督而设立的《审计法》等财政监督法律规范，在一定程度上促进了资源型地区的转型发展。但随着转型发展的不断深化，资源型地区财政法律体系暴露出诸如支出责任过重、预算扶持机制不完善、转移支付立法位阶低、支付结构不合理等问题。对此，我们应不断完善现行财政法律制度，推进资源型经济转型的进一步深化。此处，本书仅对与资源型经济转型问题关联度高的预算法律制度及财政转移支付法律制度进行讨论。

一、预算法律制度对资源型经济转型的制约

为提升政府预算治理能力、促进预算制度的完善，近年来国家稳步推进预算改革步伐，出台了一系列法律法规与政策文件。2014 年审议通过的《深化财税体制改革总体方案》及最新修改的《预算法》，为不断深化预算制度

的改革提供了法律保障。[①] 但针对资源型经济转型问题，现行《预算法》仍存在以下问题，有待进一步完善。

（一）资源型地区预算收入无法得到保障

作为资源型经济转型地区直接面临的最大困难，资金短缺制约着转型地区的产业结构优化升级、环境恢复治理等关键性问题。依据现行《预算法》第 27 条第 1 款的规定，“一般公共预算收入包括各项税收收入，行政事业性收费收入，国有资源（资产）有偿使用收入，转移性收入和其他收入”。在分税制的格局下，我国的地方政府税收归属机制仍不规范，导致地方政府的预算收入无法得到有效保障。中央财政转移支付资金可以在短时间内缓解资源型地区转型过程中的资金短缺困局，但无法从根本上解决资源型地区的可持续发展问题。

从全国范围来看，大量资源型地区依靠其丰富的煤炭及其他矿产资源，形成了行业比较经济优势，构建起采矿、冶金、设备制造和电力等相对完整的工业体系。但其工业产值增长主要依赖矿产资源和环境资源的消耗，经济效益相对不高。在经历了煤炭“黄金十年”的崛起之后，工业增加值的增长率自 2014 年以来出现下降并且不断低速波动，各支柱产业的结构性供需矛盾突出。随着结构调整和产能过剩问题的初步解决，2016 年、2017 年工业主导产业增加值下降幅度缩小，但整体经济运行压力仍然较大。

在此以山西省为例，山西省位于我国中部地区的黄土高原。矿产、旅游资源丰富，形成以煤炭及相关产业为主导，并辅以冶金、装备制造、电力、化工等相关行业的产业格局。受全国煤炭行业整体下行趋势的影响，近年来山西省公共预算收入逐年下降，2016 年降幅略微收窄，仅在 2017 年实现了相对增长。整体来看，全省税收收入仅占一般公共预算收入的一小部分，收入结构稳定性不高，公共预算收入的一般自给率低，主要依靠上级的补贴收入来维持收支的平衡。

---

① 参见蒋悟真：《论中国预算法的现代化》，载《环球法律评论》2018 年第 5 期。

山西省的主导产业包括煤炭、化工及钢铁，经济规模占 80% 以上。当前，这些支柱产业仍面临着较为严重的产能过剩问题。全国煤炭行业的经营压力持续过大，造成行业收入减少以及对区域财政收入的负面影响。近年来，山西省经济形势波动较大，经济抗风险能力普遍较弱，转型发展面临较大压力。2016 年，山西省完成税收收入 1036.67 亿元，下降 6.9%；2017 年，山西省完成税收收入 1397.2 亿元，增长 34.8%。2017 年，在连续数年税收收入持续低迷情况下的大幅增长，主要是源于该年度资源能源价格上升。2014～2017 年，山西省一般公共预算收支自给率（一般公共预算收入/一般公共预算支出）不断降低，分别为 58.78%、47.69%、45.41% 和 49.69%，收支平衡主要依赖大额上级补助收入。（参见表 4－1）在国家去产能政策的不断发力下，可以预见在短期内，煤炭、冶金等支柱产业行情明显提振的可能性不大，无法对山西省一般公共预算收入的增长提供有效支撑。

表 4－1　2014～2017 年山西财政收支情况　（单位：亿元）

指标	2014 年		2015 年		2016 年		2017 年	
	全省	省本级	全省	省本级	全省	省本级	全省	省本级
一般公共预算收入	1820	589	1642	578	1557	502	1867	596
其中：税收收入	1134	292	1057	324	1037	312	1397	—
非税收入	686	296	586	254	520	190	497	—
上级补助收入	1147	—	1272	—	1621	—	—	—
政府性基金收入	946	323	524	161	535	161	706	173
一般公共预算支出	3096	689	3443	749	3442	719	3757	738
政府性基金支出	888	201	709	273	671	195	909	210

数据来源：课题组通过整理山西省财政厅发布的各年度财政收支情况所得。

以山西省为例，我们不难发现，与其他区域相比，资源型地区的财政收入更易受到国内外的经济环境、原材料和能源工业行情走势的影响。资源型经济转型地区的财税结构依赖于第二产业，第三产业的贡献很小，税收来源单一，税基相对不稳定。此外，如前文所述，转型地区的大部分财政收入都必须上缴中央政府，这使得资源型地区难以从丰富的资源中获利，致使资源型地区政府无法为经济建设和转型升级积累足够的资金。[①] 与此同时，资源型经济的转型需要大量的财政支出来支持产业结构的优化发展。这就使得财政收支差距越来越大，收支矛盾越来越突出，最终阻碍经济转型的平稳发展。

（二）资源型地区支出责任过重

如前文所述，1994 年的分税制改革构建了我国政府间相对明确的财政体制架构，其在体制运行过程中呈现公共支出地方化的突出特征，进而在实际操作中导致事权重心过低、财权与事权不相对称。有鉴于此，党的十八届三中全会提出建立事权与支出责任相适应的制度，要求科学界定事权，并以此为基础，明晰各级政府间的财政分配关系。2014 年 7 月，《深化财税体制改革总体方案》由中共中央政治局会议审议通过。这一方案主要包括预算管理制度、税收制度以及事权与支出责任相适应的制度三个方面。财政管理制度对经济的发展具有极大的调节控制作用，因此，亟需一套财力与事权相结合、事权与支出责任相适应的财税管理体制来促进各级政府相互协作以发挥政府职能。在此基础上，党的十九大报告进一步指出，要建立“权责清晰、财力协调、区域均衡”的中央和地方财政关系，迈出了政府间事权与支出责任划分重要的一步。

鉴于前文已经探讨了分税制的不合理性对资源型地区事权、财权的影响，此处仅对资源型地区政府承担过重的支出责任进行分析。长久以来，作为重要原材料和基础能源的输出地，资源型地区为国家经济社会发展做出了卓越贡献。但由于缺乏总体规划，加之资源逐渐枯竭，资源型地区在发展过程中积累了诸多问题和矛盾，具体表现在产业结构仍待优化、生态环境严重破坏和经济结构失衡等方面。为了维持资源型地区的社会稳定和可持续发展，政府需要通过财政和税收政策等方式进行干预，为其在产业结构优化、环境治理、基础设施改善等方面提供资金支持。

---

① 参见邓盼盼：《山西省地方财政收支与资源型经济转型关系研究》，山西师范大学 2015 年硕士学位论文，第 24 页。

第一，产业结构仍待优化。从财税收入与三大产业的关联度来看，第一产业属于少税 GDP，弹性较弱，创造税收较少；第二产业属于中税 GDP，税收弹性较强；第三产业则属于高税 GDP，对财税收入的贡献率大且税收弹性充足。[①] 与全国平均水平相比，各资源型地区三次产业结构比重通常呈“一平、二高、三低”的特点。例如，2017 年全国第一产业占 GDP 比重为 7.9%，第二产业占 GDP 比重为 40.5%，第三产业占 GDP 比重为 51.6%。相比之下，青海省三大产业占比依次为 9.0%、44.7%、46.3%；河北省则为 9.8%、48.4%、41.8%，[②] 产业结构仍待进一步优化。而从产业内部结构来看，由于资源型地区的经济发展长期依靠煤炭等矿产资源的消耗，再加上体制等因素的影响，产业结构相对单一，对资源型企业依赖大、高新技术企业贡献不突出。在当前资源逐渐枯竭和生产收益递减的情况下，如何科学高效地实现产业结构转型升级，是资源型地区面临的关键问题，而资源型地区企业转型升级需要地方政府加大资金支持力度。

第二，环境恢复治理成本负担。改革开放后，为了在短时间内提高国家综合实力，尽快实现工业化，我国的经济发展模式遵循着“先生产后生活”“先污染后治理”的规律。其中，对于国家整体经济建设所急需的资源型产业，更是采用了“重建设轻环保”的模式。在这些发展模式之下，资源型地区生态环境普遍恶化：盲目开采造成地表植被破坏，土地沙化趋势明显；煤炭开采致使大面积地表沉陷，频繁发生地质灾害；重金属超标，地表水系严重污染，人畜饮用水质量不佳；尘埃颗粒污染，雾霾现象严重。上述生态环境问题的出现，需要政府批量投入资金进行治理。

第三，基础设施及民生工程建设亟需财政投入。在之前传统的计划经济模式下，资源型地区的开发企业以国有企业为主，并且大面积地出现企业城市化或城市企业化的现象。究其根源，是由于区域基础设施建设不完善、相

① 参见杨宇：《中央与地方财政体制研究》，财政部财政科学研究所 2015 年博士学位论文，第 88 页。

② 本数据来源于 2017 年青海省、河北省国民经济和社会发展统计公报。

关配套设施滞后所致的资源浪费及不合理配置。资源型地区在进行城市建设及发展过程中，缺乏对城市的综合设计与安排，在城郊布局的大中型资源企业逐渐形成独立的工矿区，布局于城内的资源型企业也纷纷自成体系。以山西省为例，阳煤、晋煤、焦煤以及朔州煤矿区等工矿区均存在上述问题。上述原因使得资源型地区的正式综合服务体系往往不太完善，区域间内部结构缺乏协调性。而从资源型地区民生工程建设角度着眼，资源型地区的民生服务水平有待提高，需尽快创建民生、交通、市政服务等方面科学协调的多功能性服务体系。转型过程中，大部分破产企业都位于相对独立的工矿区，“三供”设施基本为企业自建，① 长期未进行系统改造，管网老旧、安全隐患众多。以上提及的基础设施、民生工程建设等项目，都需要极大的资金投入，使得资源型地区面临沉重的预算支出压力。

（三）资源型地区预算扶持机制不完善

在转型发展过程中，传统产业的逐渐衰退与新兴产业的不断成长是不可避免的。作为引领资源型地区转型发展的主导力量，地方政府应积极出台相关政策对此过程中出现的问题进行规制。此前，针对资源型城市，国务院发布了一系列关于促进资源型城市可持续发展的意见，建立了中国资源型城市可持续发展的总体战略目标，并积极构建资源型城市衰退产业援助机制。现阶段，促进资源型地区经济与社会的可持续发展，必然需要进一步实现当地产业结构转型升级，而仅仅依赖市场机制的自发作用，通常难以实现。因此，中央与转型地区各级政府应着力出台更多合乎现实的公共财政政策，落实政府预算扶持机制，加快资源型地区的转型步伐。预算扶持机制可分为直接援助和间接援助，对衰退产业进行直接援助，对替代产业则实行间接援助。

1. 作为转型过程中的过渡性援助机制，衰退产业援助机制亟需构建。在转型初期，衰退产业仍然主导着资源型地区的经济格局，但行业经济形态在不断发生变化：产能过剩、利润率低，逐渐丧失竞争优势；资源匮乏，近乎衰竭，依靠资源、能源消耗换取经济增长的模式无法延续；行业竞争加剧，

---

① “三供”设施，即供水、供气、供电设施。

企业退出机制不健全，依赖地方财政艰难维系。

现阶段，在社会保障、人员补偿安置、环境恢复治理等方面，都需要中央与地方政府给予相应的援助资金进行支持。当前，保护传统产业从业人员的权益、减少相关利益集团对经济转型的滞碍，仍是实现资源型地区科学发展的题中之义。一方面，衰退产业在前期快速发展阶段，积聚了大量政治、经济及人力资本。[①] 财富的迅速集聚使得资源收益分配不公，因而在资源型地区政府与资源部门企业之间便会产生内部交易和寻租行为。在衰退产业逐渐退出、新兴产业不断崛起的过程中，上述传统行业及相关利益阶层的利益势必会受到影响。因此，资源型经济转型必然面临着来自这些既得利益者的阻力。另一方面，在以地方政府为主导的产业转型过程中，传统产业积压了大量的工人安置、社会保障问题，这些问题的解决均需由政府提供援助机制进行相应的指引、设计，以防大面积失业及国有资产流失问题的发生。

2. 作为解决资源型地区经济转型的核心环节之一，替代产业扶持机制尚未构建。前期衰退产业的转型退出便是为了与新兴的替代产业实现对接，以推动地方经济发展和可持续的社会运作。其中，地方政府应当在其中发挥积极作用，摆脱区域经济对资源型产业的过度依赖。

政府对替代产业的扶持主要通过财政的手段。首先，依托财政倾斜，为替代产业所需的技术支持、基础设施及环境优化给予预算资金支持，营造有利环境，推动产业的良性转型；其次，政府可在一定程度上调整财税政策，在替代产业发展的前期阶段，为其提供适度的政策竞争优势和相对优越的发展环境。当前，资源型地区政府在扶持新兴替代产业方面存在的主要问题是缺乏社会创新机制和新兴产业的配套资源。政府缺乏创新机制主要体现在行政工作效率低下、残留的官僚主义以及地方政府落后的治理思维等方面。基于资源替代产业的不同使用条件和发展方式，城市的创新思想应侧重于不同模式替代产业扶持机制的科学构建。此外，资源型地区的科研院所、高等教

---

① 参见庞强：《资源型城市转型中的政府扶持机制研究》，载《邯郸职业技术学院学报》2016年第1期。

育实力相对较弱、高新产业配套资源不足，使得在替代产业扶持机制构建过程中地方政府面临发展方向和创新机制的困难和瓶颈。

（四）预算绩效评价机制不健全

对于预算支出绩效评价这一概念，财政部制定的《财政支出绩效评价管理暂行办法》将其明确规定为：财政及预算部门依其绩效目标，基于科学合理的评价标准、指标、方法，对财政支出的效率、效益等因素所做的科学评价。随着政府资金管理、部门预算改革的不断深入，现代预算管理体制框架已然初步建立，但仍未建立起与之配套的财政资金分配、管理机制。如前文所述，在资源型经济转型发展进程中，政府承担着极重的支出压力，预算收支矛盾尚未妥善解决。在此情形下，政府通常会采用增加税收或发行政府债券的方式解决该问题。[①] 但由于前者会增加公民负担、存在较大压力，往往不被采用。在政府急需资金投入产业结构优化、环境恢复治理时，往往采取发行政府债券的方式。长此以往，资源型地区政府将会频繁出现“赤字财政”的问题。尽管我们不可否认，发行政府债券可以在较短时间内解决预算收支矛盾问题，但负债规模的持续增长极易导致债务风险的出现，甚至出现政府债务危机。过高的政府负债无疑不利于资源型地区的转型发展，应将其控制在理性范围内。要达到有效控制政府债务规模和缓解地方政府预算收支矛盾的目标，要求我们必须建立健全资源型地区政府的预算支出绩效评价机制。

自2003年预算支出绩效评价试点，到2014年《预算法》获得修订，此间与预算绩效评价相关的法律基本处于空白状态。新修订的《预算法》提出了政府部门进行预算编制时应参考相关支出绩效目标管理与评价结果，首次明确了预算绩效的相关理念，并提出应重视预算收支平衡与绩效情况。但从整体格局来看，关于绩效评价理念的法律法规仍然欠缺，对落实依法进行绩效管理的目标产生了滞碍作用。全国层面绩效评价法律法规的空白，必然会

---

① 参见张伟：《完善预算支出绩效评价体系研究》，财政部财政科学研究所2015年博士学位论文，第50页。

在很大程度上影响国家整体工作的推进。对于资源型经济转型地区而言，虽然有部分地区依据当地域情颁布了区域性的绩效评价规章和管理办法，但由于缺乏全国统一的原则和标准作指导，其预算绩效评价工作的进一步推广欠缺统一性和规范性。

二、财政转移支付法律制度对资源型经济转型的制约

财政转移支付法律制度对资源型地区经济与社会的协调发展至关重要，是资源型地区转型发展的一个强有力的支撑，可以有效地解决资源型地区产业结构单一、生态环境破坏严重、经济发展方式粗放、社会保障不足等问题。但我国的财政转移支付法律制度出现的比较晚，1994 年分税制体制改革后才从西方引进了财政转移支付的概念，中央财政是从 1995 年开始正式实施《过渡期财政转移支付办法》。因此，现行的财政转移支付法律制度还不完善，尤其是针对资源型地区的财政转移支付法律制度还存在很多的问题，无法有力地推动资源型经济的转型发展，基于此，本部分采用定性和定量两种方法找出现行财政转移支付法律制度对资源型地区转型发展的制约。

（一）财政转移支付立法位阶低

中国自 1994 年分税制改革以来，一直未出台《财政转移支付法》，财政转移支付这个涉及国家公共财政资金支出的重要问题没有一部专门的法律予以规制，使得当前的纵向和横向转移支付，尤其是纵向转移支付，规范性文件数量众多，出现政出多门，“九龙治水”的现象，缺乏统一性。善法而治、良法而治的前提是必须有法，我国缺少《财政转移支付法》，直接导致现行财政转移支付法律制度立法位阶低，缺乏权威性和威慑力。[①] 例如，现行的促进资源型经济转型的财政转移支付制度如国务院《关于促进资源型城市可持续发展的若干意见》（国发〔2007〕38 号）、《中央对地方资源枯竭城市转

① 参见薛建兰、单云慧：《财政转移支付违法行为的法律责任研究》，载《经济问题》2018 年第 8 期。

移支付办法》（财预〔2017〕103 号），这两个由国务院和财政部制定的意见、办法是现在资源型经济转型的财政转移支付制度运行的主要依据，这些规范性文件上位法的缺失，会引起一系列诸如法律规定缺乏权威性、制度稳定性较差、多变性及非法治性等不良的后果。且财政转移支付法律制度高位阶规范的缺失，也让这些规章的制定与修改没有评判的标准，易于成为政府意志的反映。此外，缺乏专门立法的顶层设计，各部门对这部分转移支付资金目标和功能定位往往存在重叠和冲突。总之，有关财政转移支付的规范性文件上位法的缺失，使其以政府政策为导向，行政色彩浓厚。

（二）中央对资源型地区财政转移支付结构不合理

从狭义上讲，我国目前的转移支付主要包括一般性转移支付和专项转移支付。[①] 中央政府对地方各级政府财力差距扩大趋势未能有效控制的主要原因是一般性财政转移支付比重过小。山西省是资源型地区的典型代表，这里以山西省为例，对山西省财政转移支付情况进行统计，见表 4－2。

表 4－2　山西省财政转移支付情况

年份	税收返还/万元	税收返还比重/%	一般性转移支付/万元	一般性转移支付比重/%	专项转移支付/万元	专项转移支付比重/%
2017	1, 701, 403	10. 10	10, 281, 655	61. 10	4, 852, 690	28. 80
2016	1, 489, 903	9. 20	9, 280, 286	57. 30	5, 437, 789	33. 60
2015	1, 430, 103	10. 10	7, 864, 849	55. 40	4, 903, 434	34. 50
2014	1, 472, 886	11. 40	7, 200, 190	55. 50	4, 300, 267	33. 10
2013	1, 507, 929	12. 00	6, 685, 769	53. 40	4, 331, 320	34. 60
2012	1, 547, 710	12. 30	6, 158, 328	48. 80	4, 918, 428	39. 00
2011	1, 541, 322	13. 50	5, 235, 271	45. 90	4, 638, 263	40. 60
2010	1, 487, 334	16. 00	3, 948, 967	42. 60	3, 834, 516	41. 40

资料来源：山西省财政厅网站公布的年度预决算数据。

---

① 参见李红霞：《财政转移支付法律制度改革研究》，首都经济贸易大学 2016 年硕士学位论文，第 6 页。

山西省作为资源型地区的典型代表，从表4－2和图4－1中可以看出：

1. 一般性转移支付增幅不明显，不利于资源型经济转型发展

一般性转移支付的金额在逐年增加，但增幅不明显，且所占的比例仍然偏低。一般性转移支付是财政转移支付中最能发挥均等化效应的模式，它的主要作用就是减少地区间发展的差距，促进财政转移支付均等化目标的实现。一般性财政转移支付在我国占比为60%左右，在很多资源型地区，一般性转移支付低于全国平均水平，要想实现资源型地区财政转移支付均等化目标，我们还需要不断改善财政转移支付支出结构，加大对资源型地区的一般转移支付力度。

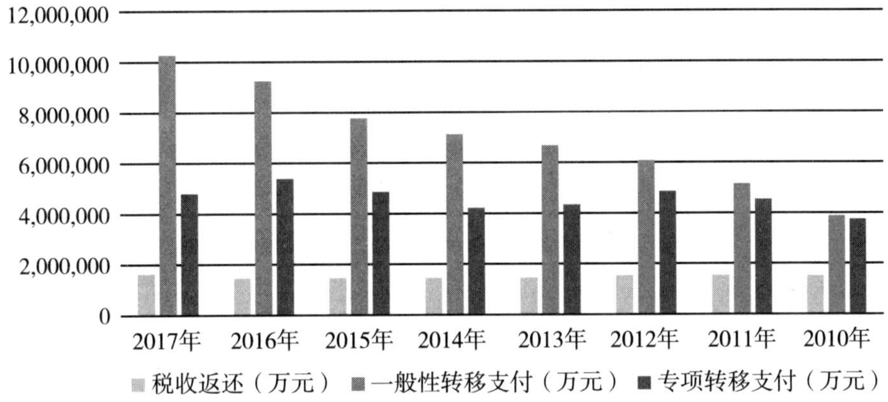

图4－1　山西省财政转移支付情况

2. 专项财政转移支付结构不合理，不利于资源型经济转型发展

（1）专项财政转移支付与山西省财政支出效率的实证分析

本书选取专项财政转移支付与山西省财政支出效率之间的关系进行实证分析的原因在于：财政效率能够反映政府配置资源和政府行政运行的双重效率，对于资源型地区而言，政府配置资源的效率和政府行政运行的效率直接关系到其能否顺利实现转型发展，因此研究资源型地区专项转移支付对财政支出效率的影响，以此判断出资源型地区专项转移支付中存在的问题，以便更好地促进资源型地区的转型发展。

由于所有资源型地区数据获取困难，所以这里以山西省为例，山西省是典型的资源型省份，列入国家资源型城市的地级行政区有 10 个，县级市有 3 个，因此，以山西省为例，具有一定的代表性。

①财政效率的 DEA 测算

方法说明：

数据包络分析（DEA）是一种评价有效性的工具，[①] 其通过保持决策单元的输入或输出不变，借助于数学规划和统计数据确定相对有效的生产前沿面，将各个决策单元投影到 DEA 生产的前沿面上，并将决策单元与 DEA 的前沿面相比较得出相对有效性，如果决策单元在前沿面上，则为 DEA 有效，否则，则为非 DEA 有效。本书选取 DEA 方法中的 BBC 模型，BBC 模型用于规模收益可变情况下的效率评价问题，其可以测算规模报酬可变时的财政支出效率情况，[②] 其可以模型如下：

$$\sum^{n} Y_j \lambda_j - S^{+} = Y_0$$

其中，ε 为非阿基米德无穷小，S^{+}，S^{-} 为松弛变量，e^{T} = （1，1，…，1）$\subseteq E_m$，e^{T} = （1，1，…，1）$\subseteq E_s$。在 BBC 模型中技术效率、纯技术效率和规模效率有关，其 DEA 有效依据后两者在数据上是否为 1 区分为 DEA 有效以及弱 DEA 有效，必须同为 1 才是 DEA 有效，否则为弱 DEA 或非 DEA 有效。[③]

指标选取及结果分析：

对于资源型地区选用何种指标去衡量本地区的财政支出效率尤为关键，本研究主要是针对山西省资源型经济转型，因此，产出的指标选取山西省城镇居民人均可支配收入、山西省农村居民人均可支配收入、山西省人均国民生产总值，投入指标为山西省财政支出。数据范围是 2010～2016 年，所有数

① 参见张娜：《基于 DEA 方法的科技金融投入产出效率分析》，郑州大学 2018 年硕士学位论文，第 21 页。

② 参见郑增辉：《中部六省财政支出效率比较研究》，载《科技创业月刊》2017 年第 4 期。

③ 参见郑增辉：《中部六省财政支出效率比较研究》，载《科技创业月刊》2017 年第 4 期。

据均来自于《山西省统计年鉴》，财政支出单位为亿元，其余为元，输出结果见表4-3。

表4-3　DEA输出结果

Firm	crste	vrste	scal	returm
2016	1.000	1.000	1.000	-
2015	0.952	0.989	0.962	drs
2014	1.000	1.000	1.000	-
2013	0.918	1.000	0.918	drs
2012	0.918	1.000	0.918	drs
2011	0.974	1.000	0.974	drs
2010	1.000	1.000	1.000	-

由表4-3可以得出：山西省在2010年、2014年和2016年vrste和scal均为1，即均为DEA有效状态，所以crste也是有效的，数据表明2010年、2014年和2016年山西省财政支出结构较为合理，效率较高，产出效果达到了预期应有的产出效果。在2010~2016年，vrste与scal一直处于较高的效率水平，但不是DEA最有效状态，说明财政支出的规模与投入、产出出现了一些不匹配的情况。

②实证检验

实证研究的样本范围是2010~2016年山西省数据。

指标及数据说明：

因变量：山西省财政支出效率（SXEF）：利用以上DEA方法的BBC模型计算山西省财政支出效率。

自变量：山西省专项转移支付比重（SXSTP）=专项转移支付/（专项转移支付+一般性转移支付）

控制变量：对山西省财政支出效率产生影响的因素还有：

山西省财政转移支付比重（SXAUT）=转移支付/（山西省自身财政收入+转移支付）

山西省地区人口密度（SXPOP）：人口密度与财政支出密切相关，其会影响到政府财政支出的规模和为本地区人民提供公共服务的规模，以此会影响地方政府的财政支出效率。

山西省实际人均GDP（SXgdp）：一般认为经济较发达的地区财政支出效率更高。本书用山西省CPI对人均GDP进行了价格平减以消除价格因素的影响。

山西省市场化指数（SXMAK）：选用这个控制变量，是因为山西省市场化指数其可以反映出山西省的法制环境是否完备，产品要素市场是否成熟，其会对政府的财政支出效率产生直接的影响。

③单位根据检验及参数估计结果

为了避免伪回归问题，本研究对各个变量进行单位根据检验，检验结果显示各变量为一阶单整。

由于数据收集困难，只收集到了2010~2016年山西省的数据，样本量过小，无法有效进行回归建模，由此，本研究考虑使用Bootstrap方法。Bootstrap方法是现代统计学较为流行的一种统计方法，能够实现利用小样本数据达到大样本估计的效果，不需要任何分布假定，不需要额外的信息，只需要根据给定的原始样本复制观测信息对总体的分布特性进行统计推断，通过反复从数据集中有放回地抽取观测得到数据集。基本思想是：假设总体分布F未知，有一来自F容量为n的数据样本，在这个数据样本内做有放回的随机抽样，样本容量仍为n，每个观察对象每次被抽到的概率均为1/n，这样得到的样本成为Bootstrap样本，假设最初的样本为：y = {y1，y2，...，yn}，对这个样本有放回的重新抽取n次，每次抽取一个，得到一个Bootstrap

样本：y * = {y1 *，y2 *，... yn *}，[①] 一共重复抽取 k 次，得到 k 个 bootstrap 样本，本书选择 k = 500 进行了 bootstrap。

本研究根据实际变量情况设定模型，设定的回归模型如下，

$$ef = \alpha_0 + \alpha_1 SXSTP + \alpha_2 SXAUT + \alpha_3 SXgdp + \alpha_4 SXPOP + \alpha_5 SXMAK + \varepsilon$$

运用 Bootstrap 方法有放回的 500 次抽样，在 R 语言中进行模型估计，结果见表 4 – 4 所示。

表 4 – 4　回归结果

Bootstrap Statistics	original	bias	std. error
c	4.230130	–6.41E+01	4.74E+02
SXgdp	–0.000049	–4.74E–04	3.86E–03
SXPOP	0.031247	3.06E–01	2.17E+00
SXMAK	–25.399260	3.19E+01	3.08E+02
SXAUT	–2.394140	1.90E+00	3.48E+00
SXSTP	–8.544864	–2.84E–13	7.29E–13

其中，original 为估计得出的参数，bias 是 95% 显著性水平下的置信误差，std. error 是标准差，由表 4 – 4 可以得到：[②] SXSTP 回归参数是 – 8.544864，表明中央对山西省的专项转移支付比重每增加 1 单位，山西省财政支出效率就会降低 8.544864。

④研究结论

回归结果表明，山西省财政支出效率会随着山西省的专项转移支付比重的增加而降低，从而影响了山西省转型的进程。

---

① 参见李爽楠：《基于 Bootstrap 方法估计的二手车价格回归模型》，载《时代金融》2012 年第 5 期。

② 这里仅分析财政转移支付对山西省财政支出效率的影响。

（2）专项转移支付结构制约了资源型地区转型发展

针对以上回归结果，必须追根溯源地找出财政支出效率随着专项转移支付比重的增加而降低的原因，才能更好地推进资源型地区转型发展的进程。主要原因在于资源型地区专项转移支付结构不合理，直接制约着财政支出的效率，从而阻碍了资源型地区的转型发展，具体表现在以下两个方面：

一方面是资源型地区专项转移支付的项目设置脱离实际。专项转移支付项目的设置没有切合资源型地区转型的实际需求，对于一些绩效低下又对转型毫无意义的专项未能及时取消，对一些功能相近的专项转移支付未能及时整合，在新设立专项转移支付项目时也未能对其与转型的效果之间进行效率与效度的分析。除此之外，有些项目如一些改善资源型产业失业工人再就业条件方面的专项转移支付项目未能充分考虑这些失业人员的学历水平、家庭背景等基本情况，导致再就业门槛设定过高，即使加大这方面的专项转移支付支出，也无法有效使用，造成了资金的浪费，导致资源型地区转型发展受阻。

另一方面是资源型地区专项转移支付资金分配不合理。针对资源型地区的专项转移支付资金分配不合理，因此资金的效率不佳。很多资源型地区所在的省级政府只是一味地套用国家对地方的专项转移支付计算方法，没有建立完善的“因素法”和“项目法”相结合的分配机制，采用因素法分配时，由于因素选取的不客观性，没有充分考虑到资源型地区的现状，导致权重设置不合理，无法按照科学规范的分配公式切块下达到个市级财政，因此，无法有力地推进资源型地区的转型发展。

（三）专项财政转移支付法律制度向资源型经济转型倾斜不足

资源型经济转型主要是需要将资源型地区的主导产业由现存的不可再生性自然资源的开采、加工和利用的产业转向为其他的产业，使资源型地区的发展摆脱对原有资源型产业的依赖，从而规避衰败以实现可持续发展。在这个过程中，面临着诸多的问题，各个资源型地区转型效果也良莠不齐，纵观世界其他国家资源型经济成功转型的经验以及我国资源型经济转型发展的实践，可以发现，运用财税手段支持资源型经济转型发展，是世界很多国家的普遍做法，也是我国的必然选择。在运用财税手段促进资源型经济转型发展中，财政转移支付法律制度对资源型地区社会的协调发展至关重要，但目前存在财政转移支付法律制度向资源型经济转型倾斜不足的问题。一般性转移支付法律制度中，《中央对地方资源枯竭城市转移支付办法》（财预〔2017〕103 号）只是针对资源枯竭型城市，而对于其他非资源枯竭型城市的其他资源型城市则没有具体的规定。体系庞杂、数量众多的专项转移支付法律制度中，也均未向资源型地区倾斜，具体而言：

1. 专项财政转移支付法律制度对资源型地区生态环境修复的倾斜不足

多年来资源型地区的资源被大规模、粗放式地开采和利用，很多资源型企业为了追求高利润漠视环保法规，为了追求低投入免去环境监测，治理机制极不完善，导致该地区生态环境和生物的多样性遭到了严重的破坏，资源型地区的居民和矿工生存状况令人堪忧。为了实现资源型经济的转型发展，必须要做好生态环境的保护和恢复工作，不仅应加大对资源型地区的财政转移支付的力度，而且在法律制度方面要对资源型地区足够的倾斜，但目前有关生态环境方面主要的专项转移支付法律制度，如表 4 - 5，并未给资源型地区生态环境的修复提供有针对性的法律制度支持。

由表 4 - 5 可以看出，虽然有 10 个具体的生态环境修复方面专项转移支付法律制度的供给，但这些专项转移支付法律制度中均未针对资源型地区的特殊需求给予特殊照顾，尤其是资源型地区更加需要国家在可再生能源、大气污染、水污染、节能减排、土壤污染和林业生态保护与恢复上给予专门的法律制度和资金支持，但从我国现行的生态环境方面主要的专项转移支付法律制度来看，均未满足资源型地区生态环境修复对财政转移支付法律制度的具体需求。

表4-5 生态环境修复方面的主要专项转移支付法律制度

规范性文件	专项资金用途	补助资金重点支持范围
《可再生能源发展专项资金管理办法》	用于支持可再生能源和新能源开发利用的专项资金	1. 可再生能源和新能源重点关键技术示范推广和产业化示范
		2. 可再生能源和新能源规模化开发利用及能力建设
		3. 可再生能源和新能源公共平台建设
		4. 可再生能源、新能源等综合应用示范
		5. 其他经国务院批准的有关事项
《大气污染防治专项资金管理办法》	用于支持地方开展大气污染防治工作的专项资金	1. 用于《大气污染防治行动计划》确定的大气污染防治工作任务
		2. 国务院确定的氢氟碳化物销毁补贴等
《水污染防治专项资金管理办法》	专门用于支持水污染防治和水生态环境保护方面的资金	1. 重点流域、重点区域水污染防治
		2. 良好水体生态环境保护
		3. 饮用水水源地生态环境保护
		4. 地下水环境保护及污染修复
		5. 其他需要支持的有关事项
《节能减排补助资金管理暂行办法》	支持节能减排方面的专项资金	1. 节能减排体制机制创新
		2. 节能减排基础能力及公共平台建设
		3. 节能减排财政政策综合示范
		4. 重点领域、重点行业、重点地区节能减排
		5. 重点关键节能减排技术示范推广和改造升级
		6. 其他经国务院批准的有关事项
《土壤污染防治专项资金管理办法》	中央财政一般公共预算安排的专项用于土壤污染综合防治的资金	1. 土壤污染状况调查及相关监测评估
		2. 土壤污染风险管控
		3. 污染土壤修复与治理
		4. 我国生态安全格局的重大生态工程中的土壤生态修复与治理
		5. 土壤环境监管能力提升、与土壤环境质量改善密切相关其他内容

续表

规范性文件	专项资金用途	补助资金重点支持范围
《天然林资源保护工程财政专项资金管理办法》	用于天保工程的专项资金，包括森林管护费、中央财政森林生态效益补偿基金、森林抚育补助费、社会保险补助费、政策性社会性支出补助费	
《退耕还林工程现金补助资金管理办法》	中央财政安排的用于退耕农户退耕后维持医疗、教育、日常生活等必要开支的专项补助资金	
《江河湖库水系综合整治资金使用管理暂行办法》	用于江河湖库整治、水系连通等水生态文明建设与水资源节约保护的专项资金	1. 中小河流治理及重点县综合整治 2. 小型水库建设 3. 江河湖库水系连通 4. 水资源节约和保护
《中央财政林业补助资金管理办法》	用于森林生态效益补偿、林业补贴、森林公安、国有林场改革等方面的补助资金	
《林业生态保护恢复资金管理办法》	用于天然林资源保护工程等方向的专项转移支付资金	1. 天保工程社会保险补助 2. 天保工程政策性社会性支出补助 3. 全面停止天然林商业性采伐补助 4. 完善退耕还林政策补助 5. 新一轮退耕还林还草补助

2. 专项财政转移支付法律制度对资源型地区社会保障的倾斜不足

资源型地区在转型过程中，就业、住房、医疗等社会保障问题是财政转移支付法律制度支持的重点。如由于转型造成的大量工人失业和难以转岗的问题、资源型企业关闭后工人医药费来源问题、工人住房问题等，都需要投入合理的财政转移支付资金，以满足这些失业者和社会困难家庭的最基本的生活。但是，目前没有专门的就业方面的专项财政转移支付法律制度，而《中央财政补助城镇保障性安居工程专项资金管理办法》、《公共卫生服务补助资金管理暂行办法》以及《城乡医疗救助基金管理办法》，如表4－6所示，均未向资源型地区倾斜，未满足资源型经济转型对社会保障方面的专项财政转移支付法律制度的具体需求。

表4－6 社会保障方面的财政转移支付法律制度

规范性文件	专项资金用途	资金重点支持范围
《中央财政补助城镇保障性安居工程专项资金管理办法》	用于支持各地发放租赁补贴、城市棚户区改造及公共租赁住房建设	
《公共卫生服务补助资金管理暂行办法》	中央财政通过专项转移支付方式安排，用于支持各地实施基本公共卫生服务项目和重大公共卫生服务项目的补助资金	基本公共卫生服务项目是面向全体城乡居民免费提供的公共卫生服务项目。重大公共卫生服务项目是面向特定人群或针对特殊公共卫生问题提供的公共卫生服务项目
《城乡医疗救助基金管理办法》	用于城乡贫困家庭医疗救助的专项基金	救助对象是城乡低保对象、农村五保供养对象，以及其他符合医疗救助条件的经济困难群众

3. 专项财政转移支付法律制度对资源型地区接续产业替代资源开发的倾斜不足

由于资源型工业可以带来巨大的经济效益，于是资源的重要性被无限放大，由此带来的是传统工业以外的其他产业的逐步萎缩，要想实现资源型地区的可持续发展，亟须进行产业转型，培养接续产业以代替资源开发，改变长期形成的以资源型原材料加工为主导产业的单一产业结构，加快发展以高新技术产业和现代服务业为重点的新型战略性接续替代产业，构建多元主导产业体系，在这个过程中，财政转移支付法律制度尤为重要，对资源型地区产业转型给与一定法律制度的倾斜，不仅可以增强该地区的资金筹措能力，还可以提高该地区的科学技术水平，能够有效地促进资源型地区的产业转型。西方很多国家专门设立转型专项基金扶持资源型地区进行产业转型，对资源型地区产业转型进行援助，但目前，我国没有设立转型专项资金，也没有相应的制度保障。专项转移支付法律制度中的《工业企业结构调整专项奖补资金管理办法》《战略性新兴产业发展资金管理办法》《工业转型升级〈中国制造2025〉资金管理办法》《服务业发展资金管理办法》《中央引导地方科技发展专项资金管理办法》《基层科普行动计划专项资金管理办法》《国家科技创新基地体系能力建设专项资金管理办法》《中小企业发展专项资金管理办法》《中央财政促进服务业发展资金管理办法》也均未有针对性地满足资源型经济转型对专项财政转移支付法律制度的具体需求，如表4－7所示。

表4－7　接续产业替代资源开发的专项财政转移支付法律制度

规范性文件	专项资金用途	资金重点支持范围
《工业企业结构调整专项奖补资金管理办法》	用于支持地方政府和中央企业推动钢铁、煤炭等行业化解过剩产能工作的奖补资金	1. 国有企业职工分流安置工作
		2. 统筹用于符合条件的非国有企业职工分流安置
《战略性新兴产业发展资金管理暂行办法》	用于支持战略性新兴产业重大关键技术突破、产业创新发展、重大应用示范以及区域集聚发展等工作的专项资金	1. 支持新兴产业创业投资计划
		2. 支持产学研协同创新
		3. 支持技术创新平台
		4. 支持区域集聚发展
		5. 其他战略性新兴产业重点工作

续表

规范性文件	专项资金用途	资金重点支持范围
《工业转型升级〈中国制造 2025〉资金管理办法》	用于五大工程，提高国家制造创新能力等九大任务，支持工业和信息化领域转变发展方式、促进结构优化提升的资金	重点支持《中国制造 2025》确定的智能制造、工业强基、绿色制造等战略任务和重点领域，以及首台（套）重大技术装备保险等工业和信息化领域急需开展的重点工作。其中，纳入工业和信息化部部门预算资金兼顾支持工业和信息化部研究确定的其他重点工作
《中央财政促进服务业发展专项资金管理办法》	中央财政从公共财政预算资金中安排的专项用于支持商贸流通领域服务业项目建设和发展的资金	1. 民生商贸服务业项目 2. 与生产流通直接相关的服务业项目 3. 与节能减排、环境保护相关的服务业项目 4. 与公共服务直接相关的项目 5. 其他经财政部、商务部确认的商贸流通领域服务业项目
《中央引导地方科技发展专项资金管理办法》	用于支持改善地方科研基础条件，优化科技创新环境，支持基层科技工作，促进科技成果转移转化，提升区域科技创新能力的资金	1. 地方科研基础条件和能力建设 2. 地方专业性技术创新平台 3. 地方科技创新创业服务机构 4. 地方科技创新项目示范
《基层科普行动计划专项资金管理办法》	用于在基层科普工作中做出突出贡献的农村专业技术协会、农村科普示范基地、农村科普带头人、少数民族科普工作队、科普示范社区等先进单位和个人开展基层科普相关工作所需经费	1. 科普专用资料和设备费，包括图书资料费、专用设备费和展品展具费 2. 科普活动费，包括培训讲座费、展览费和新技术新品种推广费等 3. 其他费用，是指除上述各项费用开支以外的、开展农村和社区科普活动过程中所发生的支出

续表

规范性文件	专项资金用途	资金重点支持范围
《中小企业发展专项资金管理办法》	用于优化中小企业发展环境、引导地方扶持中小企业发展的资金	1. 小微企业创业创新基地城市示范
		2. 中小企业参加重点展会、完善中小企业公共服务体系、中小企业创新活动、融资担保及国内贸易信用保险等
		3. 其他促进中小企业发展的工作

（四）资源型地区省以下财政转移支付法律制度缺乏针对性

资源型经济能否顺利转型很大程度上决定于省级及省级以下转移支付法律制度的建立与完善。以山西省为例，山西省目前的财政转移支付管理办法多是由山西省财政厅制定和出台的，如《山西省省级财政专项资金管理办法》（晋财预〔2015〕70 号）、《山西省省级专项转移支付绩效目标管理暂行办法》（晋财绩〔2017〕36 号）、《山西省省级环境保护专项资金管理办法》（晋财建二〔2016〕82 号）等管理办法，这些规范性文件是山西省财政转移支付法律制度运行的主要依据。而这些规范性文件大部分仅是对国务院和财政部出台的各项通知和管理办法做局部修改，甚至有些资源型地区并未制定省市各项财政转移支付的管理办法，未能因地制宜地体现本地资源型经济转型的独特性，以及未能很好地体现出本地资源型经济转型对财政转移支付法律制度的特殊需要。

（五）横向财政转移支付法律制度缺位

国际上通用的财政转移支付形式主要有两种，一种是纵向转移支付，即中央对地方和上级政府对下级政府“父母式”的转移支付；另一种是纵横交叉式转移支付，即以上下级政府之间的补助为主，兼有同级政府之间“兄弟式”的转移支付形式。这里的横向转移支付指的是各省级政府之间财政资金的相互转移，多指富裕省份向贫困省份、资源受益地向资源供给地的转移支付，以此缩小各省份的财力差距，促进各省份协调发展。[①]

① 参见王焱、刘婷婷：《对我国实行横向转移支付制度的思考》，载《东方企业文化》2011 年第 7 期。

要实现资源型经济转型，不仅需要中央对资源型地区的纵向转移支付，还需要各个地方政府之间的合作和财力的转移及支援，需要共同建立合理有效的横向转移支付法律制度，① 不仅可以有效地解决资源型经济转型过程中由于纵向转移支付的不足而导致资金不足所带来的窘境，也可以协调资源开发者、保护者、使用者和获利者之间的关系，使他们之间风险与利益共担，成本与收益共担，使分配更加合理，利益格局更加公正。还可以激励资源开发者和保护者的积极性，有效地促进资源型经济的顺利转型。目前我国地方政府之间没有一个规范化、公式化、法治化的横向财政转移支付法律制度，但具有横向财政转移支付性质的“对口支援”早已存在，在 2008 年汶川大地震后，为了帮助四川省受灾地区的灾后重建工作，国家便制定了一系列对口支援方案，要求部分省份支援四川地区个别受灾县市，帮助灾后工作的有效进行，这是探索横向财政转移支付的重要迈步。20 世纪 90 年代三峡库区的对口支援，2011 年新安江跨流域横向生态补偿，2016 年，财政部配合环保部将跨流域生态补偿试点进一步扩展，这些都是为建立一套完整的上下流域间的横向生态补偿机制而努力，但至今没有一个规范化的横向财政转移支付法律制度，尤其是对于资源型地区而言，在给其他地区提供资源、能源的同时，本地区的经济发展水平依然很低，生态环境破坏严重，却没有相应的横向财政转移支付的补偿，没有形成资源开发者、保护者、使用者和获利者之间良好的互助机制，资源型地区给其他地区供应资源的同时也应该从其他地区得到一定的经济利益来作为补偿，用来恢复生态环境和缩小横向财政缺口，实现社会经济发展的公平性。

（六）财政转移支付法律责任设置不合理

本书根据审计署从 2011 年以来公布的已办结的 485 起经济违法案件，在 openlaw 网站上下载并逐一整理这些案件各法院公开的一审、二审判决文书，

① 参见白洁：《我国生态补偿横向转移支付制度研究》，中国财政科学研究院 2017 年硕士学位论文，第 14 页。

通过阅读整理这些判决文书中所涉及的问题，结合中央对地方转移支付管理平台上所列目录，从中梳理出涉及财政转移支付的案件共计 108 起，[①] 其中，很多案件发生在资源型地区，如 2014 年至 2017 年，山西省吕梁市兴县孟家坪乡、高家村镇等 4 个乡镇的 6 名村干部违规为本人或亲友安排扶贫财政补贴和优惠政策，涉及补贴款 49 万余元；湖南省邵阳市城步县丹口镇白水洞村原党支部书记李德平等人涉嫌弄虚作假套取扶贫资金 100 多万元。为什么有关财政转移支付的管理办法、通知一个接一个，违法案件却仍是屡屡在这些资源型地区出现？这与资源型地区对这几类财政转移支付资金的使用频率有关，更与我国财政转移支付立法缺失与现存法律责任设置不合理存在很大的关联性。具体而言，一是财政转移支付立法的缺失导致了财政转移支付法律责任缺乏统一界定。比如在上述案件中，同是骗取淘汰落后产能中央财政奖励资金，但现行的各个文件中对其应承担的法律责任的规定却不同，标准的不统一，使得承担的法律责任亦有所不同，甚至对有些违法违规行为并没有设定相应的法律责任，这使得应承担的法律责任付之阙如。二是现行的有关财政转移支付违法行为法律责任的力度设定的过轻，没有形成强有力的威慑力，导致违法行为的主体宁愿受罚也不愿守法的现状。

---

① 参见薛建兰、单云慧：《财政转移支付违法行为的法律责任研究》，载《经济问题》2018 年第 8 期。

第五章　现行税收法律制度对资源型经济转型的影响

税收杠杆是调节产业结构的重要手段，通过差别税率、税收激励和优惠等措施，来调节资源配置、调整产业结构。税收法律制度与资源型经济转型的内在关系表现为正关联关系与负关联关系。合理的税收法律制度通过税收杠杆能够激励现代服务业、“低污染、高附加值”的新型产业、改造提升的传统产业以及发展循环经济环保产业等符合资源型经济转型方向的产业快速发展，促进“调结构、兴产业，保民生，促发展”的资源型经济转型目标顺利实现。反之，税收法律制度与资源型经济转型的负关联关系会制约资源型经济的顺利转型。本章选取与资源型经济转型相关度较高的增值税、资源税、环境保护税、企业所得税四个税种，分析相关的税收法律制度对资源型经济转型的影响，以期为第10章促进资源型经济转型的税收法律制度创新研究提供研究基础。

一、增值税法律制度对资源型经济转型的影响

增值税是对商品（包括劳务）生产、流通、劳务服务中多个环节的新增价值或商品的附加值征收的一种流转税。我国的增值税先后进行了三次比较大的税制改革。第一次改革是1994年的分税制改革，随着1994年

《增值税暂行条例》正式实施，形成了营业税和增值税并存的格局；第二次改革是2004年由生产型增值税到消费型增值税的改革，对于企业买入设备产生的增值税进项税可以抵扣，至2008年11月5日国务院修订《增值税暂行条例》，消费型增值税改革在全国范围展开。然而，这两次改革并没有使增值税在各个行业中全面普及。2012年开始，为了适应我国现代服务业等第三产业发展的需要，我国启动了营业税改征增值税的改革，截至2016年5月1日，"营改增"试点扩大到交通运输业、电信业、建筑业、房地产业、金融业和生活服务业，基本实现了"营改增"全面推开的改革目标，以增值税取代营业税的改革任务初步完成。随着营业税全面退出历史舞台，中国税制开始进入"后营改增"时代。"后营改增"时代，增值税在中国税制体系中占有更加重要的位置。从范围上看，增值税对货物和劳务普遍征收，覆盖面遍布第一、二、三产业，进一步渗透到国民经济各个行业和领域，与社会生产和人民生活紧密相连。从收入上看，增值税收入居于各个税种前列，是国家财力保障的重要支柱，在财政收入格局中有着极为突出的地位，同时增值税作为中央和地方共享税，对于中央和地方财力分配乃至中央和地方关系，都发挥着举足轻重的作用。虽然"营改增"是完善现行税制的关键措施，对减轻企业负担、优化产业结构、促进国民经济协调发展具有重要的意义，但营改增减税效应的另一面是现行税制的重大变化，这一变化对地方税收收入和地方经济产生了重大影响，尤其是对需要更多财力保障与税收调控的资源型地区，暂不成熟的增值税法律制度无法全面发挥对资源型经济转型的财力保障作用以及对产业结构调整的激励作用，亟待完善的增值税法律制度对资源型经济的转型存在制约。

（一）"营改增"后收入共享制度无法平衡资源型经济转型财政收支

1. "营改增"减税效应在资源型地区的体现

"营改增"前缴纳营业税的应税项目改成缴纳增值税，由于营业税是价内税，增值税是价外税，对于以营业额或者销售额为计算基础的其他税种如契税、租金收入房产税、土地增值税、个人所得税等来说，计算应纳税额时均以不含税收入计算。因此，“营改增”的减税效应不应仅考虑营业税与增值税的税收变化，还应当考虑其对其他税种收入变化的影响，因此本书在分析“营改增”的减税效应时采用各项税收的总收入作为数据分析。“营改增”实施以前，全国税收收入逐年增加，从2007~2012年全国税收收入翻了一番，而内蒙古自治区、黑龙江省、吉林省、新疆维吾尔自治区这些资源型地区税收收入以三倍的增势持续增加。“营改增”实施后，全国税收收入增势减缓，资源型地区的税收收入减幅尤为明显，由实施前的高增长率变成了负增长。具体来说，山西省截至2014年8月底，“营改增”在交通运输业和现代服务业、铁路和邮政业、电信业的试点运行中，纳入试点纳税人39,700户，累计应纳增值税45.5亿元，相比原营业税应纳税额减少2.8亿元。[①] 而2016年1~7月，受“营改增”、去产能、工业产品价格倒挂、企业效益下降、亏损增加等因素影响，山西省全省一般公共预算同期下降7.9%，减收90.1亿元。省级一般公共预算同比下降12.6%，减收45.3%，其中两权价款集中入库因素减收109.8亿元；全省11个市，只有3个市同比增长，119个县中68个下降，降幅最大的高达67%。[②] 其他资源型地区如吉林省2015年的税收收入同比增长率由2012年的20%下降至-4%，新疆维吾尔自治区则由16%下降至-5%，黑龙江省的减势尤为明显，由16%下降至-14%。虽然在2016年，资源性地区的税收收入减势有所放缓，吉林省、新疆维吾尔自治区的同比增长率变为正值，但是仍然无法回升至“营改增”前的数值。

---

① 《山西实施“营改增”减税效应明显累计减税2.8亿元》，载https://shanxi.sina.com.cn/news/m/2014-09-11/092468869.html，最后访问日期：2018年12月20日。

② 资料来源：山西省财政厅调研所得数据。

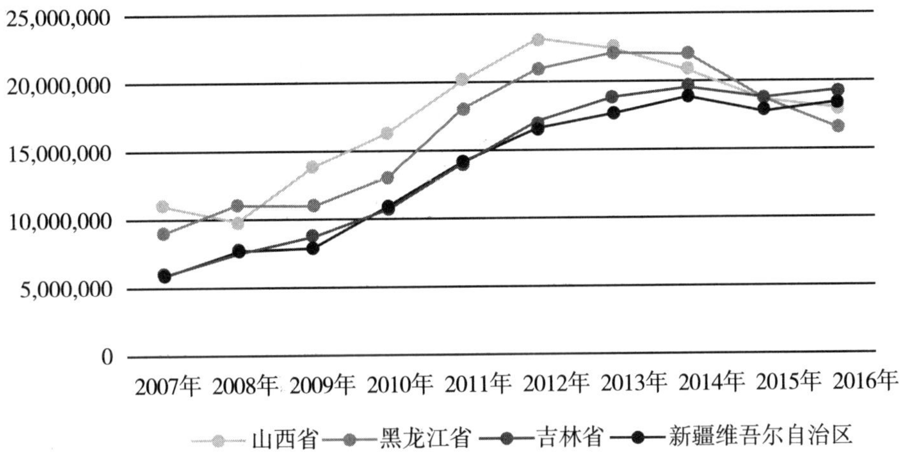

图5-1　资源型地区税收收入（万元）

资料来源：根据2007~2016年《中国税务年鉴》由课题组绘制。

2. 现行增值税收入共享制度不能满足资源型经济转型发展的财力要求

从“营改增”后资源型地区的财政税收收入的特点分析，第一，该地区税收收入过于依赖资源型经济，新型产业以及循环经济的税收贡献较小，导致该区域税源结构较为单一；第二，能源与原材料的行情走势易受到国内外经济的影响，价格不稳定，导致该区域的税基不稳定，税收收入受价格波动影响较大；第三，资源型地区对资源型经济的过度依赖以及受创新技术瓶颈等多方面因素的制约，新的地方财政收入来源在短期内无法形成，“营改增”的减税效应以及“营改增”导致的地方税种缺失加剧了资源型地区转型的财政压力，使得资源型地区公共服务和社会保障支出压力大。

从资源型地区财政支出情况分析，资源型地区普遍存在民生和环境历史欠债多的问题，资源型经济转型中改造提升传统产业、培育壮大新兴产业、大力发展现代服务业、促进循环经济发展等都需要大量的资金，资源型地区的公共财政支出增长迅速，从2007~2016年，山西省、内蒙古自治区、黑龙江省、吉林省、新疆维吾尔自治区的公共财政支出分别增加了2.3倍、3.2倍、2.6倍、3.1倍、4.2倍。以山西省为例，2016年1~7月，山西省全省一般公共预算支出同比增长9.9%，省级一般公共预算同比增长1.9%。同时，政策性刚性支出居高不下，2016 年年初，机关事业单位工作人员基本工资提标、人民警察警衔津贴提标、煤炭钢铁行业去产能、脱贫攻坚等一大批政策性刚性支出的陆续出台，支出口子进一步扩大且难以预测，各级财政收支矛盾异常突出。2017 年，受调资翘尾、煤炭钢铁行业去产能奖补资金、新能源汽车补贴、城乡采暖“煤改电”、异地扶贫搬迁贷款利息及风险准备进、规模以上企业同比增量用电奖励等支出影响，全省支出规模将继续加大。①

综上所述，受“营改增”减税效应的影响以及“后营改增”时代地方主体税种缺失的影响，资源型地区地方财政无法满足资源型经济转型的需要，资源型地区的财政收支缺口在转型过程中逐年增大。以山西省和黑龙江省为例，随着资源型经济转型的推进，财政收支缺口随着财政支出的规模逐年加大，财政收支不平衡问题越发突出，2016 年的山西省的财政收支差率达到了 120.22%，而黑龙江省高达 268.10%，如表 5－1 所示。

表 5－1　2007～2016 年公共财政收支表

年份	黑龙江省			山西省		
	财政收入/亿元	财政支出/亿元	收支差率/%	财政收入/亿元	财政支出/亿元	收支差率/%
2016	1557	3428.86	120.22	1148.41	4227.34	268.10
2015	1642.35	3422.97	108.42	1964.48	4020.66	104.67
2014	1820.64	3085.28	69.46	1301.31	3434.22	163.90
2013	1701.62	3030.13	78.07	1277.40	3369.18	163.75
2012	1516.38	2759.46	81.98	1163.17	3171.52	172.66
2011	1213.43	2363.85	94.81	997.55	2253.27	125.88
2010	969.67	1931.36	99.18	755.58	1877.74	148.52
2009	805.83	1561.7	93.80	641.66	1877.74	192.64
2008	748.00	1315.02	75.80	578.28	1542.30	166.70
2007	597.89	1049.92	75.60	440.47	1187.27	169.55

数据来源：2007～2016 年《中国统计年鉴》。

① 资料来源：山西省财政厅调研所得数据。

为保障地方现有财力稳定，国务院于 2016 年 4 月 30 日发布《全面推开营改增试点后调整中央与地方增值税收入划分过渡方案》（国发〔2016〕26 号），2016 年 12 月又出台了《关于实行中央对地方增值税定额返还的通知》（国发〔2016〕71 号），由此，形成了全面“营改增”后增值税收入划分的过渡制度与体制，[①] 过渡期为 2～3 年。该过渡体制的调整内容主要包含以下两方面：第一，增值税的中央地方分享比例由 75∶25 调整为 50∶50；第二，央地增值税税收返还由 1994 年分税制改革确定的 1∶0.3 的增量返还改为了以 2015 年为基数的定额返还。根据财政部公布的 2017 年中央对地方税收返还和转移支付预算表显示：2016 年增值税返还的执行数经过调整后为 7572.21 亿元，[②] 占全国增值税收入的 11.76%，占地方增值税收入的 25.51%，在地方税收收入中的比重达到 7.40%，在中央税收收入中的比重为 7.29%。由上述数据可知，过渡返还制度改善了增量返还制度下增值税收入多的地方返还的多、收入少的地方返还的少的无法调节贫富差距的问题，在一定程度上避免了“后营改增”时期地方主体税种缺失造成的地方财力不足，从而保障了地方财政收入，且过渡方案中税收返还将占到地方增值税 1/4 左右，是国家保障地方财税收入的重要方面。然而，过渡返还制度确定的定额返还是以 2015 年的增值税收入为基数来确定返还的额度，从图 5－1 中可以看出，受“营改增”减税政策的影响，2015 年的地方财政收入是资源型地区财税改革过程中收入的谷值，到 2016 年才有所回升，但仍未回升至营改增之前的水平。因此，本书认为现行的增值税税收返还方案下对原营业税依赖程度高的资源型地区省份，实际分享比例很可能低于“营改增”之前的水平，以 2015 年的增值税返还额为基期的定额返还制度不能补偿资源型地区由于全面“营改增”和新的收入分享机制导致的地方财政收入损失，无法满足资源型经济

---

① 参见唐明、熊蓓珍：《全面“营改增”后增值税收入划分的政策效应及优化策略》，载《财贸研究》2017 年第 10 期。

② 根据全面推开“营改增”试点、实施调整中央与地方增值税收入划分过渡方案情况，对相关支出科目 2016 年执行数进行了同口径调整，详见《2017 年中央对地方税收返还和转移支付预算表》，财政部官网。

转型发展的财力需要。

（二）增值税法律制度对产业结构调整的肯定性评价作用缺位

1. 资源型地区“长尾”产业结构特征

在资源型地区，经济发展方式结构单一，出于国家生产发展需要的考虑，国家对能源资源开采及初加工产业的政策鼓励扶持，导致山西省第二产业的占比过大，第三产业发展缓慢，产业结构失衡。此外，资源型经济特征之一是对资源产业的高度依赖，因此在资源型地区，头部产业均以资源产业为主，该产业对其他行业存在着“挤出效应”。长尾理论提到人们只关注重要的人或重要的事，如果用正态分布曲线来描绘这些人或事，人们只能关注曲线的“头部”，而将处于曲线“尾部”、需要更多的精力和成本才能关注到的大多数人或事忽略。[①] 资源型产业虽然企业数量少，但是由于资源型地区的先天性优势获得的收入极高，是当地政府获得税收收入的重要来源，受到政府的重点关注。较资源型产业而言，数量众多的非资源型产业享受的资源优势带来的好处不是十分明显，发展产业需要更多的精力与成本，因此企业发展较为艰难，出现数量大但收益小的状况。

以山西省为例，如表5－2、图5－2所示，从2007年起，分产业的税收收入变化及比重表现为以下特征：首先，第一产业发展较弱。第一产业税收比重持续较低，历年来最高占比不超过2%，虽然这与农、林、牧、渔业的公共产品的性质有关，但也在一定程度上体现了山西第一产业发展较弱，例如与2016年全国的第一产业税收占比0.17%相比，山西省的税收占比仅为0.09%，近似于全国税收占比水平的一半。其次，第二产业与第三产业的比重仍需调整。从第二产业与第三产业的税收占比中分析，第二产业自2008年持续增加，直至2010年山西省被设立为“国家资源型经济转型综合配套改革试验区”，开始进行资源型经济转型的改革，于2012年改革的成效开始显现，第二产业的税收占比在2012年开始下降，从2008～2011年一直保持的70%

---

① 参见刘婧：《网络环境下的社区治理研究》，武汉大学出版社2016年版，第24页。

的水平下降为 66.8%。之后几年，第二产业的税收占比逐年下降，在 2016 年下降至 55.6%。第三产业也在 2010 年改革开始持续上升，至 2016 年产业的税收占比达到了 44.2%，对财政税收的贡献有了明显的提高。但是，该比重与同年全国第三产业的税收比重相比低了 12.2%，山西省的产业结构仍然有待调整。最后，第二产业内部结构仍需调整。煤炭行业的税收贡献与制造业的税收贡献比为 5∶3，说明山西省第二产业仍以资源型产业为主，第二产业内部结构亦需要调整。图 5－3 中形象地体现出了资源型地区“长尾”产业结构特征，数量较少的煤炭企业作为头部企业，是山西的重点税源，而数量众多的其他企业由于发展状况不理想，税收贡献较少，形成了产业结构的“长尾”特征。

表 5－2　山西省分产业税收收入及比重

年份	总税收/万元	第一产业		第二产业		第三产业	
		税收/万元	比重/%	税收/万元	比重/%	税收/万元	比重/%
2016	18, 023, 546	16, 428	0.09115	10, 023, 567	55.6137	7, 983, 551	44.2951
2015	18, 641, 582	18, 581	0.09968	10, 587, 164	56.7933	8, 035, 837	43.1071
2014	21, 043, 844	18, 222	0.08659	12, 335, 441	58.6178	8, 690, 181	41.2956
2013	22, 667, 962	15, 946	0.07035	14, 392, 937	63.4946	8, 259, 079	36.4350
2012	23, 171, 155	9756	0.04210	15, 479, 091	66.8033	7, 682, 389	33.1550
2011	20, 332, 061	10, 566	0.05197	14, 161, 311	69.6502	6, 160, 184	30.2979
2010	16, 352, 284	7205	0.04406	11, 454, 965	70.0512	4, 891, 114	29.9109
2009	13, 964, 593	8508	0.06093	9, 938, 645	71.1703	4, 017, 440	28.7688
2008	14, 244, 254	20, 765	0.14578	9, 924, 599	69.6744	4, 298, 890	30.1798
2007	10, 739, 488	310	0.00289	7, 663, 935	71.3622	3, 075, 243	28.6349

资料来源：根据 2007～2016 年《中国税务年鉴》。

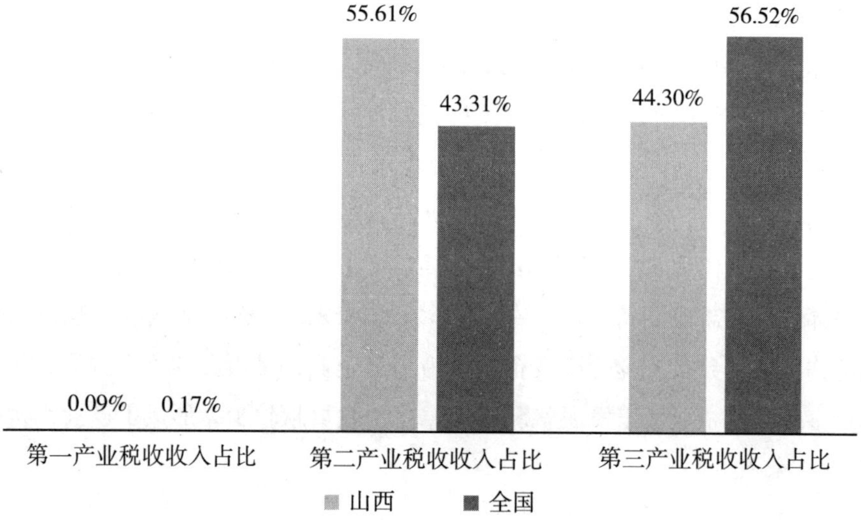

图 5－2　2016 年全国与山西地区分产业税收占比对比图

资料来源：根据 2017 年《中国税务年鉴》由课题组绘制。

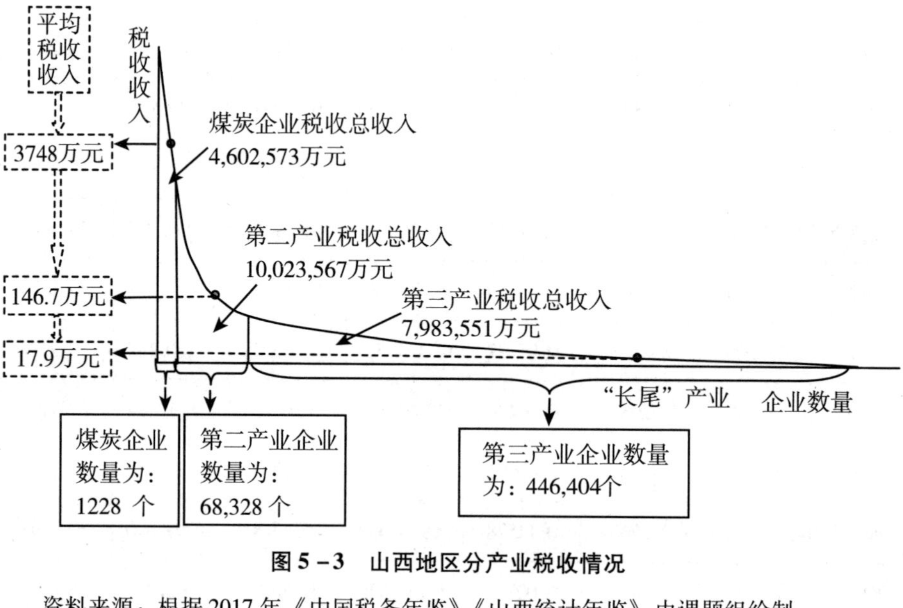

图 5－3　山西地区分产业税收情况

资料来源：根据 2017 年《中国税务年鉴》《山西统计年鉴》由课题组绘制。

2. 增值税法律制度对“长尾”产业结构调整的肯定性评价作用缺位

全面推行“营改增”试点改革，对于第三产业的发展既是机遇也是挑战。从资源型地区的“长尾”产业结构特征可以看出，该地区的第三产业数量众多，但绝大多数是利微的中小企业，各行各业的小微企业所涉及的行业多而杂，形成了一系列的产业链，将营业税改征增值税，有利于解决产业链上的企业重复纳税的问题，促进第三产业及其关联产业的持续发展。但是，“营改增”后，由于纳税税种发生变化，必然会对第三产业的税负、财务处理、净利润等产生影响，使得第三产业某些企业面临税负增加的风险。“营改增”以来对于第三产业而言最引人关注的一个问题就是抵扣范围偏窄。例如金融业，纳税人贷款所发生的手续费、咨询费以及利息费用不得在进项税额中扣除，该扣除规定对需要大量资金支持转型的企业来说影响很大。此外，创新是资源型经济转型的动力，企业发展循环经济或者向人力资源要求较高的第三产业转型，需要花费较高的人力资本作为产业结构转型升级的成本，但是人力资本成本无法作为进项抵扣使得此类型的企业转型成本加大，一定程度上制约了资源型经济转型。因此，资源型地区的“长尾”产业结构特征需要增值税法律制度的肯定性评价作用促进第三产业的发展，然而目前“营改增”全面实行下的增值税法律制度对第三产业的优惠力度不足、抵扣范围较窄，对第三产业不发达的资源型地区的制约尤为明显，对资源型地区的“长尾”产业结构无法起到鼓励与引导的作用。

在第三产业中，旅游业与第三产业中的其他行业联系较为密切，连接的产业链范围广，提供的服务种类众多、综合性较强，它与第三产业中的其他行业存在双向互动关系，是资源型经济转型的重要方向之一。上述特征具体体现在以下两方面：一方面，旅游业能够通过提高现有交通运输、通信、餐饮、住宿等服务设施的利用率，加速资金的周转，直接或间接地带动第三产业中其他行业的发展；另一方面，第三产业的发展也为旅游业创造了更好的发展环境，从而推动旅游行业的发展。在经济新常态的背景下，在资源型经济转型产业结构调整的要求下，旅游业正在成为经济转型中新常态下新的增长点，旅游业在资源型地区拥有非常良好的发展态势与潜力。例如，《全国资源型城市可持续发展规划（2013～2020年）》鼓励大力发展特色服务业时，特别强调发展资源型城市重点旅游区如以云南省东川区、河北省唐山市、甘肃省白银火焰山等地的矿山公园为代表的矿山工业旅游，以赣州市中央苏区政府根据地红色旅游系列景区（点）、枣庄市台儿庄大战遗址为代表的红色旅游，内蒙古自治区鄂尔多斯市响沙湾旅游景区、黑龙江省黑河五大连池景区为代表的自然风光旅游，以山西省晋城皇城相府生态文化旅游区为代表的人文历史旅游。在经济转型的背景下，基于资源型地区丰富的工业旅游、红色旅游、自然风光旅游、人文历史旅游等旅游资源禀赋，将旅游业作为发展新兴产业的突破口具有必要性与可行性，是资源型经济转型中产业结构调整的重要方面。因此，本节以旅游业为例，分析增值税制度对资源型地区产业结构调整的制约。

如前所述，旅游业具有产业关联度高的特点，其中，旅游业涉及的主要内容包括现代服务业、生活服务业、电信业以及交通运输业。因此，旅游业涉及的税种较多，已经构成我国税收收入的重要组成部分，“营改增”之后已经形成了以增值税为主体，企业所得税和其他多个税种补充的税制体系。①增值税法律制度在引导旅游业发展方面存在以下问题：

（1）税收优惠力度不足

为了促进旅游业的可持续发展，国家已从税收方面给予一定的支持。但是如表5-3所示，旅游业的增值税税收优惠政策较少，仅在财政部、国家税务总局《关于全面推开营业税改征增值税试点的通知》（财税〔2016〕36号）中给与了三项免税项目，所涉及的范围仅限于博物馆等艺术文化以及寺庙等宗教文化，对我国国内旅游业的发展激励作用不足。此外，将旅游行业开发的旅游产品等同于一般产品收费是不合理的。旅游产品是集旅游文化以及文化创意于一体的产物，是推广旅游文化的重要手段。在旅游产品的开发过程中，人力资本的投入是必不可少的。然而人力资本不能作为进项税抵扣

① 参见曲悦：《促进我国旅游业发展的税收政策研究》，上海海关学院2017年硕士学位论文，第23页。

不利于旅游行业的宣传推广，激励旅游行业进行创新的税收优惠政策的缺乏对旅游行业的可持续发展具有制约作用。

表 5-3　旅游业增值税优惠政策内容

名称	免税内容
针对旅游业的免税规定（财税〔2016〕36 号）	旅游业纳税人提供的下列服务免征增值税。 ①纪念馆、博物馆、文化馆、文物保护单位管理机构、美术馆、展览馆、书画院、图书馆在自己的场所提供文化体育服务取得的第一道门票收入。 ②寺院、宫观、清真寺和教堂举办文化、宗教活动的门票收入。 ③在境外提供的文化体育服务、教育医疗服务、旅游服务
可以适用于旅游业普遍免税规定国家税务总局《关于小微企业免征增值税有关问题的公告》2017 年第 52 号	销售服务、无形资产月销售额不超过 3 万元（按季纳税 9 万元）的，自 2018 年 1 月 1 日起至 2020 年 12 月 31 日，可分别享受小微企业暂免征收增值税优惠政策

（2）增值税进项税额抵扣不完全

与征收营业税相比，征收增值税能否给旅游行业带来减税，关键在于企业能够用于抵扣进项税的发票数额。然而，“营改增”为旅游业的一般纳税人带来的难题是进项税发票难以取得。鉴于此，对于旅游行业的缴税政策平移了营业税的差额缴税的政策，“纳税人提供旅游服务，可以选择已取得的全部价款和价外费用，扣除向旅游服务购买方收取并支付给其他单位或者个人的住宿费、餐饮费、交通费、签证费、门票费和支付给其他接团旅游企业的旅游费用后的余额为销售额”,① 进行差额纳税。然而，差额纳税与进项税抵扣纳税的区别在于：当旅行社选择差额纳税时，只能向购买旅行社服务的消费者差额开票，此时旅行社针对差额后的余额进行纳税，但是作为下家的消费者在使用差额纳税开具的发票进行进项税抵扣时也只能差额抵扣；当旅

① 财政部、国家税务总局《关于全面推开营业税改征增值税试点的通知》（财税〔2016〕36 号）。

行社选择进项税扣除纳税时，旅行社针对扣除进项税后的全额销售额进行开票，消费者作为下家也可以利用全额的发票进行进项税抵扣。显然，一般纳税人若选择差额纳税，就无法向其消费者开具全额抵扣的增值税专用发票，购买采用差额纳税的旅行社服务的消费者仅可以就差额进行进项税抵扣，可用于抵扣的进项税减少。这是旅行社及其需要抵扣进项税的消费者之间的博弈，选择差额纳税的旅行社很可能因为享受差额纳税政策而失去这部分有进项税抵扣需求的客户。而有进项税抵扣需求的客户往往是旅行社的优质客户，若能建立长期合作关系，对旅行社的业务发展具有重要的作用。

（3）一般纳税人的税负加重风险提高

上述增值税制度存在的问题可能导致旅游业一般纳税人税负加重，对一般纳税人的制约比小规模纳税人程度更深。具体分析如下：对于小规模纳税人，无论是征收营业税还是征收增值税，均采用差额纳税的方法，因此含税销售额不变，由于增值税是价外税，增值税的应纳税销售额 = 含税销售额/（1 +3%）。此外，“营改增”后小规模纳税人的征收率由之前的5%降为3%，因此，征收营业税时，应缴纳税额 = 含税销售额 ×5%；征收增值税时，应纳税额 = 含税销售额/（1 +3%） ×3%。显然，“营改增”会使小规模纳税人旅行社税负减轻。但是，对于一般纳税人而言，若其不选择差额纳税，那么税率由“营改增”前的5%变为6%，销售额由于进项税发票难以取得而导致进项税扣减不完全，使得应税销售额不低于营改增前利用差额方式计算的数额，导致一般纳税人在不选择差额纳税的情况下税负加重。

从资源型地区“长尾”产业结构的特征可以看出旅游业小规模企业众多，目前的增值税制度注重鼓励小微企业的发展，该优惠政策一方面促进旅游业小规模企业的发展，另一方面由于小规模企业的税负低于一般纳税人，从而导致了旅游业小微企业扩大发展规模的动力不足，制约了旅游业企业向头部产业发展。

（三）增值税法律制度促进资源综合利用及循环经济发展的作用有限

资源综合利用与循环经济发展是资源型经济转型的方向之一，是改变资源诅咒的有效途径。在资源型地区，丰富的资源禀赋给当地发展资源综合利用产业提供了物质基础，利用增值税优惠政策激励资源型地区资源综合利用与循环经济是财税法律制度促进资源型经济转型的应有之义。然而，现行财税政策存在以下问题制约了资源型经济转型。

1. 税收优惠范围较小

由表5－4可以看出，我国激励资源综合利用与循环经济的增值税税收优惠制度所涉及的范围主要集中在对“废气、废水、废渣”的三废综合利用与传统资源型产业的清洁、节能生产。虽然《资源综合利用产品和劳务增值税优惠目录》在2015年予以调整，对优惠范围进行了扩充，使得一部分有利于循环经济的项目被纳入了增值税税收优惠的范围内，但是对于一些新型能源的激励政策仅仅体现在风力发电，涉及的范围较小，有关氢气、太阳能等新型能源的激励政策较少。

表5－4　增值税对资源性经济转型的税收优惠政策

序号	税收优惠政策	内容
1	财政部国家税务总局《关于促进节能服务产业发展增值税营业税和企业所得税政策问题的通知》（财税〔2010〕110号）	合同能源管理项目免征增值税优惠
2	财政部国家税务总局《关于污水处理费有关增值税政策的通知》（财税〔2001〕97号）	污水处理费免征增值税优惠
3	财政部国家税务总局《关于新型墙体材料增值税政策的通知》（财税〔2015〕73号）	新型墙体材料增值税即征即退
4	财政部国家税务总局《关于风力发电增值税政策的通知》（财税〔2015〕74号）	风力发电增值税即征即退
5	财政部国家税务总局《关于印发〈资源综合利用产品和劳务增值税优惠目录〉的通知》（财税〔2015〕78号）	资源综合利用产品及劳务增值税即征即退
6	财政部国家税务总局《关于供热企业增值税房产税城镇土地使用税优惠政策的通知》（财税〔2016〕94号）	供热企业免征增值税优惠
7	财政部国家税务总局《关于大型水电企业增值税政策的通知》（财税〔2014〕10号）	水力发电增值税即征即退
8	财政部国家税务总局《关于全面推开营业税改征增值税试点的通知》（财税〔2016〕36号）	合同能源管理项目免征增值税优惠

2. 税收优惠形式单一

激励资源综合利用与循环经济发展的增值税优惠形式单一，缺乏针对性和灵活性。促进资源综合利用和循环经济发展的税收优惠政策偏重所得税、轻视流转税。资源综合利用和清洁生产，对创新与科技的要求比较高，对高端机器设备的需求较大，企业在前期会投入较大的人力、物力。然而，该项目具有投资大、风险高、回报慢的特点，将流转税与所得税优惠政策并用对循环经济的发展具有较强的促进作用，否则增值税对经济发展的调节作用得不到充分的发挥，税收优惠的实际效果会大打折扣。目前，促进资源综合利用和循环经济发展的增值税税收优惠政策主要以免税、减半征收、即征即退等直接优惠为主，而加速折旧、再投资退税、税收抵免、延期纳税等对投资金额大、投资期限长的企业更有效果的间接优惠较少。

3. 现行的税收优惠政策难以落到实处

财政部、国家税务总局新近发布《关于印发〈资源综合利用产品和劳务增值税优惠目录〉的通知》（财税〔2015〕78号）（以下简称《增值税优惠目录》），对资源综合利用增值税优惠进行整合和调整。虽然该优惠目录对资源综合利用产业的发展具有较强的激励作用，但从实施层面分析，该优惠目录存在一些问题，影响增值税优惠政策的落实，例如，《增值税优惠目录》中的部分优惠项目不符合《环境保护综合名录》对于环保产品的要求，优惠项目与“高污染、高环境风险”产品（以下简称“双高产品”）存在冲突。例如，在《增值税优惠目录》中，若企业生产的“纤维板、刨花板”等综合利用产品95%以上来自“三剩物、次小薪材、农作物秸秆”，则该企业可以享受70%的退税，但是“纤维板、刨花板”在《环境保护综合名录》中属于“双高产品”。

二、资源税法律制度对资源型经济转型的影响

2011年修订的《资源税暂行条例》第1条规定：“在中华人民共和国领

域及管辖海域开采本条例规定的矿产品或者生产盐（以下简称开采或者生产应税产品）的单位和个人，为资源税的纳税人，应当依照本条例缴纳资源税。”2017 年公布的《资源税法》（征求意见稿）第 1 条和第 2 条分别规定：在中华人民共和国领域和管辖的其他海域开采矿产品或者生产盐的单位和个人，为资源税的纳税人，应当依照本法规定缴纳资源税。资源税的应税产品为矿产品和盐。本法所称矿产品，是指原矿和选矿产品。资源税是指对在我国领域及管辖海域开采规定的矿产品或者生产盐的单位和个人征收的一种税。①

当前我国资源税的主要特征有：一是资源税征收范围不断扩大；二是由原来以从量计征为主的征税方式逐步过渡到全面从价计征的征税方式，将资源税的征收与资源的市场价格紧密联系起来；三是确立了全面清费立税的总基调，使得针对资源的税赋征收更加规范化，防止乱收费现象的滋生。虽然我国的资源税在征收面以及征收总量上远不及增值税等其他税种，但是其独特的调节作用是其他税种所不能取代的。资源税在调节级差收入的同时，也对优化资源开发利用和保护环境起着重要的调节作用。

（一）税制要素不完善

1. 征税范围较窄

自 1984 年我国开始正式征收资源税以来，对资源税的征收范围进行了数次调整，虽然每次调整都在一定程度上使得我国资源税征收范围得到进一步完善，具体调整历程如表 5－5 所示。但是理论界仍然认为，征税范围较窄依然是我国资源税面临的主要问题之一。

---

① 参见刘剑文：《财税法学》（第 2 版），高等教育出版社 2012 年版，第 390 页。

表5－5　我国资源税征收范围的历次调整

年份	规定	内容
1982	国务院出台《对外合作开采海洋石油资源条例》	对海洋石油资源征收矿区使用费
1984	国务院颁发《资源税条例（草案）》	对原油、天然气、煤炭等按产品销售利润率超率累进税率缴纳资源税
1991	《关于征收铁矿石资源税的通知》	将铁矿石纳入征税范围
1993	国务院发布《资源税暂行条例》（简称《资源税条例》）	将征税范围扩大到煤炭、天然气、石油、其他非金属矿原矿、黑色金属矿原矿、有色金属矿原矿和盐七大类
2016	财政部、国家税务总局和水利部《关于印发〈水资源税改革试点暂行办法〉的通知》	河北省作为试点省份，率先实施水资源税从量计征

1994年我国进行税制改革时，资源税征税范围的扩大主要以矿产资源为主，绝大多数矿产资源都被纳入征税范围，但其他非金属矿原矿征收范围依然未发生明显的改变，仍然有上百种的非金属矿原矿没有被纳入资源税征税范围，并且也没有包括森林、草原、水、滩涂等重要的自然资源。2011年10月10日，国务院发布修改后的《资源税暂行条例》中，资源税征收范围也未有所扩大。虽然我国也在进行着新的尝试，如2016年7月1日，我国以河北省为试点省份，正式启动对水资源税的试点工作。2017年12月1日起，将水资源税的试点扩大到北京、天津、山西、内蒙古、山东、河南、四川、陕西、宁夏等9个省（自治区、直辖市），但是征收范围较窄的问题依然存在。

资源税征税范围较窄制约资源型经济转型发展主要体现在以下三个方面：一是征税范围较窄，使得一部分本应受到重点保护的自然资源没有得到全方位的保护，以水资源为例，水资源作为重要的自然资源，长期被排除在资源税之外，仅通过收费的形式来调节，没能充分发挥税收的调节作用，导致地下水被过度开采，这样的问题同样存在于其他未纳入征税范围的自然资源之中，使得这些自然资源在开发利用上得不到有效调控，最终影响资源富集地区的生态社会可持续发展。二是造成利用资源生产的下游产品比价不合理。资源价格直接影响着下游产品的价格，应税资源的成本必然将这部分税收计算在内，导致应税产品的市场价格明显高于非应税资源的价格，扭曲了应税资源与非应税资源的价格比，使得利用不纳税资源生产的下游产品比利用纳税资源生产的下游产品成本低，从而导致利用纳税资源生产的下游产品价格比较高。在利润和需求的驱动下，开采者必然会加大对非应税资源的开采，加剧该地区自然环境的破坏程度，使得非应税资源遭到掠夺性开采。① 这些资源未被纳入征税范围既不利于企业积极利用先进技术，转变经济发展方式，也是对非应税资源掠夺开发的一种放任。三是一些资源不能及时纳入资源税征税范围，长期以来是以收费的形式对其进行管理，造成收费部门与政府之间权责不清晰，并且绝大多数资源在使用后都需要及时地恢复治理，保证生态的平衡，而收费却不收税导致部门利益产生，限制了所征资金的用途，以水资源为例，长期以来主要以水资源费的形式进行征收，其主要用于水资源管理基础工作支出以及发放工作人员的工资。而征收水资源税之后能更好地发挥税收的调节功能，同时资金的统一征收使用能避免部门利益的产生。

2. 优惠政策不规范

当前我国涉及资源税优惠政策的相关文件共有 11 个，具体规定表现在表 5 -6 中。主要针对煤炭、石油、铁矿石、天然气和页岩气等资源。

---

① 参见冯芳莲：《生态价值视野下资源税法律问题研究》，山西大学法学院 2011 年硕士学位论文，第 13 页。

表 5－6 资源税方面现行的税收优惠政策

序号	资源税税收优惠政策	内容
1	《资源税暂行条例》	第 7 条第 1 款加热、修井用油免征资源税
		第 7 条第 2 款意外事故、自然灾害等原因减免资源税
2	财政部、国家税务总局《关于青藏铁路公司运营期间有关税收等政策问题的通知》(财税〔2007〕11 号)	青藏铁路公司运营期间减征免征不征相关税费
3	财政部、国家税务总局《关于调整锡矿石等资源税适用税率标准的通知》(财税〔2012〕2 号)	锡矿石、钼矿石、菱镁矿、滑石、硼矿、铁矿石资源税税率调整
4	财政部、国家税务总局《关于实施煤炭资源税改革的通知》(财税〔2014〕72 号)	第 4 条第 1 款衰竭期煤矿减征资源税
		第 4 条第 2 款充填开采煤炭减征资源税
5	财政部、国家税务总局《关于调整铁矿石资源税征收比例的通知》(财税〔2015〕46 号)	铁矿石资源税由减按规定税额标准的 80% 征收调整为减按规定税额标准的 40% 征收
6	财政部、国家税务总局《关于资源税改革具体政策问题的通知》(财税〔2016〕54 号)	对依法在建筑物下、铁路下、水体下通过充填开采方式采出的矿产资源，资源税减征 50%
		对实际开采年限在 15 年以上的衰竭期矿山开采的矿产资源，资源税减征 30%
		对鼓励利用的低品位矿、废石、尾矿、废渣、废水、废气等提取的矿产品，由省级人民政府根据实际情况确定是否给予减税或免税

续表

<table>
<tr><th>序号</th><th>资源税税收优惠政策</th><th>内容</th></tr>
<tr><td>7</td><td>财政部、税务总局海关总署《关于北京 2022 年冬奥会和冬残奥会税收政策的通知》（财税〔2017〕60 号）</td><td>对用于北京 2022 年冬奥会场馆（场地）建设、运维的水资源，免征应缴纳的水资源税</td></tr>
<tr><td rowspan="4">8</td><td rowspan="4">财政部、国家税务总局《关于调整原油、天然气资源税有关政策的通知》（财税〔2014〕73 号）</td><td>第 2 条第 1 款用于运输稠油加热的原油、天然气免征资源税</td></tr>
<tr><td>第 2 条第 2 款、第 3 款、第 4 款陆上油气田资源税综合性减征</td></tr>
<tr><td>第 2 条第 5 款深水油气田资源税减征</td></tr>
<tr><td>第 3 条陆上油气田资源税综合性减征</td></tr>
<tr><td>9</td><td>国家税务总局、国家能源局《关于落实煤炭资源税优惠政策若干事项的公告》（国家税务总局 国家能源局公告 2015 年第 21 号）</td><td>对衰竭期煤矿减征资源税和充填开采煤炭减征资源税的税收优惠的细化</td></tr>
<tr><td>10</td><td>国家税务总局、国土资源部《关于落实资源税改革优惠政策若干事项的公告》（国家税务总局公告 2017 年第 2 号）</td><td>对衰竭期矿山减征资源税和充填开采煤炭减征资源税的税收优惠的细化，明确资源税改革有关优惠项目不得叠加适用等</td></tr>
<tr><td>11</td><td>财政部税务总局《关于对页岩气减征资源税的通知》（财税〔2018〕26 号）</td><td>对页岩气资源税（按 6% 的规定税率）减征 30%</td></tr>
</table>

（1）税收优惠存在的现实矛盾

为了实现资源有效利用和促进生态环境保护，推动我国经济发展方式转变，根据财政部、国家税务总局《关于实施煤炭资源税改革的通知》（财税〔2014〕72 号）和国家税务总局、国家能源局《关于落实煤炭资源税优惠政策若干事项的公告》（国家税务总局、国家能源局公告 2015 年第 21 号）的规定，对衰竭期煤矿开采的煤炭资源税减征 30%。山西省作为我国传统的煤炭生产基地，衰竭期煤矿相对较多，理论上能够从前述的资源税优惠中获得相对较为丰厚的税收优惠，但实际情况却是申请衰竭期煤矿认定的企业少之又少。究其缘由，主要是虽然被认定为衰竭期煤矿可以得到税收优惠，但是也会因为这种认定而导致企业在获取银行贷款方面更加困难，融资的利息也会相应上升，最终得不偿失，所以申请认定衰竭期煤矿的积极性也因此而降低，导致此项优惠名存实亡，难以发挥预设的效应。

（2）税收优惠门槛高，力度不足

财政部国家税务总局《关于资源税改革具体政策问题的通知》（财税〔2016〕54号）规定对依法在“三下”通过充填开采方式采出的矿产资源，资源税减征50%。充填开采置换矿产成本较高，认定标准也相对较高，因此，企业通过充填开采方式采出矿产资源的积极性也不高。并且国家税务总局、国土资源部《关于落实资源税改革优惠政策若干事项的公告》（国家税务总局公告2017年第2号）规定资源税改革有关优惠项目不得叠加适用，这就意味着衰竭期矿山的优惠与填充方式开采的资源税收优惠二者不能同时适用，抑制了此类企业进行填充置换矿产开采的积极性。导致以煤炭作为主要矿产资源的山西省不能真正地享受到资源税优惠政策，企业的税务负担依然很大，也不利于企业切实地转变生产方式，进行矿区开采回填，推动生态环境的可持续发展。

（3）税收优惠备案制存在的问题

当前我国涉及资源税的税收优惠除《资源税暂行条例》第7条第2款规定的纳税人开采或者生产应税产品过程中，因意外事故或者自然灾害等原因遭受重大损失的，由省、自治区、直辖市人民政府酌情决定减税或者免税适用税收优惠属于核准类减免税外，其余的税收优惠一律为备案类减免税。适用备案类减免税存在以下两个问题：第一，按照国家税务总局2015年发布的《税收减免管理办法》第18条规定备案类减免税的审核是对纳税人提供资料完整性的审核，不改变纳税人真实申报责任。这一条规定意味着税务机关一旦发现企业备案的税收优惠存在问题，即使企业是因为对税收优惠的理解存在误解，而非申报资料弄虚作假，也仍然要受到虚假申报的处罚，不仅要补缴税款、滞纳金，处以罚款，而且追征税款不受期限限制，甚至可能涉及税务刑事犯罪。① 这种备案管理方法增加了企业的涉税风险，不利于资源型地区企业积极利用资源税收优惠对衰竭期矿产开采和进行充填开采等，最终对资源型地区经济的持续健康发展造成不利影响。第二，实行备案类减免税主要特征是只进行形式的审查，不进行实质审查。过去我国税收优惠主要以核准类减免为主，所以长期以来涉及税收优惠的后续管理不完善，这就导致了税收优惠后续监督的缺失，弄虚作假现象时有发生。以填充开采的税收优惠为例，只进行备案，对企业是否真正落实以及落实填充开采是否到位缺少后续的监督。

（二）资源税费改革带来的问题显现

为了进一步完善我国的资源税费制度，自 2014 年 12 月 1 日起，煤炭资源税从价计征改革正式实施，同时启动相关收费基金的清理工作。2016 年 7 月 1 日起，全面实施资源税从价计征改革。以煤炭资源税的改革为例，在 2017 年煤炭价格同比大幅上涨的背景下以及在从价计征机制作用下，全国煤炭资源税收入 667.55 亿元，同比增长 84.33%。② 虽然我国煤炭资源税收入逐步增加，但是随着时间的推移，源税费改革之后所带来的问题逐步显现。

1. 弱化促进采矿业转型升级和保护生态功能

在整个资源税费制度改革的大背景下，2016 年，我国取消了矿产资源补偿费、探矿权采矿权使用费和价款等专项收入专款专用，为了解决我国在资源税费制度方面存在的税费重复、功能交叉的问题，2017 年根据国务院《关于印发矿产资源权益金制度改革方案的通知》（国发〔2017〕29 号）规定按照清费立税原则，将矿产资源补偿费并入资源税，取缔违规设立的各项收费

---

① 参见刘映春：《税收优惠“审批”改“备案”给企业带来的涉税风险》，载《中国建材》2017 年第 2 期。

② 参见张艳：《2017 年煤炭资源税收入同比增 84.33%》，载中国煤炭网：http：//www.sxcoal.com/news/4568478/info，最后访问日期：2018 年 9 月 10 日。

基金。山西作为煤炭资源税改革的主要省份，在整个资源税费改革过程中最具有代表性。山西省原来的煤炭资源税费主要概括起来就是“一税一费两基金”的形式，具体就是由煤炭资源税、矿产资源补偿费、煤炭价格调节基金和煤炭可持续发展基金四种税费构成，改革之后主要是将这四种税费经测算后在不增加企业负担的前提下统一从价计征煤炭资源税。资源税作为一般公共预算，主要用于公共财政支出、民生工程等方面支出，不体现特殊用途，年度全额安排，不得结余和结转。① 这样导致税费改革后，虽然收费得到平移，但是资源税无法承担过去存在的收费所承担的功能。以改革前的煤炭可持续发展基金为例，除了用于企业无法解决的跨区域生态环境治理外，还用于支持产业转型升级和解决因采煤引起的其他问题。② 可见，改革之后的煤炭资源税不能起到过去煤炭可持续发展基金的作用。税费平移之后，煤炭资源税确实在促进税收增收方面起到很大作用，但是促进煤炭行业转型升级和保护生态的功能却弱化了。

2. 资源税征管难度加大

本轮资源税改革的核心内容就是由从量计征向全面从价计征的转变，计税依据由过去的原矿销售量调整为原矿、精矿、金锭等几大类的销售额。这样一部分矿产资源的纳税环节由原矿开采环节后移到原矿加工精矿环节，对以销售精矿为主的多数有色金属矿、黑色金属矿和非金属矿，以其精矿的销售额为计税依据，同理对以销售原矿为主的铝土矿、磷矿、高岭土、石灰石等矿种，则以原矿销售额为计税依据。改革后的计征方式和过去的从量计征相比，征管难度大幅度增加，对于资源型地区此类问题更加突出。主要表现在以下两个方面：一方面，计税依据和计税价格难以确定，计税依据难以确定主要体现在过去开采环节转变为销售环节征税后，部分企业的生产链较长，企业不对外销售原矿，而是将自己生产的原矿加工为不需要缴纳资源税的产品，这样导致计税依据难以确定。计税价格难以确定主要体现在资源的价格

---

① 参见李刚：《关于完善矿产资源权益金制度的政策建议》，载《中国矿业》2018 年第 1 期。
② 参见彭月兰：《关于煤炭资源税改革的思考——以山西为例》，载《税务研究》2018 年第 6 期。

形成机制没有建立，同种资源不同企业的销售价格存在很大差异，而且关联企业之间进行买卖，价格一般都明显要低于市场价格，很难确定征税的计税价格；另一方面，原矿与精矿折算比率确定困难，资源税改革后，征税对象由原矿扩展到了精矿，这就导致当某种矿确定以精矿为计税依据而企业生产的是原矿时，就需要确定一个原矿与精矿的换算比率，但不同地区间资源差异很大，很难确定一个标准换算比率，并且确定比率时需要对当地主要企业进行调研和获取相关数据，工作量和难度都相对较大，同时这一比率也具有时效性，随着经营环境的变化，例如生产成本、开产难度等的变化，换算的比率也需要及时的更新调整。

（三）资源型地区资源税增长潜力大与增长乏力矛盾突出

1. 资源税比重逐渐提高，征收潜力巨大

根据山西省、内蒙古自治区、新疆维吾尔自治区三个有代表性的资源型地区的数据统计，2010 年新疆维吾尔自治区实施资源税改革试点，主要对石油和天然气两类资源进行从价计征，当年新疆维吾尔自治区的资源税收入达到 32.4683 亿元，较 2009 年增长了 164.41%。2015 年，山西省推行煤炭资源税改革，对煤炭资源税实行从价征收，2015 年山西省资源税收入达 143.1805 亿元，较 2014 年增长了 143.10%，可以预见，随着资源税全面从价计征改革逐步深入和征税范围的进一步扩大，这一税种的征收还有很大的预期增长空间。而且对比表 5 -7 和表 5 -8，我们可以看出资源税在资源型地区税收收入所占的比重要远远大于全国平均水平，这也就体现出了该税种对于资源型地区地方税收体系建设的重要性，以及对于资源型经济转型的重要性。在当前营改增之后出现的地方税收来源减少，地方政府财力得不到保障的背景下，将资源税作为资源型地区地方重要税种来培育，将促使资源型地区的在资源方面优势切实地转化为经济优势。

表 5 – 7 三个主要资源型地区资源税收入及占全省税收总收入比重变化

年份	山西省		内蒙古自治区		新疆维吾尔自治区	
	资源税收入/万元	占税收总收入比重/%	资源税收入/万元	占税收总收入比重/%	资源税收入/万元	占税收总收入比重/%
2009	300, 528	2. 15	275, 458	2. 33	122, 793	1. 55
2010	326, 521	2. 00	368, 177	2. 37	324, 683	2. 97
2011	387, 628	1. 91	568, 115	2. 84	650, 091	4. 56
2012	437, 820	1. 89	681, 047	3. 07	693, 510	4. 16
2013	516, 502	2. 28	706, 427	3. 09	717, 381	4. 04
2014	588, 968	2. 80	726, 956	3. 50	781, 708	4. 12
2015	1, 431, 805	7. 68	1, 053, 010	4. 86	663, 628	3. 70
2016	1, 404, 505	7. 80	1, 181, 562	5. 35	526, 255	2. 85

资料来源：本表数据根据中国税务年鉴整理而得。

表 5 – 8 全国资源税收入及其占全国税收收入的比重变化

年份	2009	2010	2011	2012	2013	2014	2015	2016
全国资源税收入/万元	3, 382, 165	4, 175, 472	5, 988, 255	9, 042, 289	10, 055, 235	10, 836, 627	10, 349, 489	9, 508, 059
占全国税收收入的比重/%	0. 54	0. 54	0. 63	0. 82	0. 84	0. 84	0. 76	0. 68

资料来源：本表数据根据中国税务年鉴整理而得。

2. 资源税收的持续增加乏力

从表 5 – 7 的数据我们可以看出虽然新疆维吾尔自治区的资源税征收在 2011 年较 2010 年有很大的提升，但是 2012 年之后总量增长缓慢，占比逐步下降，并且在 2015 年出现了总量和占比双下降，在 2016 年呈现持续下降的趋势。由于从价计征后，资源价格成为影响资源税的主要因素，近几年，世界经济增长乏力，国际原油价格的波动等原因导致了以石油天然气等资源作为主要资源税收入来源的新疆维吾尔自治区在资源税方面收入波动，并且逐渐下降。还有就是受保护环境，实现可持续发展，推动企业转型升级等政策性因素的影响，一些小企业被迫关停整改，进而影响了资源税的征收。

资源税作为资源型地区财政收入的主要来源之一，对资源型经济转型的作用十分重要。所以保障资源型地区资源税收入的稳定增长，避免出现剧烈的波动显得尤为重要。

三、环境保护税法律制度对资源型经济转型的影响

环境保护税，又称生态税、绿色税，其概念有广义和狭义之分：狭义的环保税通常专指单一的污染税，以向环境排放污染物的单位和个人的污染行为为征税对象的独立税种。广义的环保税是指为实现特定的环境保护目标、筹集环境保护资金而征收的，具有调节与环境污染、资源利用行为相关的，各种税及相关税收等特别措施的总称；其外延相当广泛，前述的污染税当然属于环保税的外延范畴，甚至增值税、城乡维护建设税、资源税、消费税、所得税等各类税收中体现或者蕴含环保税法律内涵的规范条款也都属于环保税。[①] 研究我国环保税的相关规定需要追溯至排污费时代。自改革开放以来，我国经济发展取得了举世瞩目的成就，但同时也带来了严重的环境问题。为缓解经济发展与环境保护之间的矛盾冲突，我国自 1982 年 7 月起开始征收排污费，于 1988 年 9 月设立污染源治理专项资金。后于 2003 年 1 月 2 日颁布《排污费征收使用管理条例》，并在 2014～2015 年期间，对全国各地的排污费征收标准进行了上调。但由于国家环境治理任务的日趋加重，以及制度本身存在缺陷，征收排污费已无法适应时代的发展。自党的十八届三中全会明确提出“落实税收法定原则”以来，全国人大常委会不断加快立法步伐，审

① 参见孙巍、刘畅：《我国环境税税收政策问题研究》，载《北方经贸》2015 年第 3 期。

议通过了《环境保护税法》。并且，为了保证法律的顺利实施，于2017年12月配套出台了《环境保护税法实施条例》，该法规中明确指出，《排污费征收使用管理条例》自《环境保护税法》实施之日起同时废止。根据相关法律规定，我国将环境保护税定义为：对生产经营者直接向环境排放大气污染物、水污染物、固体废物和噪声等应税污染物的行为征收的税种。现阶段我国经济进入转型发展时期，国家推进生态文明建设需要利用环保税这一绿色税种来发挥经济杠杆的调节作用，但目前环境保护税法律制度的相关税率设计、收入用途以及优惠政策等方面还不够完善，我们应着力解决制度中存在的问题，努力建设资源节约型和环境友好型社会，实现“绿水青山就是金山银山”的战略发展目标。

（一）环境保护税征收力度较小对资源型经济转型作用有限

1. “费改税”基本平移，环境保护税税率偏低

从大气和水污染的征收来看，由环保税法可知，国家规定应税大气污染物和水污染物的税率标准，并且将大气和水污染物的适用税额标准的制定权限赋予了地方政府，允许其根据各地经济状况在法律规定的范围内予以调整，如表5－9所示，各省份陆续制定和出台了关于应税大气污染物和水污染物环保税额标准。①

表5－9　全国省份环保税额标准统计表

序号	地区	大气污染物（元/污染当量）	水污染物（元/污染当量）	税负变化
1	北京	12	14	提标
2	天津	氮氧化物8；二氧化硫烟尘一般性粉尘6；其他1.2	COD氨氮7.5；其他1.4	平移

① 参见《环境保护税法》第6条。

续表

<table>
<tr><th>序号</th><th>地区</th><th>大气污染物（元/污染当量）</th><th>水污染物（元/污染当量）</th><th>税负变化</th></tr>
<tr><td rowspan="4">3</td><td rowspan="4">河北</td><td>按区域分档：</td><td>按区域分档：</td><td rowspan="4">提标</td></tr>
<tr><td>一档：主要污染物 9.6；
其他污染物 4.8</td><td>一档：主要污染物 11.2；
其他污染物 5.6</td></tr>
<tr><td>二档：主要污染物 6；
次要污染物 4.8</td><td>二档：主要污染物 7；
次要污染物 5.6</td></tr>
<tr><td>三档：4.8</td><td>三档：5.6</td></tr>
<tr><td>4</td><td>山西</td><td>1.8</td><td>2.1</td><td>提标</td></tr>
<tr><td>5</td><td>内蒙古</td><td>1.2</td><td>1.4</td><td>平移</td></tr>
<tr><td>6</td><td>辽宁</td><td>1.2</td><td>1.4</td><td>平移</td></tr>
<tr><td>7</td><td>吉林</td><td>1.2</td><td>1.4</td><td>平移</td></tr>
<tr><td>8</td><td>黑龙江</td><td>1.2</td><td>1.4</td><td>平移</td></tr>
<tr><td>9</td><td>上海</td><td>二氧化硫 7.6；
氮氧化物 8.55；其他 1.2</td><td>COD5；氨氮 4.8；
其他 1.4</td><td>平移</td></tr>
<tr><td>10</td><td>江苏</td><td>南京市 8.4；
无锡常州苏州镇江 6；其他市 4.8</td><td>南京市 8.4；无锡常州
苏州镇江 7；其他市 5.6</td><td>提标</td></tr>
<tr><td>11</td><td>浙江</td><td>1.2；四项重金属污染物 1.8</td><td>1.4；五项重金属污染物 1.8</td><td>平移</td></tr>
<tr><td>12</td><td>安徽</td><td>1.2</td><td>1.4</td><td>平移</td></tr>
<tr><td>13</td><td>福建</td><td>1.2</td><td>五项重金属、COD、
氨氮 1.5；其他 1.4</td><td>平移</td></tr>
<tr><td>14</td><td>江西</td><td>12</td><td>1.4</td><td>平移</td></tr>
<tr><td>15</td><td>山东</td><td>二氧化硫、氮氧化物 6；其他 1.2</td><td>COD、氨氧、
五项重金属 3；其他 1.4</td><td>提标</td></tr>
<tr><td>16</td><td>河南</td><td>4.8</td><td>5.6</td><td>提标</td></tr>
<tr><td>17</td><td>湖北</td><td>二氧化硫、氮氧化物 2.4；
其他 1.2</td><td>COD、氨氧、总磷、
五项重金属 3；其他 1.4</td><td>平移</td></tr>
</table>

续表

序号	地区	大气污染物（元/污染当量）	水污染物（元/污染当量）	税负变化
18	湖南	2.4	3	提标
19	广东	1.8	2.8	平移
20	广西	1.8	2.8	提标
21	海南	2.4	2.8	提标
22	重庆	3.5	3	提标
23	四川	3.9	2.8	提标
24	贵州	2.4	2.8	提标
25	云南	2018 年：1.2	2018 年：1.4	平移
		2019 年起：2.8	2019 年起：3.5	
26	西藏	1.2	1.4	平移
27	陕西	1.2	1.4	平移
28	甘肃	1.2	1.4	平移
29	青海	1.2	1.4	平移
30	宁夏	1.2	1.4	平移
31	新疆	1.2	1.4	平移

根据2014年国家发改委、财政部和环保部《关于调整排污费征收标准等有关问题的通知》的相关规定，2015年年底，各省、市、自治区已经将大气污染物中的二氧化硫、氮氧化物排污费征收标准由过去的每污染当量0.6元调整为1.2元，水污染物中化学需氧量、氨氮、五项主要重金属排污费征收标准由每污染当量0.7元调整为1.4元。[①] 由表5－9可知，全国31个省、市地区当前税率大部分是由2015年调整后的排污标准平移而来，超一半的省、市地区费改税后，大气和水污染征收负担没有明显增加，均属“平移”情

① 国家发改委、财政部和环保部《关于调整排污费征收标准等有关问题的通知》（发改价格〔2014〕2008号。

况；即便是高税率地区，也是在 2015 年国家调整排污费征收标准时，全国 31 个省、自治区、直辖市已经有 7 个调整后的标准高于规定的最低标准，[①]如北京市调高后的排污费收费标准是最低标准的 8 ~ 9 倍，所以环保税开征后，即便是适用高于原排污费标准 9 倍的环保税率，北京市的征收也基本与原征收标准持平。[②]实质上，因为考虑到企业负担、经济实际等方面的原因，我国过去施行的排污费收费标准严重偏低，迟迟未能调高收费标准，自 2015 年才有所缓解。又因出于保证环保税法平稳运行的目的，大部分地区基本以过去排污费的征收标准，制定环保税税率，仅在 2015 年的基础上略作调整，税费基本平移。根据有关学者的实证分析中，针对环境保护税最优税率的探讨，照目前施行的税额标准分析，我国大部分地区实际处于最低标准，或者在最低标准的基础上小幅度调高，距离最优税率水平还相差甚远。[③]因此，按照我国现有的环保税率进行征收，将很难实现“污染者付税”的原则，企业治污功效将会大打折扣，通过开征环保税来倒逼企业治污的目标也很难实现，总之，不利于国家和地区通过环保税遏制企业排污，且对企业的束缚力不强，不利于产业结构的调整和经济的转型发展。

从固体废弃物及危险废物来看，环保税法的规定同样是依据“税费平移”的原则，大体与排污收费标准相一致，对固体废弃物及危险废物征税标准也是按照项目划分，一对一地采用各自不同的税率（见表 5 – 10）。从表中分析可知，固体废物费改税后，环保税在“粉煤灰”这一项目的征收中每当量减少了 5 元，其余均未发生变化，也即意味着固体废弃物的征收标准相较排污费时代有所降低。这样的做法固然有利于费改税的平稳过渡，但是由于

---

① 《关于调整排污费征收标准等有关问题的通知》中规定前文所述最低标准，各省调整差异明显，7 个省、直辖市调整后的收费标准高于最低标准：北京市调整后的征收标准为最低标准的 8 ~ 9 倍，天津市为 5 ~ 7 倍，上海市为 3 ~ 6.5 倍，江苏省为 3 ~ 4 倍，河北省为 2 ~ 5 倍，山东省为 2.5 ~ 5 倍，湖北省为 1 ~ 2 倍。

② 郑海东、徐梅：《环境保护税的税收要素解析及完善建议》，国家自然科学基金项目（项目编号：71172080）；山东省社会科学基金规划项目（项目编号：16CGLJ41）；山东省自然科学基金项目（项目编号：ZR2017MG024）。

③ 实证方法来自唐明：《最优税率视阈下环境保护税以税治污功效分析——基于环境保护税开征实践的测算》，载《财贸研究》2018 年第 8 期。

排污费征收标准本就偏低，难以有效补偿固体废弃物的污染排放带来的社会伤害。资源型地区长期以来，经历着长时间、大规模、高强度、粗放式的煤炭开采和能源开发，更容易造成固体废物的污染，为此付出了巨大的资源环境代价。滞后的征收标准已经无法适应资源转型发展的要求，目前的环保税率平移旧有的排污费收费标准，形式上实现了费改税，实则“换汤不换药”，无法落实污染者付税的原则，不利于经济发展与环境保护相协调。

表5－10 固体废弃物及危险废物费改税征税标准对比 单位：元/吨

项目	煤矸石	尾矿	危险废物	冶炼渣	粉煤灰	炉渣	其他固体废物
排污收费标准	5	15	1000	25	30	25	25
环境保护税征税标准	5	15	1000	25	25	25	25

综上所述，环保税的设置基本按照排污“费改税”的基本思路，对税收的征收对象与税负水平基本平移。环保税立法中的税目税额，与前文所述《关于调整排污费征收标准等有关问题的通知》中所规定的如出一辙；《排污费征收标准管理办法》列明的污染物当量值表，与开征环保税后的应税污染物以及当量值表等项目，也是完全相同，所以说，《环境保护税法》大体上是对《排污费征收使用管理条例》的“费改税”平移。① 如此一来，这样的制度设置导致我国环保税率水平偏低，不利于充分发挥环保税对资源型经济转型的促进作用，限制其发展空间。据统计，我国近些年，全国用于节能减排的支出高达1.76万亿元，征收的排污费却远远难以弥补这一漏洞，环保资金入不敷出，存在很大缺口。可以预见的是，我国未来环保税的征收规模，也远远不敌财政预算安排的环保支出规模，这是必然的发展趋势。② 排污费征收标准远低于污染治理成本，平移后的环保税对节能减排、促进转型升级的作用也会相应大打折扣。例如，针对我国的火力发电企业来讲，若该行业

① 国家发展计划委员会、财政部、国家环境保护总局、国家经济贸易委员会第31号令。

② 参见陈斌、邓力平：《对我国环境保护税立法的五点认识》，载《税务研究》2016年第9期。

为实现减轻税负的目标，估算的环保支出须为：脱硫成本约 2 元/千克，脱硝成本约 5 元/千克，但是目前施行的环保税率仅为 1.26 元/千克，成本对比之下，火力发电企业宁愿直接缴纳税款，也不愿主动治理污染，这显然有悖于《环境保护税法》的立法初衷。① 名义上，我国开征了全新的环境保护税，但是与此同时企业也无须再另行缴纳排污费，加上"税费平移"的改革模式，企业的总体税负较之前未发生较大变化，征收环保税后实际向国家缴纳的资金没有显著增加，因此，新开征的环保税对于企业的负担影响较小。平移的税率，不符合现今经济的发展趋势，不利于企业的节能减排与产业升级，难以实现保护环境以及改善生态的目标。

2. 税率偏低，不足以助力经济转型升级

环保税的开征是我国生态文明建设的重大制度创新，对于构建新时代中国特色社会主义环境经济制度具有重要意义。从我国环境政策的发展沿革看，环保税是一种良性善治的税收制度；从地区经济转型来讲，环保税有利于促进企业节能减排，助力转型发展。环境保护税具有两项基本功能：一是收入功能，二是调节功能。但是当前施行的环保税率较低，不利于发挥其基本功能，对促进资源型经济转型作用有限。

从国家财政部统计的数据看，2018 年 1 ~ 6 月统计全国一般公共预算收入 104,331 亿元，较去年同期增长 10.6%，具体分类见表 5 - 11 统计数据，其中税收收入占据比重较大，主要项目收入如表 5 - 12 所示。

表 5 - 11　国家财政部对 2018 年上半年的财政核算

项目	分类	收入/亿元	趋势/%
全国一般	中央一般公共预算收入	49,890	增长 13.7
公共预算	地方一般公共预算收入	54,441	增长 8
收入	税收收入	91,629	增长 14.4
	非税收入	12,702	下降 10.8

数据来源：国家财政部 2018 年 1 ~ 6 月财政预算统计。②

① 参见罗申佳：《我国环境保护税法实施中的相关问题及对策研究》，载《纳税》2018 年第 30 期。

② 载 http://www.mof.gov.cn/index.htm；最后访问日期：2019 年 10 月 12 日。

根据统计结果可知，就收入功能而言，环境保护税作为2018年新开征的税种，其税收收入占国家总税收收入的比重较小。根据之前测算，预估环境保护税收入为每年456.55亿元，占全国总税收的4%，低于经济合作与发展组织统计的比重，OECD国家环境保护税收入占税收总收入比重的平均值7%。2018年上半年实征的环保税税额比之预测收入尚有很大距离，更遑论与其他税种相比，其对经济发展和财政收入增加的影响十分有限。根据近期环保税务部门的调研测算，从大部分省份统计数据看，环保税的缴纳占各省份企业的比重很低，通常在1%以下，因此开征环保税对于促进企业发挥技术创新、减少污染物排放等的激励作用不明显。① 资源型地区多依赖于开采煤炭的工业发展，并形成以焦化、煤化工业等能源、原材料为主的经济结构，造成地区资源与环境出现严重问题。环境污染治理、企业技术改造与引导新产业开发都需资金支持，环境保护税作为整治环境污染、促进转型的新财源，本应发挥更大的积极作用，但照目前情形来看可能收效甚微。

表5-12 2018年国家1~6月财政预算统计

税种	收入/亿元	增长/%
国内增值税	33,600	16.60
企业所得税	23,928	12.80
个人所得税	8127	20.30
国内消费税	6869	17.40
进口货物增值税、消费税	8520	10.60
出口退税	7661	7.30
城市维护建设税	2542	16.20
车辆购置税	1807	16.40
印花税	1299	8.50
资源税	840	20.20
车船税船舶吨税烟叶税	459	5.20
环境保护税（新增）	46	—

数据来源：国家财政部。②

① 参见陈红彦：《环境保护税法征税范围之检视》，载《环境保护》2017年第8期。

② http://www.mof.gov.cn/index.htm；最后访问日期：2019年10月12日。

环保税在取得财政收入的同时，更重要的是作为一种惩罚性质的税收，对污染量越大的企业征收越多的税额，以此调节企业的生产行为，激励生产者以环保方式开展生产，并不断进行技术革新，减少其排污行为，促进产业结构的转型升级。转型地区多为资源型企业，污染物排放量巨大，地区环境问题突出，生态资源承载力已接近上限，企业生产与环境保护之间的关系越发紧张，亟需税收发挥其调控作用，但当前环保税率的征收标准偏低，难以调和地区经济发展与环境保护之间的矛盾。环保税本质上是一种约束企业排污行为的纠正性税收，在增加财政收入的同时，更是想通过征收环保税，最终实现“以税治污”的立法效果。[①] 而当前超过一半以上地区施行的环保税率征收标准偏低，企业排污付出的经济代价不大，对企业束缚力十分有限，不利于发挥环保税对市场主体减少排污行为的引导作用，不利于实现经济增长与环境优化的协调，不利于地区经济转型升级。

（二）费改税后环境保护税收入用途不明晰

众所周知，税收不仅是政府获得财政收入的重要来源之一，更是现代国家不可或缺的经济调节手段之一，其发挥的调节作用不容小觑：一是税收征收活动本身对经济社会发展的调节作用；二是税收收入的使用对经济社会发展的调节作用。[②] 环境保护税作为我国一项新税种，其影响主要包括：一方面，开征环境保护税的主要目的是针对纳税人，一般指企业，通过立法增加其税收负担，规制该纳税人的生产经营活动及排污行为，达到企业良性发展与实现环境保护的双重目标；另一方面，开征环境保护税之后，假设能够实现100%的征收，环境保护税的税收收入将达到约456.55亿元人民币，该税收收入只有使用得当才能在推进生态文明建设与经济发展之间实现良性循环，产生积极的调节作用。然而从我国当前实际看，从《环境保护法》

---

① 参见唐明：《最优税率视阈下环境保护税以税治污功效分析——基于环境保护税开征实践的测算》，载《财贸研究》2018年第8期。

② 参见刘佳奇：《环境保护税收入用途的法治之辩》，本书系2015年国家社会科学基金重大项目“长江流域立法研究”（项目编号：15ZDB177）的阶段性研究成果。

到《环境保护税法实施条例》，不管是由全国人大常委会制定，还是由全国人大常委会授权国务院制定，目前环保税收的相关立法规定的关注点均在于“向谁收”“收多少”“怎么收”等税款征收问题，而关于税款“给谁用”“怎么用”等预算问题，不仅在该税法中并未明确规定，甚至在整个税收收入分配及税收收入使用领域，均无相关法律规定。① 国务院印发《关于环境保护税收入归属问题的通知》（国发〔2017〕56 号），规定于 2017 年年底起，将环境保护税全部明确作为地方收入。② 该通知具有明显的政策指向性，国家鼓励地方积极征缴环境保护税，但是没有对环保税收入如何使用有另行规定。对于环保税收入用途的法律空白，结合相关法律法规我们认为，如此的立法留白实则暗含一种立法态度：根据《预算法》第 27 条规定适用既有的法律体系。③ 显然，环保税收入属于税收收入的一种，依法应当纳入一般公共预算。由于相关法律文件均未就如何使用该税收入的问题作出特别规定，相关立法制度上的不明确，极易在实践中造成问题，给污染严重亟需环境税法规制的资源型地区带来不良影响，不利于该地区转型升级。具体而言：

1. 环保税收入统筹使用不利于实现转型地区环境污染的社会矫正

从我国《环境保护税法》第 2 条、第 3 条的规定可知，④ 我国所设立的环境保护税，在性质上属于排污税或称为污染税，即针对排污行为或污染物课征的税种。开征环境保护税的目的在于通过给污染者和破坏者必要的税收负担，弥补国家污染治理与环境损害修复成本，引导企业的生产经营行为，

---

① 参见吴凌畅：《财税法视野下环境保护税法的意义及其局限性》，载《地方财政研究》2017 年第 2 期。

② 国务院印发《关于环境保护税收入归属问题的通知》（国发〔2017〕56 号）。

③ 《预算法》第 27 条第 1 款规定：“一般公共预算收入包括各项税收收入、行政事业性收费收入、国有资源（资产）有偿使用收入、转移性收入和其他收入。”

④ 《环境保护税法》第 2 条规定：“在中华人民共和国领域和中华人民共和国管辖的其他海域，直接向环境排放应税污染物的企业事业单位和其他生产经营者为环境保护税的纳税人，应当按照本法规定缴纳环境保护税。”第 3 条规定：“本法所称应税污染物是指本法所附《环境保护税税目税额表》《应税污染物和当量值表》规定的大气污染物、水污染物、固体污染物和噪声。”

实现环保税的社会矫正功能。经济改革初期，出于国家生产发展的需要考虑，国家对能源资源开采及初加工产业的政策鼓励扶持，造成资源型转型地区长期存在经济发展方式结构单一的问题，导致环境问题、污染问题日趋严重，急需通过强制性的外部矫正措施，扭转“企业赚钱污染环境，政府出资治理环境”的不利局面，充分践行“污染者付税”的原则，[①] 以税收的强制性、规范性以及政策诱导性，迫使污染型企业采取更清洁的生产技术，或者转变发展方向来谋求后续发展，倒逼企业转型升级。但是如果将环境保护税收入直接纳入预算，统筹使用，不明确将环保税收入与其他税收收入在目的和用途上加以区别，我们将无从得知污染者缴纳的税款是否真正用于治理环境污染，或者在多大程度上起到环境保护税的社会矫正作用。目前我国地区间经济与社会发展水平依旧差距明显，部分政府财政支出明显增多，但是财政收入却呈现下滑趋势，在这样严峻的挑战下，环保税收入若直接纳入统筹管理，被挪用的风险会大大增强。环保税收入若被挪作他用，对环境污染的矫正功能将落为一纸空谈，对于污染问题严重的资源型地区更是一大打击。[②]

2. 环保税收入统筹使用不利于保障转型地区环保资金的投入

征收环境保护税的立法目的之一在于保护环境。环境保护税收的专款专用，有利于进一步促进环境保护税立法宗旨的实现。环境污染由征收排污费改为征收环境保护税，可凭借税收的强制性与权威性，减少人为的不良因素，保障环境污染治理资金的足额征收，以便后续投入该项资金用于治理污染，促进环境的永续发展。倘若一旦将环保税的税收收入不加区分的纳入公共预算，将很难做到环保资金的有效利用，难以实现立法初衷。相较于全国其他地区，资源型地区因数十年不合理的开采、使用资源，依赖资源促进经济发展，造成比其他地区更为严重的环境问题与发展问题，

---

① 参见吕忠梅主编：《环境法导论》（第 3 版），北京大学出版社 2015 年版，第 58 页。

② 参见刘佳奇：《环境保护税收入用途的法治之辩》，本书系 2015 年国家社会科学基金重大项目“长江流域立法研究”（项目编号：15ZDB177）的阶段性研究成果。

转型升级面临更大的环保资金缺口，更需要以立法的形式确立专项的税收用途，保证环保资金的投入。如果环保税收入难以专款专用于环境治理及后续经济建设，将不利于地区经济的发展与产业的转型升级。更甚者，环保税收入的统筹使用，极有可能会刺激财政收入状况不佳的政府假借“严格征税”之机，不当地增加地方财政收入。有话曾言“税收是喂养政府的奶娘”。[①] 资源型地区的财力落后于东部沿海各地是不争的事实，如果不对环保税收入的用途进行区分，将其同一般税收一样纳入统筹管理，很有可能使得地方政府利用法律漏洞，将环保税收入不合理地作为地方财政收入的新增长点，从而放松地区相关的环境管制，出现“以污谋利，该关闭的不关闭，该全收的不全收”的不利局面；甚至地方政府为了更多的创收，造成“放水养鱼，事前不制止，事中不采取措施，秋后忙收钱”的困境，[②] 造成对企业排污的反向激励，更加不利于地区引导企业向清洁型、技术型的方向转型发展，与立法初衷背道而驰。

（三）环境保护税税收激励措施存在不合理之处

目前《环境保护税法》的税收激励措施主要以税收优惠为主，通过给予特定纳税人，主要是企业以特定的纳税利益，引导企业生产经营行为，减轻环境污染和生态破坏，积极改进生产技术，进行技术创新，促进企业节能减排、提高环境保护的效益。但现行环保税激励措施不完善，税收优惠内容较少，形式相对单一，缺乏一定的针对性和灵活性，对资源型经济转型发展存在多方面的制约。

1. 正向激励措施不合理：减征标准过高，不利于转型升级

根据《环境保护税法》第12条、第13条的规定，税收优惠政策的范围与内容主要规定为以下两档：

---

① 张曼、屠梅曾：《当前中国引入环境保护税问题的分析》，载《中国环境管理》2003年第4期。

② 参见罗瑞明：《排污费本该用于治污》，载《甘肃日报》2014年9月10日，第3版。

表 5－13 我国环境保护税税收优惠措施

免征	a. 农业生产
	b. 机动车、铁路机车、非道路移动机械、船舶和航空器等
	c. 依法设立的城乡污水集中处理、生活垃圾集中处理场所
	d. 纳税人综合利用的固体废物，符合国家和地方环境保护标准的
减征	低于国家和地方规定的污染物排放标准 30% 的，减按 75% 征收；低于 50% 的，减按 50% 征收

从技术与经济的角度来看，环境保护税法所规定的减征标准，在适用时缺乏实际的操作性。根据相关测算，企业如果要达成节能减排的环保目标，将污染物排放浓度值指标根据税法标准降低到国家或者地方规定的 50% 甚至更高要求，大部分企业要实际付出的经济成本会远远高于其理论上应该正常缴纳的环保税额，如此方可适用“减半征收”,① 若适用低于国家或者地方标准规定的污染物排放标准的 30%，更是难上加难。这样一来，该优惠条款很有可能在操作中成为僵尸条款，缺乏操作性。各地的污染状况与该地区的环境治理水平、经济发展情况密不可分，单一仅通过排放标准来适用税收优惠，极易造成“一刀切”的地区困境，就企业自身成本效益分析来看，投入与产出不合算，打击污染严重的企业享受税收优惠的积极性，多数企业便会放弃进一步治理污染、减少排放的努力,② 造成企业的怠惰守旧，这些都大大削弱了环境保护税的调控力度，不利于环境保护和污染企业的转型升级。理论上讲，税收优惠政策作为国家经济良性发展的工具之一，有利于敦促国家通过制定倾斜性法律政策等措施，利用税收杠杆的调节功能，发挥环保税的引导作用。目前税收优惠的不合理，不利于发挥企业治污减排的能动性，特别对于资源型地区的高污染高能耗企业来讲，不利于将其向环境创新的方向引

① 郑海东、徐梅：《环境保护税的税收要素解析及完善建议》，国家自然科学基金项目（项目编号：71172080）；山东省社会科学基金规划项目（项目编号：16CGLJ41）；山东省自然科学基金项目（项目编号：ZR2017MG024）。

② 参见贺震：《环境保护税立法应解决好三大问题》，载《中国环境监管》2016 年第 10 期。

导，阻碍企业的科技创新，不利于引导产业的升级和“绿化”。这样既无法达到税收优惠的最初目标，也难以起到促进经济转型和产业结构优化升级的作用。

2. 反向激励措施缺乏：对于部分污染企业的惩罚性加征规定缺失

免征减征的税收优惠规定，是针对污染企业作出的正向确定性指引，其目的是给予企业一定的税收优惠，积极引导企业治污减排，实现环境保护的最终目标。但是，如果缺乏反向的税收约束措施，没有责任条款相配合，正向的税收优惠措施也难以有效发挥其全部作用。从立法的技术性与对称性的角度讲，“否定性评价”的缺失也不利于保证立法体系的完善。环保税法中规定了对达标排放企业的税收优惠，却并没有对超标排放企业加重其环保税负的相关规定。缺乏惩罚性计征这一重要部分，不利于发挥立法约束力和对严重污染企业实现惩戒，环保税将很难实现其立法效果。资源型地区长期依赖矿产资源形成的产业结构，多为煤炭焦化厂、冶炼厂以及发电厂等高污染高能耗企业，带来了诸如水资源损耗、生态环境破坏严重、采矿区塌陷以及煤炭资源枯竭等一系列巨大的环境问题，缺乏惩罚性加征的反向激励措施，将不能遏制转型地区污染企业超标、超总量排放的行为，不利于该地区产业结构的优化调整，难以达到运用经济手段和税收手段促进转型升级的目标。

四、企业所得税优惠制度对资源型经济转型的影响

我国企业所得税法律制度从改革开放以来经历了以下三个发展阶段：第一阶段，1993 年制定的《企业所得税暂行条例》使私有企业、国有企业以及集体企业等内资企业的企业所得税实现了统一，受统一的企业所得税制度调整。第二阶段，2007 年通过的《企业所得税法》，是我国的企业所得税制度法制化的标志，是我国财税制度实现税收法定重要体现。第三阶段，2017 年我国通过了《企业所得税法》修正案，利用税收杠杆促进社会公益事业发

展。在结构性减税的背景下，我国陆续推出一系列定向减税和精准调控的所得税政策，旨在促进大众创业、万众创新、小微企业发展和供给侧结构性改革。我国企业所得税法律制度主要通过税收优惠制度对资源性经济转型发挥激励作用。[①]《企业所得税法》中的税收优惠政策总体来说，实行“产业优惠为主、区域优惠为辅”的新税收优惠体系，对资源型经济转型的影响主要体现在：促进技术创新和科技进步、鼓励基础设施建设、鼓励农业发展及环境保护与节能、支持安全生产、促进公益事业和照顾弱势群体等方面。但现行所得税优惠政策对资源型地区经济转型发展也存在多方面制约。[②]

（一）对资源综合利用和循环经济发展的影响

资源综合利用是指在矿产资源开采过程中对共生、伴生矿进行综合开发与合理利用；对生产过程中产生的废渣、废水（液）、废气、余热、余压等进行回收和合理利用；对社会生产和消费过程中产生的各种废旧物资进行回收和再生利用。[③] 资源综合利用与循环经济是实现资源优化配置和可持续发展的重要途径，是资源型经济转型的方向中“促进循环经济发展”的主要内容，对实现“保障资源供给”“改善生态环境”等资源型经济转型的目标具有重大意义，利用企业所得税优惠制度激励循环经济发展是财税法与资源型经济转型正关联的具体体现。我国企业所得税法律制度针对资源综合利用与循环经济设计了一系列的税收优惠，但是现有的税收优惠制度在资源型地区适用时存在技术标准滞后、评价标准过高的问题，制约了转型地区资源综合利用和循环经济的发展。

1. 资源综合利用与循环经济发展税收优惠政策的滞后性显著

《企业所得税法》第 4 章明确规定了促进环保事业发展的企业可以享受

---

① 参见邓勇、王海勇：《中国所得税制改革四十年：回顾和展望》，载《税务研究》2018 年第 10 期。

② 参见许建业：《山西资源型经济转型发展的企业所得税优惠政策研究》，载《山西高等学校社会科学学报》2012 年第 8 期。

③ 国务院批转国家经贸委等部门《关于进一步开展资源综合利用意见的通知》（国发〔1996〕36 号）。

所得税优惠政策，对于资源综合利用和循环经济发展的优惠范围主要集中在环境保护、节能节水项目、资源综合利用项目，优惠方式主要包括减、免企业所得税、设备投资抵免企业所得税，减计收入计算企业所得税等方式。主要规定如表5－14所示：

表5－14 资源化利用与循环经济的税收优惠法律、政策

优惠方式	法律、法规、规章	制定主体	制定时间	内容
减征免征	《企业所得税法》第27条第3项	全国人大	2007	从事符合条件的环境保护、节能节水项目的所得可以免征、减征企业所得税
	《企业所得税法实施条例》第88条	国务院	2007	项目的具体事项授权主管部门制订，报国务院批准。企业从事环境保护、节能节水项目的所得，享受“三免三减半的税收优惠”
	《环境保护节能节水项目企业所得税优惠目录（试行）》	财政部、发改委、国税总局	2009	适用条件：项目技术条件、企业主体的执业资格、注册资本、投资规模等
减计收入	《企业所得税法》第33条	全国人大	2007	企业综合利用资源取得的收入减计收入
	《实施条例》第99条第1款	国务院	2007	符合《资源综合利用企业所得税优惠目录》减按90%计入收入总额
	《资源综合利用企业所得税优惠目录》	财政部、发改委、税务总局	2008	资源综合利用的具体条件：资源种类、产品种类、技术标准

续表

优惠方式	法律、法规、规章	制定主体	制定时间	内容
税额抵免	《企业所得税法》第34条	全国人大	2007	购置环保节能专用设备的投资额，可以按一定比例实行税额抵免
	《企业所得税法实施条例》第100条第1款	国务院	2007	专用设备的投资额的10%可以从企业当年的应纳税额中抵免；当年不足抵免的，可以在以后5个纳税年度结转抵免
	《环境保护专用设备企业所得税 优惠目录》	财政部、发改委、税务总局	2017	环保设备名称、性能参数、应用领域
	《节能节水专用设备企业所得税 优惠目录》	财政部、发改委、税务总局	2017	节能节水设备名称、性能参数、应用领域
	《关于垃圾填埋沼气发电列入〈环境保护、节能节水项目企业所得税优惠目录（试行）〉的通知》	财政部、税务总局	2016	将垃圾填埋沼气发电项目列入《环境保护节能节水项目企业所得税优惠目录》规定的“沼气综合开发利用”范围

从企业所得税税收优惠制度的形式上来看，税收优惠制度主要体现在表5－14，该表显示了我国目前资源化利用与循环经济的税收优惠以法律、法规、规章的形式予以规范，由《企业所得税法》对优惠形式进行概括性的规范，由法规对优惠程度具体规范，由部门规章对优惠的范围以及条件进行细化。这种法律与法规、规章结合的形式可以发挥法律的稳定性与规章的灵活性的优势，弥补法律的稳定性与滞后性的矛盾，既符合税收法定，又能适应调整对象的变化，增强制度的实效性。

从企业所得税税收优惠制度的内容来看，表5－14中可以看出，以减征免征方式进行优惠的环保、节水节能项目以及以减计收入进行优惠的综合利用资源目录均由2007年制定的部门规章予以规定，该目录自2007年制定、2008年实施以来至今未进行任何调整。随着经济与科学技术的发展，《环境保护节能节水项目企业所得税优惠目录（试行）》以及《资源综合利用企业所得税优惠目录（2008）》（以下简称《企业所得税优惠目录（2008）》）作为部门规章，应当根据其调整对象的发展变化，适时作出相应的修改，从而发挥其灵活性，对《企业所得税》的滞后性进行弥补。但是，上述两个目录自公布之日起未进行过调整，目录中的税收优惠使用条件与当前经济、科技的发展不匹配，促进资源化利用与循环经济发展的税收优惠制度的滞后性显著，制约了转型地区资源综合利用和循环经济的发展，制约性主要体现在以下两方面：第一，从资源综合利用率的发展趋势上看，企业所得税税收优惠的促进作用不明显；第二，从优惠条件的适用性上看，优惠条件与资源型地区企业的技术水平不相符，对企业从事资源综合利用项目的激励作用无法发挥。例如，《企业所得税优惠目录（2008）》与《资源综合利用产品和劳务增值税优惠目录（2015）》（以下简称《增值税优惠目录（2015）》）相较，滞后性显著，在技术进步条件下，部分由工业废物经过提取、提炼、转化、处置等技术实现的综合利用项目未被列入到企业所得税优惠目录中，享受不到有关的税收优惠政策。以煤矸石发电为例，经过多年的技术改进，煤矸石发电水平显著提高。煤矸石电厂的锅炉由早期的鼓泡流化床锅炉、沸腾床锅炉发展到如今的循环流化床锅炉，锅炉的蒸发量由最初的每小时几十吨发展到现在的每小时千吨。早期煤矸石电厂的单机容量小，从1.5MW到6MW不等，如今单机容量300MW的煤矸石电厂已投入商业运营。我国煤矸石电厂不断向国产化、高参数、高效率、大容量发展，机组稳定性、可靠性、环保水平得到了极大加强，对保护矿区生态环境起到了重要作用。[①] 但是，在相关的增值税税收优惠方面，煤矸石发电被列入了《增值税优惠目录》，优惠条

① 参见张晶：《煤矸石发电发展趋势探讨》，载《煤炭工程》2014年第2期。

件为煤矸石燃料比重占60%以上；但在企业所得税优惠方面，《企业所得税优惠目录（2008）》中的优惠项目不包括煤矸石发电，即煤矸石发电未被纳入企业所得税优惠范围，不能享受相应的企业所得税税收优惠政策。

2. 资源综合利用所得税优惠的适用标准过高

促进资源综合利用与循环经济的税收优惠制度于2008年实施，本小节通过研究该《企业所得税优惠目录（2008）》实施前后工业固体废物的资源综合利用率的变化趋势，间接检验《企业所得税优惠目录》对资源综合利用量是否具有促进作用。图5-4显示，工业固体废物综合利用率虽然总体呈上升趋势，但是自《企业所得税优惠目录（2008）》实施以来，该优惠政策对我国资源综合利用促进作用不甚明显，并没有改变综合利用率的变化趋势，尤其是在资源性地区，资源综合利用率与全国平均水平相比较为落后，税收优惠政策的引导作用不甚理想，自2011年开始下降，之后虽有波动，但未达到2009年的水平（见表5-15）。

表5-15　工业固体废物综合利用率

年份	全国/%	内蒙古自治区/%	新疆维吾尔自治区/%
2016	59.54	45.87	48.53
2015	60.78	46.14	56.90
2014	62.75	57.17	55.63
2013	62.84	49.72	51.86
2012	61.53	45.09	51.55
2011	60.48	58.09	54.38
2010	67.14	56.26	47.96
2009	67.76	52.59	47.63
2008	64.95	49.35	47.95
2007	62.81	56.73	47.26
2006	61.11	44.67	47.50
2005	57.27	41.45	51.97

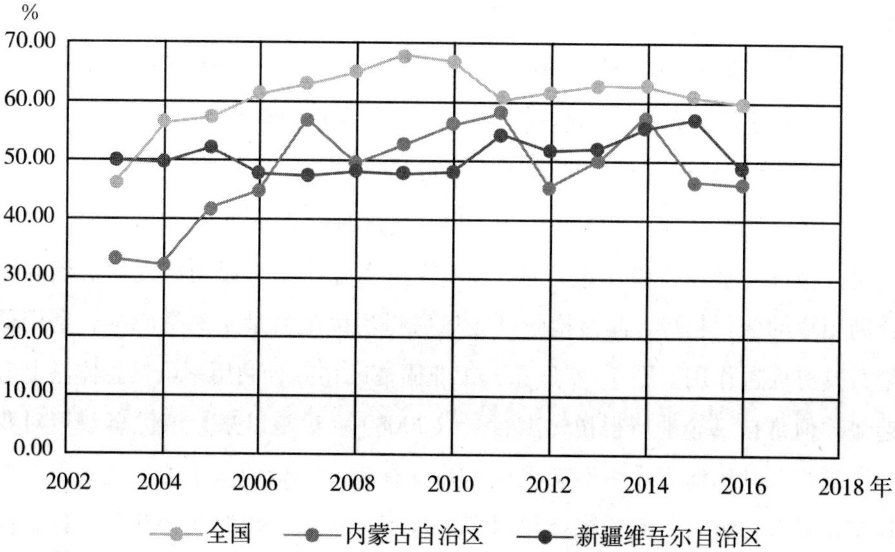

图 5－4 企业固体废物综合利用率

数据来源：根据 2006～2016 年《中国统计年鉴》，由课题组绘制。

表 5－16 资源综合利用所得税优惠政策适用条件

序号	条件	具体要求
1	纳税人登记注册类型	具有法人资格
2	企业所得税的征收方式	查账征收
3	核算方式	企业资源综合利用收入分开核算
4	技术标准	企业生产经营的产品符合国家产业政策、行业标准以及《资源综合利用企业所得税优惠目录》的技术标准
5	登记备案手续	企业办理有关税收减免的登记备案手续，备案资料主要有：有关部门出具的资源综合利用企业（项目、产品）认定证书；有关部门出具的检测报告（包括利用资源的名称、数量、占比）；各项产品销售收入核算明细表；《税收优惠事项备案报告表》；税务机关要求提供的其他材料

本书认为，税收优惠政策促进资源型地区资源综合利用和循环经济发展效果不甚明显的原因之一是适用的条件较高。根据《企业所得税法》第 33 条以

及《企业所得税法实施条例》第99条的规定，企业综合利用资源在满足表5－16中的5个条件时，计算应纳税所得额时可以减按90%计算收入总额。

根据表5－16中的适用条件，能够达到该标准的企业在资源型地区较少，现行所得税优惠政策在落实过程中起到的促进有限。具体来说，与《增值税优惠目录（2015）》相比，《企业所得税优惠目录（2008）》对资源综合利用此项目的技术标准要求较高，优惠力度小于增值税优惠。例如，在技术标准方面，若生产金属的原料90%来自废旧电池及其拆解物，即可享受增值税税后优惠；而原料95%以上来自废旧电池及其拆解物才可以享受企业所得税税收优惠；在优惠力度方面，《增值税优惠目录（2015）》给予废旧电池废物综合利用100%即征即退的税收优惠，而《企业所得税优惠目录（2008）》给予废旧电池废物综合利用减按90%计算所得额纳税。此外，对于煤矸石制砖而言，只要以煤矸石为原料，生产烧结空心砖符合技术标准，增值税可享受50%即征即退政策，没有原料比例的限制。但是，煤矸石制砖如要享受90%减计收入的企业所得税优惠政策，必须满足煤矸石使用比例超过70%的要求。①

（二）对现代农业产业化发展的影响

农业产业化发展是资源型经济转型的重要方面之一。现代农业产业化的重要途径是大力发展农产品加工业，以农产品为线索贯穿农业生产的各个环节，形成覆盖范围较广的农业产业链，从而打通第一产业、第二产业与第三产业，将农产品资源优势变为加工增值后的产品优势，促进资源型地区产业升级。②

企业所得税优惠政策与农业产业化的内在关联表现为农产品的公共性需要税收手段扶持，农产品加工业发展需要财政的基础性、公益性和服务性职能来保障。农业具有公共品的性质，是基本生活资料与生产资料的保障，具有较强的外部性。因此，现代农业需要公共财政扶持农产品加工业。农业产业结构的合理化就是优化农产品在产业间的配置和重组。税收杠杆是调节产

---

① 参见《煤矸石综合利用财税政策研究》，载煤炭网：http：//www.coal.com，最后访问日期：2018年11月1日。

② 参见徐海波：《我国财政扶持农产品加工业发展的研究》，湖南农业大学2008年硕士学位论文，第34页。

业结构的重要手段，通过差别税率、税收激励和优惠等措施，来调节资源合理配置、优化产业结构。我国现行的企业所得税制度中对现代农业产业化的激励机制主要体现在表 5－17 中。

表 5－17　农业产业企业所得税税收优惠制度

法律规范	主要内容
《企业所得税法》第 27 条第 1 项	从事农、林、牧、渔业项目的企业所得免征、减征企业所得税
《企业所得税法实施条例》第 86 条	对《企业所得税法》第 27 条免征、减征的范围做了具体的界定
财政部、国家税务总局《关于发布享受企业所得税优惠政策的农产品初加工范围（试行）的通知》（财税〔2008〕149 号）	
国家税务总局《关于实施农林牧渔业项目企业所得税优惠问题的公告》（国家税务总局公告 2011 年第 48 号）	
财政部、国家税务总局《关于享受企业所得税优惠的农产品初加工有关范围的补充通知》（财税〔2011〕26 号）	

由表 5－17 可以看出，企业所得税税收激励制度主要集中于农产品初加工阶段。《企业所得税法》及其实施条例规定企业从事农产品初加工的所得以及委托加工的加工费免征企业所得税。此外，一系列的规范性文件进一步明确享有农产品初加工享有的税收激励范围。分析表 5－17 可以看出，税收政策对于农业产业现代化发展的制约因素主要体现如下：

1. 税收优惠范围较窄

“资源型地区不是粮食大省，农业之长在特色，现行的税收政策与资源型地区利用特有的农产品资源禀赋，切实加快农业产业化，做大做强县域经济，走具有特色的现代农业发展之路是不完全适应的，农业产业化存在一条从种（养）植（殖）、收购、初加工、深加工直至营销的链条”。[①] 而关于农

① 许建业：《山西资源型经济转型发展的企业所得税优惠政策研究》，载《山西高等学校社会科学学报》2012 年第 8 期。

业产业化的企业所得税税收优惠政策：一方面，优惠政策主要集中于对初级农产品的优惠，没有贯穿特色农产品加工的整个环节，缺乏对整个现代农业产业链上的产品进行税收优惠，对促进农产品由初加工转向深加工的激励作用不强，不利于资源型地区延长产业链来以特色农业带动该区域的经济转型。另一方面，花卉、饮料与香料作物是目前前景较好的朝阳产业，是发展资源型地区农业产业现代化的重要路径，而该类型作物的培育、种植仅仅享有减半征收所得税，不像其他农业作物的种植养殖一样享有免征增值税的优惠政策，对该类型作物种植的激励作用与该类型朝阳产业的美好前景不相适应，不能满足现实发展的激励需求。

2. 优惠形式单一

先进的农产品生产设备以及农产品加工技术是农产品加工企业扩大生产规模的重要条件，是农业产业现代化的重要推动力。然而，我国促进农业产业现代化的税收优惠形式主要表现为税收减免等直接优惠方式，这种直接优惠方式虽然在一定程度上减轻了农产品加工企业的税负，但是缺乏加速折旧以及投资抵免等鼓励农产品加工企业购进先进设备、扩大在生产的间接税收优惠方式，不利于农产品加工企业利用税收利润进行资本积累、扩大企业生产规模、壮大农产品产业链，从而制约了资源型地区产业结构向特色农业产业调整的转型。

（三）对自主创业和高新技术产业发展的作用有限

高新技术企业是指“在《国家重点支持的高新技术领域》内，持续进行研究开发与技术成果转化，形成企业核心自主知识产权，并以此为基础开展经营活动，在中国境内（不包括香港、澳门、台湾地区）注册的居民企业”。[①] 科技部、财政部、国家税务总局联合发布《高新技术企业认定管理办法》（国科发火〔2016〕32 号）第 11 条对高新技术企业的注册年限、技术标准、科技人员占比、研发费用占比、高新技术产品（服务）收入占比、创

---

① 《高新技术企业认定管理办法》（国科发火〔2016〕32 号）。

新能力评价等具体认定标准作了规定。高新技术企业是产业创新驱动的主要推动者，国务院《关于支持山西省进一步深化改革促进资源型经济转型发展的意见》中提出资源型经济转型应当深入实施创新驱动发展战略，促进新旧动能接续转换，通过增强协同创新能力、培育打造创新创业平台、统筹推进开发区创新发展、实施人才强省战略来提升资源型地区的科技创新服务转型发展的能力。促进自主创业和高新技术产业发展是资源型经济转型产业结构转型升级的必要路径，通过企业所得税税收优惠制度鼓励高新技术企业发展是税收调控作用的应有之义。《企业所得税法》对企业所得税税收优惠在第4章第28条到第33条、第57条分别作了专门规定，其中，直接优惠方式为对高新技术产业减按的税率征收企业所得税；间接优惠方式包括加计扣除、税额抵扣、加速折旧、减计收入等，具体优惠措施如表5－18所示。

表5－18 我国现行高新技术企业所得税优惠政策

优惠范围		优惠措施
税率优惠	企业所得税优惠税率	高新技术企业享受15%的优惠税率
税基优惠	研发费用加计扣除	企业开展研发活动中实际发生的研发费用，未形成无形资产的，按照本年度实际发生额的50%加计扣除；形成无形资产的，按照无形资产成本的150%摊销。2017年最新规定，中小型创新企业研发费用按照70%加计扣除
	与中小高新技术企业有关的特殊优惠	1. 创业投资持有股权满2年时，可以将投资额的70%在应纳税所得额中扣除，并且当年未抵扣完的，可以结转至以后年度扣除。但是必须满足三个限制条件：投资方式为股权投资；投资对象是未上市的中小高新技术企业；投资时间必须满2年。 2. 有限合伙制创业投资企业法人的合伙人可以将其投资额的70%在其分得的应纳税所得额中扣除，并且当年未抵扣完的，可以结转至以后年度扣除，但是投资对象必须是未上市的中小高新技术企业
	职工教育经费	企业发生的职工教育经费，在工资薪金总额8%以内的部分，准予扣除；超过的部分可以结转至以后纳税年度扣除

续表

优惠范围		优惠措施
税基优惠	加速折旧	实际上，对生物药品制造业等 10 个行业的小型微利企业购进的研发和生产经营共用的仪器、设备以及对所有行业购进的专门用于研发的仪器、设备，只有单位价值超过 100 万元的，才会选择加速折旧。而单位价值在 100 万元以内的，则可以直接作为当期成本费用在应纳税所得额中一次性扣除
税额优惠	技术转让	居民企业技术转让所得（含 5 年以上非独占许可使用权）在 500 万元以内的部分，免征企业所得税；超过的部分，减半征收
	向个人转增股本	企业向个人股东转增股本采用未分配利润，盈余公积及资本公积的，个人可在不超过 5 年内分期缴纳个人所得税
	技术人员的股权	全国范围的高新企业的科技成果以股权形式给科技人员奖励，个人可在不超过 5 年内分期缴纳个人所得税

1. 税收优惠政策对风险投资的支持力度不足

资源型地区产业转型升级的关键在于技术创新，技术创新的周期较长，包括研究开发、成果转化、商业化等阶段，而研发是最关键的阶段。研发阶段面临的主要问题是资金的筹集与回笼，运用多元化的税收优惠才能满足研发对资金的需求。加速折旧、投资抵免、研发费用的扣除、税前列支等间接税收优惠的运用具有十分重要的作用。表 5－18 梳理了我国现行高新技术企业所得税优惠政策，从表中可以看出我国对研发阶段的税收激励方式已具备多种，但仍缺乏鼓励风险投资的优惠方式。研发前期是否拥有足额的投资对研发能否进行起决定性的作用，然而，自主创业与高新技术企业的税收优惠制度主要集中于对创新产品研发过程中的优惠，激励研发前的投资行为的税收优惠政策较少，仅有财政部、税务总局《关于创业投资企业和天使投资个人有关税收政策的通知》（财税〔2018〕55 号）规定，对于符合条件的投资企业，可以按照投资额的 70% 在股权持有满 2 年的当年抵扣该公司制创业投资企业的应纳税所得额。对风险投资企业的税收优惠进行规定，税收激励的方式不够多样化。

2. 高新技术企业认定条件不合理

一方面，高新技术企业的认定条件较高。根据财政部、国家税务总局、科学技术部《关于修订印发〈高新技术企业认定管理办法〉的通知》（国科发火〔2016〕32 号）通知中关于高新技术企业认定条件的规定，必须符合该认定办法中对高新技术企业的注册年限、技术标准、科技人员占比、研发费用占比、高新技术产品（服务）收入占比、创新能力评价等标准才能被认定为高新技术企业。资源型地区的高新技术企业尚属于发展较为幼稚的企业，以上述标准来衡量资源型地区发展尚不成熟又亟需壮大的幼稚产业是否能够享受企业所得税优惠政策，条件过于苛刻。发展尚未成熟的创新型企业是资源型经济转型的潜力所在，较高的高新技术企业认定条件将该部分企业排除在享受税收优惠的范围之外，不利于税收政策发挥对资源型经济转型的激励作用，企业所得税税收优惠法律制度在此方面的引导作用缺位，制约了资源型地区将创新科技作为转型的生产力进行资源型经济转型。另一方面，认定条件过于“一刀切”，忽视了高新技术企业在第一产业、第二产业与第三产业之间的特殊区别。国家统计局的统计结果显示，我国高新技术企业集中于第二产业，在第一产业与第三产业的涉足十分缺乏。国科发火〔2016〕32 号通知规定的高新技术企业的认定条件统一适用与三个产业的所有企业，这种“一刀切”的标准没有考虑到第一产业与第三产业中高新技术的现实情况以及对高新技术的特殊要求。而高新技术是推动资源型经济向第一产业、第三产业转型的重要工具，这种“一刀切”的标准对激励第一产业、第三产业高新技术的发展具有较强的制约作用。

3. 对工业升级转型的优惠力度不足

研发费用加计扣除的优惠手段是鼓励工业转型升级的重要方式，虽然财政部、国家税务总局、科学技术部《关于提高科技型中小企业研究开发费用税前加计扣除比例的通知》（财税〔2017〕34 号）对科技型中小企业的研发费用加计扣除进行了规定，并把扣除的力度增加至 75%，但是，该规定在实施过程中存在下列制约经济转型的问题：第一，关于研发费用扣除的优惠范围规定过于抽象，在实践的认定过程中没有具体的规范予以指引，导致适用范围的认定存在争议。第二，优惠范围较窄，委托研发的费用被列入优惠范围，不利于技术较弱的企业开发新产品。第三，对于小型的科技型企业，一方面，研发活动可能涉及多个项目，研发费用存在交叉，无法明确地进行归集，导致该类型的企业在适用优惠政策时受到不利的影响；另一方面，对小型的科技型企业来说优惠条件确定的门槛过高，税收激励效应不明显。

（四）对扶持中小企业发展的效应逐年递减

李克强总理说："小微企业不仅是吸纳就业的'主力军'，更是激励创新、带动投资、促进消费的重要'生力军'。"创新是第一生产力，是企业持续发展的动力，是资源型地区转型的关键因素。扶持中小企业发展的税收优惠对资源型经济转型有重要的推动作用。相比正常的企业所得税税率25%，我国《企业所得税法》第28条第1款对符合条件的小微企业可减按20%的税率缴纳企业所得税。此外我国还出台了一系列的税收优惠政策给予特殊行业、特定领域的小微企业以及科技型中小企业进一步的税收优惠，主要内容如表5－19所示。

从表5－19中可以看出虽然目前所得税税收优惠在小微企业创新上的税收政策倾斜，但针对小微企业技术创新优惠政策较少，这使得小微企业和大中型企业都一刀切地在统一标准下享受优惠。然而，在优惠政策实施过程中，许多行为企业无法像大中型企业那样达到该统一标准，从而无法享受到优惠。例如，税法对高新技术企业采取15%的低税率，众多小微企业因不能达到高新技术企业的认定条件而享受不到该项优惠政策。目前，小微企业技术创新的税收优惠表现为研发费用的扣除，而大多数小微企业未设立专门的研发部门，研发费用数额较少且存在不同项目交叉适用的情形，对小型的技术创新型企业采取统一地认定高新技术企业的认定标准，使得许多小微企业无法享受到技术创新优惠的政策。主要体现在以下三点：

1. 科技型小微企业的税收激励机制与企业生命周期衔接不协调

不同发展阶段的科技型小微企业对税收优惠的需求不同：对于初始阶段的小微企业，需要人力、物力的投资较大，而此时的科技型小微企业投资风险较大，此时需要关于筹集资金的税收优惠来予以激励支持；对于成长阶段的小微企业，不断地推进研发技术时该阶段的核心工作，此时使用与研发相关的税收优惠激励其发展会更有效率；对于成熟阶段的小微企业，从研发技术到研发产品已经趋于成熟，此时的核心工作是将前期开发的新技术、新产品向市场推广，设置相关的税收激励措施能够适应科技型小微企业的实际需要。科技型小微企业的税收激励机制应当与企业的生命周期相协调，根据不同的发展阶段制定与企业需求相吻合的税收优惠制度。

2. 缺乏产学研协同创新的税收激励机制

“产学研”顾名思义指的是企业以及学校、科研机构一起进行研发活动的一种合作方式。在这种合作模式中，企业以及学校、科研机构可以各自发挥所长，协调市场需求与技术需求，是资源型经济转型过程中值得推广的合作方式。以税收优惠激励此种方式的推广是财税法与资源型经济转型正关联的具体表现。“产学研”的合作方式对于科技型小微企业而言，是其利用外部资源来强化自身短板的有效途径。但是，我国相关方面的税收优惠较为缺乏，优惠力度很小，仅仅体现为“向‘产学研’成员缴纳的技术开发费可以列入管理费用”，这种优惠方式不足以满足科技型小微企业的现实需要。

表 5-19　所得税优惠政策对扶持中小企业发展的激励机制

文件	优惠对象	条件	优惠类型
《企业所得税法》第28条 《企业所得税法实施条例》第92条 财政部、税务总局《关于进一步扩大小型微利企业所得税优惠政策范围的通知》(财税〔2018〕77号) 国家税务总局《关于贯彻落实进一步扩大小型微利企业所得税优惠政策范围有关征管问题的公告》(国家税务总局公告2018年第40号)	小型微利企业	(1) 年度应纳税所得额不超过30万元，或是在2018年1月1日至2020年12月31日，年应纳税所得额不超过100万元； (2) 不能从事《产业结构调整指导录》中限制类、淘汰类的产业或产品； (3) 在从业人数上，工业企业不超过100人，其他企业不超过80人； (4) 资产总额，工业企业不超过3000万元，其他企业不超过1000万元	所得减按50%计入应纳税所得额，按20%的税率计算缴纳企业所得税

续表

文件	优惠对象	条件	优惠类型
财政部、国家税务总局《关于完善固定资产加速折旧企业所得税政策的通知》（财税〔2014〕75 号）	六大行业小微企业	（1）2014 年 1 月 1 日后新购进的研发和生产经营共用的仪器、设备； （2）单位价值不超过 100 万元	允许一次性计入当期成本费用在计算应纳税所得额时扣除
		（1）2014 年 1 月 1 日后新购进的研发和生产经营共用的仪器、设备； （2）价值超过 100 万元	可缩短折旧年限或采取加速折旧的方法
财政部、国家税务总局《关于进一步完善固定资产加速折旧企业所得税政策的通知》（财税〔2015〕106 号）	四大领域小微企业	（1）2015 年 1 月 1 日后新购进的研发和生产经营共用的仪器、设备； （2）单位价值不超过 100 万元	一次性计入当期成本费用在计算应纳税所得额时扣除
		（1）2015 年 1 月 1 日后新购进的研发和生产经营共用的仪器、设备； （2）单位价值超过 100 万元	选择缩短折旧年限或采取加速折旧的方法
财政部、国家税务总局、科技部《关于提高科技型中小企业研究开发费用税前加计扣除比例的通知》（财税〔2017〕34 号）	科技型中小企业	开展研发活动中实际发生的研发费用，未形成无形资产计入当期损益的，在 2017 年 1 月 1 日至 2019 年 12 月 31 日	在按规定据实扣除的基础上，再按照实际发生额的 75% 在税前加计扣除
		开展研发活动中实际发生的研发费用，形成无形资产的，在上述期间按照无形资产成本的 175% 在税前摊销	按照无形资产成本的 175% 在税前摊销

3. 税收优惠的区域导向性缺失

不同区域的小微企业整体所处的发展阶段不同，创新能力以及市场推广能力不同，在资源型地区，科技型小微企业是资源型经济转型的潜力所在，然而，资源型地区的科技型小微企业还处于“幼稚企业”阶段，考虑区域因素下的小微企业的现实需要，是提高税收激励效率的必要条件。目前，我国企业所得税优惠制度缺乏区域导向性，制约了资源型经济转型。

第六章　国外资源型经济转型的财税制度及借鉴

随着经济的快速发展，很多国家都面临着资源日益枯竭所引发的生态问题、产业问题和社会问题，为了保障资源的合理开发和利用，为了修复生态以实现人与自然和谐发展，为了转型产业以实现经济的再度振兴，很多国家立足本国国情，通过强有力的措施来探索资源型经济转型发展的出路。在这些措施中，依靠财税法律制度推动资源型经济的转型发展成为很多国家的重要选择和有效选择。事实证明，法国、日本和德国等国家通过建立较为合理和完备的财税法律制度促进了资源型经济的成功转型。但不容忽视，各个国家资源型经济转型的经验甚至是教训不是放之各国而皆准的，不同国家在资源配置、经济基础和政府管理模式等方面都存在很大的差异性，为此，我国资源型经济要实现顺利转型不仅要梳理和借鉴其他国家经济转型发展的脉络以及成功的经验，还要结合我国的具体国情，这样才会对我国资源型经济的发展具有一定的现实推动意义。

一、国外资源型经济转型的财税制度

随着工业革命的发展，资源型城市最先在欧美、日本等国家发展起来，如日本九州工业区、美国的休斯敦工业区、德国的鲁尔工业区、法国的洛林工业区都是较为典型的资源型经济集中的地区。但随着经济的不断发展，面临着资源日益枯竭和成本不断上涨等问题，经济发展将会受到严重制约，对资源高度依赖的经济发展模式都亟待改革。因此，20 世纪 70 年代初，这些国家由政府主导着手对资源型经济转型进行规划，主要是采取制定扶持政策、增加财政投入的转型补偿模式，在环境污染的治理、基础设施的建设、产业的改造升级和企业员工的安置等方面政府制定了相应政策并投入大量资金。经过 30 余年的努力，形成了各具特色的日本九州模式、美国休斯敦模式、德国鲁尔模式和法国洛林模式等资源型经济转型模式。

（一）日本北九州资源型经济转型的财税制度

日本有"金属标本国之称"，这个名称源于日本矿产资源种类齐全，却每种矿产资源的蕴藏量都很小，矿产资源总量相对贫乏。煤炭资源主要分布于九州地区和北海道地区。北九州市位于九州岛最北端，蕴藏相对丰富的煤炭资源。20 世纪，日本政府为鼓励本国煤炭资源开发，制定了相关的政策性补贴等相关的优惠政策，正是基于此，北九州市的经济才得到繁荣发展。但是，随着资源的过度开发，产业结构的不断调整，北九州市的煤炭产业开始走"下坡路"，经济伴随矿产资源的枯竭而衰退。这时日本政府果断采取措施，作出一系列制度的调整，为北九州地区的经济转型提供保障。其中，最为重要的就是财税制度的调整，使得北九州市的转型得以顺利实现。

1. *以财税优惠政策吸引企业投资*

对于北九州地区进行投资建厂的企业，政府为其提供各种税收优惠政策，以吸引更多企业的进入。一是政府在公司税、所得税等税种不同程度上给予一定的减免，通过对行业税、劳工税、不动产转让税、公司税、所得税等税收的减免来吸引外来企业进入老工业区，对进入产煤地域的企业设有长期低息的运转资金融资和长期设备资金融资，而且减免地方税，由国家补贴减收额的 80%。[①] 二是政府会给予接纳失业工人的企业一定的补助，按照企业接

---

① 参见韩凤芹、李成威、梁良：《从资源型城市转型的国际经验及借鉴》，载《经济研究参考》2009 年第 71 期。

纳失业人员的比例，实行有差别优惠政策。

2. 给予高新技术企业以政策鼓励与资金支持

为了大力发展国家高新技术的实力，更好地发展生产力，提高劳动生产率，以此促进资源型经济高质高量的转型，日本大力扶持和鼓励高新科技的产业发展，在政策与资金上对高新科技产业园区、高科技企业给予大力倾斜和支持。一是政府对进入高新技术园区投资的企业给予一定补助，缓解了企业在初始投资时在土地租用、厂房建设、设备购买等方面的投资压力。此类补助的金额通常都能达到企业初始投资的30%到50%；二是为进入产煤地域的企业设有长期低息的设备资金融资和长期运转资金融资；三是园区内的土地由政府统一购买长期租给企业，以较低的价格出租废弃煤矿的土地。

3. 全力扶持资源型产业的发展

与其他资源型城市转型道路的不同之处在于，日本北九州政府不仅支持高新技术产业的发展，而且依然全力扶持资源型产业的发展。为使九州地区煤矿产业再度振兴，政府对煤炭产业进行了整体规划，并对采矿效率高的企业给予了资金方面全力支持。1969 年创设的煤炭开采区域的煤炭产业振兴临时支付金制度，对那些以煤矿资源产业为主的资源型地区给予了极大的资金支持，缓解了因煤矿的关闭而造成财政收入缩减的问题。1992 年，日本又设立了煤炭开采区域的开发事业补助金制度，为促进资源型经济发展提供了资金保障。

（二）德国鲁尔区资源型经济转型的财税制度

德国鲁尔区从20 世纪60 年代开始，因其产业结构单一使得重型工业逐步衰落，失业和环境污染问题日益凸显，该地区的经济发展陷入了困境。德国鲁尔工业区经济经历了由资源开发到资源枯竭、由钢铁振兴到企业没落，面对经济衰退的阵痛，政府采取了一系列的财税制度改革，大致经历了三个阶段，首先是在20 世纪60 年代，鲁尔区为传统产业的清理和改造提供了大量的优惠政策和财政补贴，并投入大量的资金来改善当地的基础设施、扩建当地的科研机构等；其次是在20 世纪70 年代，这个时期鲁尔区重点提供资金和技术方面的支援和支持给当地的新兴产业，以促进其发展，从而可以更好地掌握资源型经济转型的主动权；最后就是20世纪80年代至今，鲁尔区通过价格补贴、税收优惠、投资补贴、政府收购、矿工补贴、环保资助等财税制度使得区内不同地区的区位优势得以发挥，改变了产业结构单一的问题，实现了产业结构的多样化。具体而言，德国鲁尔区促进资源型经济转型财税制度有：

1. 加大环境治理资金投入

鲁尔区从宏观上制定长期的经济、环境、能源目标及资源型城市的可持续发展措施。政府对鲁尔区采取直接资助资金的方式帮助矿区进行环境治理与生态恢复，环境治理资金由德国联邦政府和鲁尔区地方政府共同负担，比例为2∶1。资助资金主要是用于保护环境方面的硬件设施的建设，如为了解决水污染问题，通过建立蓄水库、澄清池、微生物净水站等公共设施进行有效治理。

2. 加大失业补助力度以妥善解决转型中的失业问题

鲁尔区鼓励企业进行转岗技能培训、发放过渡期援助、提供给雇员灵活补贴等创新的、保证社会安定的裁员形式，妥善处理好矿工失业问题。一是通过建立多层次、多渠道、多功能的就业培训体系，妥善解决因产业结构调整引起的摩擦性失业，充分挖掘劳动者潜能，还对那些转岗人员给予一定的再就业补助。二是从政策上鼓励企业创造就业岗位。如果新的投资者能够在5年内都连续提供一定数量的就业岗位就能获得政府的投资补贴。三是通过改善有利于中小企业发展的投资环境和财税政策，吸引外部更多优质企业的入驻，一定程度上解决了本地区失业人员的就业问题。从1985年起，德国政府投资1.3亿马克，建设了一个技术园区。

3. 为经济转型提供充足的资金保障

为资源型经济转型过程中的引进技术、设备更新、社会保障、吸引资本等方面提供充足的资金保障与税收优惠，以此减少转型的阻力。一是提供专项资金补贴。政府为了解决鲁尔区产业机构单一，鼓励企业技术升级，形成多元化产业格局，从而使经济结构能够顺利转型，从1966年到1976年十年间，政府在传统工业企业技术创新方面共投入150亿马克的改造资金，这些资金为提高企业核心竞争力发挥了积极的作用。另外，政府还专门设立了用于研发新技术和解决企业倒闭后续问题的专项资金。二是提供税收优惠政策。在传统产业方面，联邦政府对烧煤发电厂投资税进行了减免，帮助鲁尔区再度振兴煤炭产业；在新兴产业方面，政府会给予在煤矿集中区进行投资建厂的企业一定的财税优惠，为这些企业提供投资额10%的就业赠款，从而吸引大量资本的流入。三是提供低息贷款。政府为了鼓励企业购买废弃的矿井工地，会为其提供低息贷款，降低了这些企业的融资成本。

此外，德国鲁尔区资源型经济转型的成功在于对转型的思路清晰，注重统筹规划，对传统产业扶持与引进新兴产业并重，不仅对传统产业进行全面改造，而且大力培育新兴产业如生物制药、新材料、化学、物流、通信、机械制造、汽车、环保以及文化旅游产业。紧密依靠科技力量推动产业转型，工业区内设立众多的大学和专门的科研机构，每所大学都成立技术转化中心，形成从技术到市场的应用体系，为产业转型提供支撑，把创新作为产业转型的灵魂。①

（三）美国休斯敦资源型经济转型的财税制度

众所周知，休斯敦是美国最大的石油工业中心，异常丰富的石油资源却没有使其掉入“资源诅咒”的陷阱中，究其原因主要在于休斯敦及早地规划了城市未来的发展方向，在石油开采业务开始下滑时，及时制定了转型发展的战略，其中财税制度的支持发挥了巨大的作用，使得休斯敦并没有因为石油产业的衰退而经济萧条，反而使休斯敦实现了资源型经济的成功转型，由原来单一产业的石油城市转变成为一个综合性的大城市。财税制度的支持主要表现在以下几个方面：

---

① 参见本刊评论员：《承载使命 戮力前行——山西省资源型经济转型前瞻》，载《中国煤炭工业》2011年第3期。

1. 加大投资进行基础设施建设

首先是用于完善休斯敦的港口建设，港口作为交通的枢纽，是各种交通工具转换的中心，大量的货物聚集在这里，因此，无论是对于一个国家还是对于一个城市的经济发展而言都至关重要。美国国会在20世纪投入了大量的资金用于休斯敦港口的建设，带动了其港口贸易的快速发展；其次是用于完善休斯敦的公路设施、公共服务设施等城市基础设施建设；最后是用于休斯敦输油管道的建设，例如，联邦政府投入了上亿美元新建了两条输油管道。这些基础设施的建设为休斯敦资源型经济转型打下了坚实的物质基础。①

2. 支持新兴产业发展

联邦政府建立了企业基金、技能发展基金等，鼓励新兴产业的发展。联邦政府还投入了大量资金用于支持石油精炼业的研发，使得墨西哥湾地区迅速成为美国原油炼制的中心地区，促进了该地区新兴产业的快速发展，从而促进休斯敦地区的经济转型。

3. 制定优惠的税收优惠政策

制定优惠的税收优惠政策方面主要体现在对外来人才的吸引和招商引资上面。一是制定了企业所得税免除政策，企业所得税率在美国平均为7%，全部免除这部分税吸引了大量的企业入驻休斯敦；二是制定了个人所得税免除政策，个人所得税率在美国平均为8%，还制定了较低的商品消费税政策，此两项政策吸引了大量的优秀人才来休斯敦就业。②

总之，政府通过制定一系列财税制度，为休斯敦成功实现资源型经济的转型提供了有力支持，使其成为一直保持较强经济发展活力的国际大都市。

（四）法国洛林资源型经济转型的财税制度

法国洛林地区是法国矿产资源富集区，铁矿储量达60亿吨，占法国铁矿

---

① 参见杨磊：《资源型城市休斯敦的可持续发展与经济转型及对我国的启示》，载《中外能源》2017年第3期。

② 参见杨磊：《资源型城市休斯敦的可持续发展与经济转型及对我国的启示》，载《中外能源》2017年第3期。

资源的80%以上，但铁矿品位较低，平均含铁量仅为30%左右。从20世纪60年代初开始洛林地区煤炭开采成本上升，开采产量逐年下降、煤矿逐步关闭、钢铁厂纷纷外迁，失业人数大量增加。欧共体开放国际钢铁市场，规定自1987年起成员国必须停止一切补贴。洛林的钢铁业雪上加霜，陷入了更加严重的危机。[①] 1984年开始，政府为了走出困境对洛林为代表的东北部老工业区进行转型改革，专门成立了土地整治与地区行动领导办公室（DATAR，1963年）和洛林工业促进与发展协会（APEILOR，1996年）负责领导产业转型和区域规划，[②] 制定优惠政策、大量吸引外资。法国政府与洛林地区政府在财税方面采取了一系列的措施，对洛林地区的成功转型具有重要作用。

1. 调整产业结构实现经济转型

一是对传统产业进行改造。利用高新技术改造对钢铁、机械、化工、电厂等传统产业进行改造升级，对此类行业的投资给予税收优惠，吸引了大量资金的流入，使其生产过程实现自动化。而对于煤炭等开发成本高、缺乏核心竞争力的产业采取放弃的态度，由市场决定此类企业的去留，达到产量和从业人员逐年减少，逐步降低其在产业机构中的比重，按照规划最终达到全部关闭。二是发展新兴产业，将汽车、电子和塑料加工业作为三大转型目标产业，对新兴产业给予减免税收的优惠政策，加快进行发展，最终成为该地区的支柱产业。对于在老工业区投资办厂的企业，给予免于征收3年所得税和公司税等方面的税收优惠政策。

2. 多渠道解决转型所需资金

资金是洛林地区经济转型非常重要的保证，支持其经济转型的资金来源主要包括政府资金投入和外来资金的引进。一是在政府资金投入方面，主要通过基金形式实现对经济转型的资金支持，法国政府和洛林地区的政府针对

---

① 参见孔微巍、闫倩：《法国资源型城市转型中的金融支持模式及借鉴》，载《商业研究》2009年第12期。

② 参见孔微巍、闫倩：《法国资源型城市转型中的金融支持模式及借鉴》，载《商业研究》2009年第12期。

经济转型设立了多个专项基金。还设立了地区开发基金、矿区工业化基金等多个专项基金。从1990年至2000年，由法国政府的成立的矿区工业化基金，每年就要提供1500万欧元，用于矿区基础设施改善和发展高技术产业。二是为了吸引大量企业在洛林地区投资建厂，法国政府对投入资金的企业给予一定的财税政策优惠，首先洛林地区土地价格相对便宜，与同时期德国的土地价格相比要低80%左右，在洛林地区投资建厂，用于购买土地的资金，政府给予50%补助，用于厂房建设的资金，政府补助20%，用于购买资产设备的资金，政府给予15%补助，另外政府对在老工业区建厂的企业会给予更多的奖励。此外，政府与银行共同出资组建了“矿区再工业化金融公司”，为电子、化工等新兴工业企业提供贷款，为老工业区“再工业化”的实现拓展了资金来源渠道。

3. 重点解决就业等社会保障问题

一般在传统产业中工作的工人，多以体力劳动为主，多数人的知识结构已经不能适应新兴产业需求，经济转型必将带来大量摩擦性失业人口，为解决这一问题，就必须对该类人员学习新技能并再就业、创业提供必要条件。洛林地区政府成立不同级别的培训机构，根据失业人员的素质以及在转型后的产业类别为其提供能够满足其各类需求的转岗培训。所有的培训费用均从政府的财政资金中支出；为了激励企业创业及失业人员就业，政府采取了如为小型手工业企业提供创业补助等税收优惠政策。也专门成立了创业咨询和提供小额优惠贷款的机构，从多个角度支持下岗员工创业；允许工龄满25年或年龄超过45岁的矿工提前退休，并可享受80%的退休工资与正常的医疗保险。政府鼓励企业创造就业岗位，企业在投资额与解决就业岗位达到一定数量的大型企业，政府相应也会给予补助奖励，如投资额达4000万法郎，新创40个就业岗位的项目就可得到25%的资助；[①] 提供1万~2万法郎的创业补贴给能够创造不足15个工作岗位的小型手工业企业。通过有效实施这些促

---

① 参见瞿伟：《产业结构转型为导向的我国资源型城市可持续发展模式研究——以法国洛林地区可持续发展案例为鉴》，载《中国可持续发展研究会2005年学术年会论文集（上册）》。

进创业就业的财税政策，使得洛林地区的失业率始终低于全国平均水平。

4. 改善生态环境与投资环境吸引外来资金

资源型经济地区的生态环境因资源的开采都受到了不同程度的破坏。生态环境也是吸引外来资金投资的重要因素之一。改善生态环境也是需要资源型地区政府长期致力的工作，为大力进行环境整治，改善生存环境，法国政府为此也投入大量资金。如北加莱大区每年改造500～600公顷的废弃土地，资金由欧盟、中央政府、地方政府三方共同出资，洛林以生存环境的改善来吸引外资。[①] 在改善洛林地区生态环境的同时，为了鼓励中小企业的发展，降低企业进入门槛，政府投资建立企业园圃，为中小企业提供公共服务设施，进入园区的企业在新成立的2年内，可以免费使用园区提供的公共服务设施，为企业员工提供方便的工作、学习与生活环境，并降低了中小企业前期运行费。洛林地区新创企业在财税政策的支持下得到了迅速的发展，一方面缓解了失业人员的就业压力，另一方面形成了本地区的核心竞争力，促进了当地经济的发展，维护了社会的稳定。洛林地区正是通过制定一系列财税优惠政策，在产业机构调整升级、资金与技术引进、园区建设、解决就业等多个方面取得了成功，从而逐步走出困境，实现了经济可持续发展，生态环境得到有效改善，从一个环境破坏严重的重工业城市变成了一个经济发达、人类宜居的绿色城市。

二、国外资源型经济转型制度对我国的启示

分析日本北九州、德国鲁尔区、美国休斯敦和法国洛林等案例，国内外资源型地区尽管在规模大小和社会经济发展水平等很多方面存在差异，但在资源型经济转型方面具有一定的可比性和借鉴意义。按照转型历程及效果，可将国内的矿业地区分为三类：一是转型较为成功的矿业地区；二是转型中探索的地区；三是矿竭城衰的地区。国外资源型经济转型经历了漫长的发展

---

① 参见宋晓梧：《大力促进我国资源型城市可持续发展》，载《宏观经济研究》2006年第3期。

过程，有的达到30年至50年，并且不一定都很成功，因此在转型中要因地制宜，而且要有持久的准备。通过对比分析，可以看到上述国外城市转型发展的关键是：扩展和放大资源开发所带来的乘数效应，通过财税制度的改革鼓励发明和激发创新活动。以此为动力，加速各经济要素在区域间和部门间的流动速率，不断优化资源组合和配置结构，促进经济结构的多元化和高度化进程。总结国外成功经验和失败教训，结合我国资源型经济的现状，我们可以借鉴以下经验，加强财税法律制度对经济转型的导向作用。

（一）采取激励性减税措施改善资源型地区投资环境

日本北九州、德国鲁尔区、美国休斯敦和法国洛林在推动资源经济转型的过程中都使用了有针对性的激励性减税措施，使这些地区顺利地摆脱了“资源诅咒”的困境，走上了经济持续发展的道路。可见对资源型地区采取激励性减税措施，即税收优惠，对促进资源型地区实现转型发展至关重要。不仅可以吸引外部投资，改善投资环境，还可以减轻资源型地区部分企业的负担，扩大原有的生产经营范围。例如，上述休斯敦为了吸引外资制定了企业所得税和个人所得税的免除政策，还制定了较低的商品消费税政策，因此吸引了大量的企业入驻和人才就业。

（二）加大财政补贴对传统产业改造提升的扶持力度

从国外资源型地区转型成功的经验可以看出，财政补贴的支持对于整个转型的成功发挥着重要的作用，特别是在传统产业发展方面都投入了大量的资金。资源型经济转型并非全盘否定传统产业在经济发展中的作用，而是要对传统产业进行升级改造，推动传统产业工业产品深加工和产业链延伸，从而带动产业结构的整体优化，从各地区转型的经验来看，对原有传统产业都采取各项政策扶持进行改造升级。这些财政补贴制度主要围绕传统企业自身生产技术升级、工业园区建设、企业员工培训等方面。通过财政补贴政策控制资源的开采量，节能减排，遵循可持续发展循环经济理念；积极发挥工业园区的优势，推动传统产业链延伸发展；加强传统产业职工培训，适应新型生产模式的需求。

资源型经济转型就要发挥财税法律制度对传统产业改造提升的扶持力度。具体而言：第一，通过财税补贴政策鼓励传统企业提高劳动生产率，做到集约型开采。在资源开发过程中加大用以提高传统企业资源开采的技术和装备，提高生产效率，减少人力和管理成本，降低矿难发生率的财政补贴，这样能够大幅度地提高传统企业的生产效率和市场竞争力，使传统企业能够蓄力发展，继续为资源型地区的经济发展提供动力，从而促进资源型地区的顺利转型。第二，传统产业的升级改造也需要依据实际情况有选择的进行，对于像休斯敦、北九州资源枯竭型地区，资源已经过度开发，开采成本高，经济效益差，对其改造升级的意义不大，反而会成为经济转型的拖累，就应当果断放弃传统产业，使其在经济结构中所占比例逐步减少，将有限的资金用于扶持和发展新兴产业，使这些产业逐步成为该地区的支柱产业。第三，要加强技术和装备研发。加强技术与装备研发的资金投入，利用长期积累的生产实践经验，发现传统产业当前存在的问题，研发新的生产、深加工、节能减排等方面的技术和装备，不断提高生产效率，增强市场竞争力，既能实现传统产业的升级改造，又可以将与传统产业相关的装备制造业发展为新的支柱产业。

资源型地区不能对传统的资源优势抱残守缺，沉溺于既有优势所带来的短暂的经济利益，而要用发展的眼光提早谋划，避免重蹈“矿竭城衰”的覆辙，在资源型经济蓬勃发展时期就必须着手对产业的延续、组合、互补、延伸、升级、深化、递进等方面进行统筹考虑、提前规划，为经济可持续发展提供动力，促进区域经济的持续繁荣。

（三）加强财税法律制度对新兴产业的导向作用

在进一步发掘原有产业潜力的同时，各资源型地区都将引进和发展新兴产业作为经济转型的重要手段之一，将极具发展潜力的新型制造业、高新技术产业和文化产业等作为发展的重点，寻找新的经济增长点，培育新兴产业。从而实现区域经济结构多元化发展，提高区域产业的竞争力。在财税法律政策方面应当在围绕发展新兴产业方面给予一定的政策支持，首先，要加大对资源型地区的生态环境改善与基础服务设施建设力度，生态环境因素与基础服务设施也是影响资金、企业、人才引入的重要因素，因此，资源型地区经济转型的一项重要工作就是不断改善生态环境，加强公共服务设施建设，创造优质的营商环境。其次，财税政策要对高新技术等新兴企业有倾斜，如对企业税收进行一定的减免、投资资金给予一定的补贴、融资方面进行一定的引导。最后，要加强传统企业失业人员的再就业培训方面的资金投入，调整原传统企业员工的知识结构，为新兴企业提供一定的人才储备。在促进新兴产业发展的过程中，政府的财税制度也起着功不可没的导向作用，通过政府一系列财税措施，鼓励新兴产业的快速发展，从而最终促成各地区资源型经济的成功转型。

（四）鼓励高校和科研机构参与资源型经济转型

实践证明，无论传统行业的转型还是新兴产业的发展，都要提高劳动者素质和企业技术研发能力。日本、德国、美国、法国各国家的成功转型在技术研发等方面得到了各方面政策的支持。我国在资源型经济转型中也应更加注重“产、学、研”的有机结合，一是注重增强中小企业的研发能力，为中小企业在研发方面的资金给予政策上的鼓励，从税收与财政补贴方面建立相关配套制度，鼓励多个企业共同研发。二是要重视科研成果向应用的转化，如有些地区除了建立专门的科学研究机构外，每个大学都设有“技术转化中心”。应当鼓励企业之间以及企业与研究机构之间进行合作，以发挥“群体效应”，并对这种合作下进行开发的项目予以资金补助。三是加强科研交流中心建设，增进信息交流，增进高校、科研院所与企业界的联系，优化产学科研方向等。四是建立知识产权保护与研发成果共享并重的机制。一方面要积极加强专利、软件著作权申请等知识产权保护方面的制度规范建设。另一方面也要探索建立公共科研成果和知识分享平台，通过财政补贴的方式帮助科研成果的共享交易，降低交易成本，提升技术更新迭代速度。

通过对国外资源型城市转型模式成功经验分析，可以看到虽然各类模式各有特点，但最终目标都是实现产业结构的调整，拓展经济增长点，这些目标的实现，都离不开利用财税制度对改革进行调控，充分体现了财税制度对资源型经济转型的影响力度。因此，我国在资源型经济转型过程中，就要做好统筹规划，建立相对完善的财税法律法规与相关政策。要进一步加强立法的体系性与协调性，建立财政投入增长机制，提高财政支出方式效率，增加税收优惠政策针对性，合理设置税种等，确保资源型经济转型向有利方向发展。

第七章　合理配置资源型地区财税权的建议

根据事权与财权相统一的原则，资源型地区必须在现有基础上合理配置财税权，实现对于公共财政关系的深层次调整，以便于激发市场主体活力，推动产业结构改革，为资源型经济转型发展提供资金保障。为此，在资源型经济转型的背景下，必须重新审视财税权的配置情况，以财税权与事权二者统筹兼顾为目标，构建权力配置实现路径。这就要求进行资源型地区的分税制改革，适度赋予其税收立法权，扩大税收收益权，使财税权与事权既保持独立平行，又实现相互制衡，以发挥财税制度独特的规范功能，从而为构建协调、稳定、积极的财税关系，增强资源型地区财力奠定基础。

一、资源型经济转型背景下分税制的完善

（一）坚持分税制的基本方向

“分税制作为调整中央和地方政府间事权、财权和财力分配关系的财政管理体制，被市场经济国家普遍采用”。[①] 2002 年，国务院在当时分税制改革的基础上实施了税收分享改革，即中央和地方对部分税种的税收收入进行分享，在各地实际所得税收基数的基础上，进行增量分成，这实质上是再一次调整了中央和地方税收收入的划分。分享改革的第一年，中央和地方是“五

① 李海、张达芬：《分税制国际经验介评——以英、法、德、美四国分税制为例》，载《税务研究》2014 年第 11 期。

五分成”；第二年，中央和地方是“六四分成”，中央享有更多的税收收入。这样一来，分税制中就又衍生出了“分享制”，传统的五大税种中，企业所得税、个人所得税、增值税都实行了分享制，真正意义上的分税制只剩消费税（中央税）和营业税（地方税）。2012 年我国开始试点推行“营改增”，2016 年 5 月 1 日起将建筑业、房地产业、金融业和生活服务业均纳入改革范围，在全国范围内全面推行“营改增”。“营改增”后，税收收入由中央和地方按“五五分成”，所以属于真正意义上分税制的税种就仅剩消费税（中央税）。我们的税制改革是要变“分税制”为“分享制”吗？回答这个问题，我们就需要进一步了解分享制是否符合当前市场经济发展的客观规律。从理论上看，一方面，分享制将地方税收收入建立在流动性税基的基础上，违反了财政分权的原则，大大削弱了地方财政的自主权，同时容易引发地方的恶性竞争；另一方面，分享制这种中央和地方实行按比例分成的税制，容易导致经济效率降低，不利于发挥税收边际效益最大化的效应；从实践上看，增值税、企业所得税和个人所得税作为分享制的主要税种，其抽象化的税基分别是商品（服务）、资本和劳动，具有较强的流动性。地方会为了税收收入进而鼓励初级工业投资，特别是饱受诟病的房地产业、建筑业的投资，以带动税收增长。这就会导致部分项目产能（供给）过剩，极大地阻碍了地方经济转型发展。那么，我们能否以“分享制”为基础，在中央税为主干的前提下，通过转移支付来协调中央和地方的财政关系？这种观点也是值得商榷的。一方面，由于我国地广人多，各地情况千差万别，仅由中央征税实际上并不利于发挥税收的宏观调控作用；另一方面，大规模实行中央支付资金，地方转移使用的财政模式既使中央缺乏有针对性的财政支出，又由于多重程序降低资金的使用效率。

因此，我们完善分税制绝不是要将其改为分享制，而是必须坚持分税制的基本方向。“分税制之所以被称为‘分税’制，是因为需要在政府间划分税收，建立中央税收与地方税收体系，保证各自的财政收入需要。”① 随着营业税逐步退出历史舞台，地方税的主要税种就出现了空白，当务之急是建设新的地方税体系。由于地方税的直接目的是服务地方，因此其必须以受益性税种为主。所谓受益性税种，是指纳税人缴纳税款与本身受益具有相对直接联系的税种，其一般均事前确定使用范围，例如城建税。基于此，应当从以下两个方面着手：第一，开征房产税。房产税是典型的受益税，因此应当在沪渝房产税试点的基础上，在全国范围内征收。就当前国情来看虽然开征房产税不能迅速增加地方税收收入，但会调节过热的房地产经济，适当增加地方税收收入，从长远来看有利于促进经济转型。第二，扩大资源税的税目。2016 年 7 月针对资源税的税制改革在全国范围已经展开，目前是在“从价计征”试点的基础上进行推广。此外，还在河北省试点征收水资源税，对税目的增加是资源税改革的又一次深化。但是森林、草场、滩涂等资源还没有纳入资源税的统一税目之中，因此应加快改革步伐，进一步扩大资源税的税目，以真实反映资源的稀缺性和价值性，扩大资源税的调控力度。

（二）注重中央宏观调控和地方财政自主性的辩证统一

纵观我国财税体制改革的各个时期，尤其是 1994 年之后的分税制改革，总是或多或少存在着中央和地方在财权上的“博弈”。改革过程中发展财权有所分散，则马上采取措施进行集中；财权太过集中，则又采取措施下放分散。中央和地方在财权分配上似乎还存在“内部矛盾”，因此财税体制改革就始终在“收权—放权—收权”这个圈子内进行，没有很好地协调处理中央调控和地方发挥自主性的关系。这样就会影响中央和地方财税政策的连贯性，进而导致财税制度的混乱。这样的改革过分强调中央和地方在财权上此消彼长的“矛盾”，却忽视了中央和地方在财权上共同发展的“联系”。其实，中央政府的宏观调控和地方政府自主性的发挥宗旨是一致的，就是要促进我国

---

① 熊伟：《财政分税制的规范意旨与制度进阶》，载《苏州大学学报》（哲学社会科学版）2016 年第 5 期。

经济的整体发展，绝不是中央和地方“讨价还价，分庭抗礼”，一定要协调好两者之间的关系，摆脱“博弈”式思维方式，通过制度进行再平衡，实现中央宏观调控和地方财政自主性的辩证统一 ，以实现对先行分税制的完善。对此，应当做到以下几点：第一，提高中央控权能力，下放地方部分权力。“分税制改革以来中央的财权变大，但事权比较小，现在要平衡起来，中央和地方要平衡财权、平衡事权”。[①] 财税体制改革一定是各个地方结合自身实际情况，充分发挥自主性，以实现全国经济发展合力的最大化。因此，中央不能统管得过死，需要下放地方部分权力，以调动地方积极性，保证区域经济发展的财政供给。但是需要注意的是，下放地方权力绝对不是要削弱中央权力，而是要提高中央宏观调控的效率，具体说来就是，中央应当掌握全国性税种的征管权，在宏观上能够准确把握全国经济发展的方向；将具有区域性特征的税种下放给地方征收管理，但是中央应当对此进行指导和监督，防止地方权力滥用，出现“藩镇经济”，“强调规范性的央地财政分权和中央的监督控制”。[②] 这样既减轻了中央不必要的征管负担，又符合地方财政自主性的需求。第二，要建设财税法治体系，完善相关法律法规。世界上绝大多数税收国家都是依据法律制度来调整本国的财税关系，遵循税收法定原则。但是，我国目前对财税制度影响较大的是中央行政机关及其所属部门的政策，尤其是财政部和国家税务总局。这些政策具有阶段性的特点，不能保证地方财税制度的连贯性，此外，这些政策也存在着与财税法律法规相矛盾的情形，甚至不同行政机关制定的政策之间有时也存在冲突，这样就违反了税收法定原则，不利于协调中央宏观调控和地方财政自主性的关系。因此，我国当前的财税政策体系应当逐步向法律制度发展，完善相关法律法规，建设财税法治体系，确保中央和地方财税制度的稳定性。这就需要完善国家层面财税法律制度的同时，解决地方税收立法权的问题，适度赋予地方税收立法权是解决

---

① 王曙光、王丹莉：《财政体制变迁40年与现代化国家治理模式构建——从正确处理中央与地方关系的角度》，载《长白学刊》2018年第5期。

② 秦前红、付婧：《我国地方财政自主的公法保障》，载《甘肃社会科学》2016年第2期。

此问题的应有之义。第三，要健全财税激励制度，鼓励地方政府有效利用财政资金。中央应当建立一套完善的评价体系，以考核地方财政资金使用的情况。中央鼓励地方将财政资金用于扩大公共服务、治理环境污染、增加就业岗位以及其他有关当地民生的重大问题。地方将财政资金有效用于上述项目，应当根据实效获得中央相应的财政支持。这样就能够尽量改变“土地财政——财政收入——公共服务”的不当财政模式，有利于增强地方政府解决民生问题的能力。同时，也减轻了中央对地方财政资金使用的监管压力，形成了一个财政资金使用的良性循环。

（三）保证事权和财权的一致性

当前保证中央与地方事权和财权的一致性，是完善分税制的关键问题。中央与地方事权和财权之间冲突的直接原因就是事权划分不清晰，进而导致财权分配不到位，最终引发了中央与地方事权和财权的失衡。“从现实历史来看，我国自分税制以来的财政体制改革，由于没有严格区分地方的财权和财力以及事权和事责，导致改革并不能完全到位，也使得地方面临的财政困难无法得到根本上的解决。”[①] 因此，一方面，我们要根据支出责任来明确事权，确保支出责任与事权相适应。各级政府的支出责任有所不同，政府层级越高则统筹性的支出就越多，政府层级越低则区域性的支出就越多。根据这个规律，可以将支出分成三类，即全国性支出、区域性支出和地方性支出。全国性支出如国防、外交，这样提供全国性的公共产品或服务的事权当然应该由中央承担；区域性支出如大型水电站的修建，这样提供区域性公共产品或服务的事权应当由中央和直接受益的各个地方承担；地方性支出如治理地方小煤窑，这样提供地方性公共产品或服务的事权应当由受益的地方自身承担。这样一来，就将事权相应明确成了三类，即中央事权、区域事权（中央与地方）[②] 和地方事权。在此基础上，应当及时形成政府事权的责任清单，

---

① 罗卫东、朱翔宇：《“权责对称”与我国分税制以来的财政体制改革》，载《南京社会科学》2018 年第 4 期。

② 这里的区域既可以是两个以上的行政区，也可以是由不同行政区组成的各类经济区。

将各级政府事权逐一细化，尤其要注意区域事权细化，以明确各级政府的事权。当然，这个过程所耗费的时间较长，可能会消耗部分行政资源，但是一旦责任清单制定完成，就改变了中央与地方事权不清的现状，更为财权的正确划分奠定了基础。值得注意的是，在政府责任清单制度完善之前，应当由中央政府或其指派部门对各级政府的事权进行统筹监督管理，防止出现相互推诿的现象。

另一方面，根据事权确定财权，确保事权和财权的一致性。在明确各级政府事权的前提下，就能够根据事权确定出与之相适应的财权，具体说来就是在确保中央财政占主导地位的前提下，根据各级政府的事权来确定其财权，构建事权和财权相统一的财税制度。因此除了中央适当下放财权，地方也需要在合法的前提下完善财税机制。一是要健全地方债券发行制度。地方政府通过发行债券可以吸收社会上闲置的资金，增加地方财政收入，将公益性建设的成本进行分摊，缓解由于提供大型公共产品或服务造成的资金紧张。因此，建立在“一级政府，一级财政”基础上的地方债券发行制度的健全，能够保障事权的有效履行。二是要健全地方税收体系。就需要调整中央和地方的税收划分，当前应当坚持税收功能和征管相统一的原则，将再分配功能较强的累进性税种归为中央税，由中央征管；将再分配功能较弱的税种归为地方税，由地方征管。在中央的主导下，健全以财产税（房产税等）为主，资源税、环境保护税为补充的地方税收体系，这样才能确保地方拥有充足的税源，增强地方政府提供公共产品和服务的能力，防止出现基层政府虚置的情形，进而保障地方事权的顺利履行。综上，根据支出责任明确中央与地方事权，进而根据事权确定中央与地方财权，在中央主导的前提下，探索增加地方财政收入的多种路径，尽可能改变中央与地方事权和财权的失位状态，缓和以往事权和财权的矛盾，保证事权和财权的一致性。

（四）健全财政转移支付制度

财政转移支付是在分税制前提下，对中央财政进行的再分配，其旨在于平衡各地间的贫富差异，体现再分配的公平意蕴，也是中央财政返还地方的重要形式，即将来源于地方的财政收入，以不同路径返还给地方，以增强地方对财政资金的使用效率，进而体现中央宏观调控的精神。基于分税制下财政转移支付的主要问题，课题组认为应当采取以下几点措施：第一，调整转移支付模式。当前我国实施的是纵向转移支付的一元模式，这样就忽视了富裕地方在缩短地区之间贫富差距方面对落后地方的帮扶作用。东部沿海省份经济发达，与中西部落后地区相比财政收入非常富足，其经济发展也得益于国家政策，以及中西部落后地区的矿产资源、人力资源等支持，因此其有能力也有责任通过地方政府间的横向财政转移支付支持中西部落后地区发展。当然，在横向转移支付方面也不能给予富裕地方过重的负担，以防止阻碍其经济发展。当前，在国民教育、基础设施建设、重大灾害援建等方面的对口支援措施，某种程度上就具有横向转移支付的性质。我们应当在此基础上，探索建立以纵向转移支付为主干，以横向转移支付为补充的长效机制，构建出立体化的转移支付网络，“结合我国地区之间财力差距较大的国情特点，改变过去‘对口支援’‘地区互助’等‘暗补’做法，实行横向转移支付‘明补’政策，使省际间的转移支付更加合法、合规”，[①] 这样才能形成中央与地方的合力，有利于缩短地区间的贫富差距，实现再分配的公平正义。第二，优化转移支付的分配方法。“因素法”计算公式的设计不能够完全脱离“基数法”，必须在“基数法”的基础上，选取经济水平、城乡人口、自然环境等客观因素作为分配财政资金的基础，通过这些客观因素合理评估各地财政收支能力，明确财政资金分配的范围和标准，并设计一系列计算公式来具体确定转移支付的额度。与此同时，还要考虑各地提供公共产品或服务的实际成本，建立科学的评估机制，这样才能准确核定转移支付的具体额度。既能够满足各地对转移支付的合理需求，又有利于减少人为因素的干扰，确保财政资金分配的合理性。第三，完善专项转移支付制度。专项转移支付是中央

① 黄玉银、何世文：《完善财政转移支付制度的建议》，载《经济研究参考》2018 年第 18 期。

根据当年的经济政策和重大事件有针对性地对地方具体项目建设的财政支持，“主要包括经济建设、农田水利和环保工程等一些按项目法分配、直接分配到具体项目中的转移支付，以及少量按因素法分配但有特定使用方向的补助性资金”。[①] 每个预算年度的专项转移支付支持的地区和项目不应该是完全相同的，既不能使专项转移支付沦为“跑部钱进”的结果，也不能使专项转移支付作为某些地方固化的利益长期存在。因此，中央需要根据每年的实际情况来调整专项转移支付政策，避免财政资金流失、分散，使专项转移支付的财政资金落到实处，用于资助关乎国计民生的重大问题，符合中央宏观调控的宗旨。此外，当前专项转移支付所占比重较大，中央应当将长期进行的固定专项转移支付转变为一般性转移支付，以充分发挥两类转移支付的作用，实现公共服务均等化的目标。

二、适度赋予资源型地区税收立法权

（一）适度赋予资源型地区税收立法权的理论支撑

1. 税收法定主义

13 世纪初，英国《大宪章》限定了国王只能为贵族赎身（被俘）、册封和出嫁而征收税金。但是“唯全国公意所许可者，不在此限”，这就是税收法定主义的萌芽。[②] 税收法定主义简而言之，是指国家征税必须依法进行，没有法的规定则不能够征税，公民也不负纳税义务，这堪称是财税法的“帝王规则”。现代国家财政收入的主要来源就是税收，税收关系体现了财富在国家与公民，公民与公民之间的分配模式。在法律视阈下，国家税权的实施程度关系到地方财政自主权、经济自由权和公民财产权的实现。因此，其具体表现在宪法法律中中央与地方、权力机关与行政机关之间的权力分配。如

---

① 刘士义：《财政转移支付制度的现实困境与改革路径研究》，载《财经问题研究》2018 年第 2 期。

② 参见张学博：《财政透明度规则：国家治理现代化的现实路径》，载《天津行政学院学报》2017 年第 3 期。

果能够根据客观经济发展规律，良好地协调相应的权力分配，既能够确保公民的基本权利，也能够促进国家的经济发展。反之，则对公民权利和经济发展都是极大的损害。伴随现代民主制度产生的税收法定主义对维护公民的财产权起到了巨大的作用，当前在我国全面依法治国的背景下，准确理解税收法定主义有利于公民对税收的认同和遵守，进而推动税制改革的法治化进程。从学理上讲，税收法定主义的解释也并非一种，即税收"法定"可以解释为仅仅由国家法律规定才能征税，也可以扩张解释为除了国家法律外，行政法规和地方性法规也能够进行征税的规定，但是需要受到法律的约束。比如，我国的行政法规基于法律授权能够对征税进行规定，就体现了这一精神。在实践中，以美国、澳大利亚为代表的国家地方具有税收立法权；以德国为代表的国家地方具有税收先行立法权，即联邦未立法则地方可以立法，而且地方立法权仅在州一级行使；以日本、韩国为代表的国家地方具有税收立法权，但是需要符合法定程序和要求。就是税权较为集中在中央的法国，也存在部分税种由中央授权地方自主决定是否开征，此外在税率等方面地方也有一些自主决定权。

综上所述，"离开税收法定本义、离开具体国情而谈税收法定原则是片面的、不具实践性"。① 我国虽然一直强调中央的税收立法权，但无论是《宪法》中"充分发挥地方主动性、积极性"，还是具体税收法律规范中对地方税权的规定，即便是2015年《立法法》修正案中也仅仅是更换了表述方式，都没有在理论上排斥地方税收立法权。在实践中，屠宰税和筵席税的"管理权"先后授权地方，由其决定是否征收并制定相应规范。在实践中，地方税收立法权也存在可能。因此，鉴于我国幅员辽阔，各地客观条件不同，只要不实质阻碍中央宏观调控和经济发展，适度赋予资源型地区这样区域特征明显的地方税收立法权是符合税收法定主义的本质要求的。

2. 地方财政自主权

"我国这样一个地域辽阔，经济社会发展差异明显的国家，给予地方政

---

① 张天犁：《关于税收法定原则的一般考察及相关问题研究》，载《财政研究》2017年第6期。

府适当的财税自主权有助于效率水平的提高。”① 公共财政理论从公平和效率出发，认为再分配的职责应归属中央，而基础分配职责应归属地方。由于地方政府对于所在地客观条件和居民需求的了解较上级政府更为直观，因此能够较好地提供适合本地区发展的公共服务。地方政府需要根据所在地的实际情况，提供满足居民需求的公共服务，这是地方政府具有财政自主权的根基。但是地方财政自主权是有边界的，过多地方财政自主权容易弱化中央的宏观调控能力，不受限制的地方财政自主权则容易滋生腐败、助长地方保护主义。因此，在我国实现地方财政自主权的前提是中央财权的稳定，必须确保在中央和地方之间财权与事权的平衡，强化中央的宏观调控能力，使地方财政自主权的行使统一到中央的整体规划之中，这是地方财政自主权的本质要求。看不清这一点就会造成地方财权与中央财权的对抗和矛盾，那么地方财政自主权便无从谈起，因此地方财政自主权还需要进行约束和规制。

因此，当前我国地方财政自主权应限于财政收入自主权和财政支出自主权，并且二者是相互联系、二位一体的。对于财政收入自主权来说，地方融资、国有资产收益、收费的自主权已经较大，应当受到限制，其并非地方财政自主权主流。在建设税收国家的今天，地方税收自主权应当是财政收入自主权的核心。目前，我国的税种分为中央税、中央与地方共享税和地方税，地方税收自主权当然只能限于地方税，其可以通过法定程序，根据地方实际决定征收与地方经济发展密切相关的税种，以便于扩大地方的财源，有针对性地解决当地影响较大的问题。地方政府向特定纳税人征收税款，则对于该问题的解决地方政府就必须向特定纳税人负责，这样在逻辑上十分通顺，保障了地方政府财权和事权相统一。世界多国的实践经验显示，适当的地方财政自主权，能够提升地方政府的办事效率，增强其履行政务的责任感，防止其通过不当渠道增加财政收入和推卸应有的公共服务责任。需要强调的是，地方政府的财政收入自主权和财政支出自主权是二位一体的，即为特定目的征收的地方税税款，必须专款

① 赵海利、童光辉：《地方财政自主率、社会性支出与城乡收入差距——基于1995~2014年省级面板数据的经验分析》，载《经济社会体制比较》2017年第2期。

专用于该问题的解决。这就是在赋予地方财政自主权的同时，也要注重对其进行规制，使地方财政自主权在中央的宏观调控之下运行，既突出地方特征，又符合中央统一政策，防止地方财政自主权被滥用。

3. 先行先试权

自2005年以来，我国开始在不同区域实行综合配套改革，为了推动改革的进行，中央开始赋予地方先行先试权。2006年5月，国务院颁布的《推进天津滨海新区开发开放有关问题的意见》中首次提到“先行先试”，即在相关金融领域的改革，原则上可以安排滨海新区先行先试，此外还提到滨海新区可以“先行试验一些重大的改革开放措施”。2008年9月，国务院颁布的《关于进一步推进长江三角洲地区改革开放和经济社会发展的指导意见》中指出，长江三角洲地区要“坚持改革开放，继续在体制创新上先行先试……”这样“先行先试”逐渐成为综合配套改革的核心词和重要的政策权力。先行先试权，仅就其字面意思来看，是指在综合配套改革过程中制定试验创新性政策。其实质是“摸着石头过河”的现代表现形式，是中央下放权力以促进改革的做法。“换言之，除了不能违反法律的禁止性规定和国务院在授权时的限制性规定以外，先行先试权并无其他的法律边界。”①

先行先试权有以下特征：第一，先行先试权的边界并未明确。中央赋予地方先行先试权，但是并没有明确其内容和范围，换句话说，地方的先行先试权是自身探索出来的，并不确定，需要各地在实践中不断充实其内容和范围。第二，权力与义务相统一。中央赋予了地方先行先试的权力，从另一个方面看也就是要让地方承担先行先试的义务，因此，地方先行先试权是权力和义务相统一的，地方必须充分利用先行先试权为综改区建设作出贡献。第三，先行先试权的前提是中央的调控。地方的先行先试权是中央授予的，因此，地方不应当期望通过该项权力突出自身，弱化中央的领导，更不能滥用先行先试权逃避中央的监督，要明确地方先行先试权是中央宏观调控政策的

① 参见汪丽丽：《非正式金融法律规制研究》，华东政法大学2013年博士学位论文，第284页。

一部分。第四，先行先试权具有试验性。这就是说先行先试权既要免除地方因为试验而承担失败的责任，又要确保各个地方试验的推广价值。因此，地方一定要在充分准备的基础上进行政策试验，决不能盲目“试错”，滥用先行先试的权力。

当前，众多资源型地区都具有先行先试权，如山西国家资源型经济转型发展综合试验区，因此，应当充分利用先行先试权。所谓“兵马未动，粮草先行”，当前，先行先试权最重要的就是解决资金短缺问题。正如邓小平同志当年讲到的，要利用国家的政策“杀出一条血路”来。根据国务院《关于支持山西省进一步深化改革促进资源型经济转型发展的意见》（国发〔2017〕42号）的宗旨，山西省是我国重要的能源基地和老工业基地，是国家资源型经济转型综合配套改革试验区，在推进资源型经济转型改革和发展中具有重要地位。当前，我国经济发展进入新常态，对资源型经济转型发展提出了更高的新要求。为加快破解制约资源型经济转型的深层次体制机制障碍和结构性矛盾，走出一条转型升级、创新驱动发展的新路，努力把山西省改革发展推向更加深入的新阶段，为其他资源型地区经济转型提供可复制、可推广的制度性经验。因此，利用资源型地区优势发展自己势在必行，在先行先试权的支撑下，赋予资源型地区相应的税收立法权，是运用市场经济手段解决社会问题，是符合政策宗旨和客观实际的。但是需要强调的是，这个税收立法权当然仅限于与当地经济发展密切相关的地方税，而且是适度赋予税收立法权，也就是说地方税收立法权是在中央的调控下，受到法律约束的立法权。

（二）适度赋予资源型地区税收立法权的现实意义

1. 发挥资源型地区的积极性

“对于资源型地区而言，由于矿业开发的特殊性，以及地区经济发展对资源产业的过度依赖”，[①] 引发了资源枯竭、生态破坏等问题，进而造成了经

---

① 杨贺、刘金平、吴德存：《资源型经济空间演化仿真与供给侧结构性改革路径》，载《统计与决策》2016年第20期。

济的滑坡。因此，其在经济上必须摆脱对传统资源的依赖，寻找新的增长点，这样才能实现资源型经济转型发展。在社会主义市场经济不断完善的今天，我们不能仅仅通过行政命令使资源型地区实现经济转型，必须运用经济调节的市场手段方式来解决完成这一任务。当前，我国税收在承担保证国家财政收入稳定职能的同时，也同样要注重承担宏观调控的职能，资源型地区政府必须要重视税收在地方资源配置、经济调节中的重要作用。由于各个地方的区域特征千差万别，中央的宏观调控需要地方的配合才能起到较好的效果。具有地方税收立法权则是运用税收手段的前提条件，因此，适度赋予资源型地区税收立法权，其就能够根据资源型税源、经济转型和当地社会需求等具体情形，通过法定程序立法征收具有资源型地区特色的税种，十分符合市场配置资源的经济规律。在增加资源型地区的财政收入的同时，也能够有针对性地遏制原始资源经济的继续，发挥地方税收对资源转型的促进作用。资源型地区的税收立法，不仅单纯强调对国家课税权的限制，还更加注重运用合法的方式赋予地方行政机关立法权，使行政机关更好地发挥经济调控者的作用，以实现社会整体利益。此时的税法就不再仅仅是权力本位法，对政府来说也不仅是控权法，而是授权法。税收立法不再严格地作为中央保留事项，税收立法权变为由中央国家机关和地方政府机关共同掌握。如果资源型地区完全不具有地方税收立法的权力，那么很可能产生两种不利后果。一种是资源型地区本身未能形成良好的财税制度，财政资金紧张，只能依靠中央财政的扶持，丧失了经济转型的主动性；另一种是在没有地方税收立法权的前提下，资源型地区不但无法开征新税种弥补财政资金缺口，而且也无法通过典型的税收优惠鼓励新兴企业发展。这既可能因财政资金的缺乏极大减缓资源型经济转型的进程，又会引发资源型地区政府不当使用行政权力，使经济转型的合法性受到质疑，严重打击了参与经济主体的信心。因此，我们必须适度赋予资源型地区地方税收立法权，发挥资源型地区的积极性，促进转型发展。

2. 为健全资源型地区地方税收体系提供权力基础

一套健全的地方税收体系应当由两部分组成：一部分是当地良好的税制构成，包括主体税种、补充税种等；另一部分是当地完善的地方税收法律制度，包括税收法规、税收政策等。值得注意的是，无论是地方税制的确立，还是税收政策的制定，一旦缺乏地方税收法规的保障，不是突破了法律的范畴，就是缺乏地方特色，不利于健全地方税收体系。而税收法规能够得以制定在于地方税收立法权的确立，因此地方税收立法权是整个地方税收体系完善的基础。但凡实行分税制，存在中央税与地方税的区别，就会涉及地方税的立法权归属问题。地方税立法权是归中央统管，还是由地方自行实施，这直接关系到地方财政自主的程度。如果地方税立法权归属中央，则涉及税收征收的各种要素都需要统一考虑衡量，这虽然有利于税制的统一规划，但是也丧失了地方税收应有的区域需求。而且在实践中，地方为了争取税权，往往制定相应政策与税法进行“博弈”。这造成了地方行政权力在税收制度上的扩张，根本上违反了税收法定的原则，会导致税款的严重流失，从而加剧中央和地方在税权上的“矛盾”。

地方税收顾名思义应当具有很强的针对性，除了一些各地均需征收的税种外，还有相当一部分地方性税种，与每一地区的自然条件、经济结构、财政水平关系密切相关，属于不具有普遍意义的地方税，因此，各地的地方税体系并不能一概而论，需要区别对待。以最近热议的环境保护税为例，其开征对于资源型地区来说既能够遏制污染的扩散，又能够增加财政收入，作用十分明显，但是对于一些资源匮乏、工业相对落后的地区，或者是环保技术进步的地区来说则均显得效用一般。因此，我们可以看出，税收立法由地方适度分权是分税制的内在要求，其更符合市场经济发展的客观规律。资源型地区要充分发挥分税制的优势，理顺与中央事权、财权的关系，合理划分税收立法权，实行分税和分权并举的模式，给予地方一定程度的独立性，这样才能避免与中央在税收问题上的“讨价还价”，进而建立完善的地方税收体系。“实践中地方政府基于《立法法》第9条对于国务院的一般授权以及税收单行法律、法规的具体授权而获得了一定程度上的税收立法权限。”① 因此，

① 廖呈钱：《回应性：地方税收立法制度的一种理论支撑》，载《现代经济探讨》2016年第8期。

适度赋予资源型地区税收立法权，为健全资源型地区地方税收体系提供坚实的权力基础，其才能根据自身的实际情况，确定本地的主体税种和补充税种，构建良好的税收体制；同时还能整合现有的税收政策，制定完善的地方税收法规，形成完善的地方税收体系。

3. 保证资源型地区的税收制度符合国家治理的内在要求

国家治理可以理解为“治理国家”，即整个国家都在符合人民利益的合理制度的轨道内运行，将权力关在制度的笼子里，所谓“随心所欲而不逾矩”。与单纯的国家管理不同，国家治理特别强调运用法治的方式进行，主张通过法律制度分配权力、行使权力、约束权力。国家治理除了全国性治理外，还应当包括地方性治理，地方性治理的前提是中央在立法上的适度分权，即地方立法权必须由中央合法授予。这样才能规范地方行政机关的行为，打造多级法治政府，自上而下地推动国家治理能力现代化。因此，通过法治手段不断规范地方税收活动，是提高地方治理能力的应有之义，符合国家治理的内在要求。2013 年 11 月 12 日，党中央通过的《关于全面深化改革若干重大问题的决定》指出，“财政是国家治理的基础和重要支柱”，要求改革税制，以建立现代财政制度，同时发挥中央和地方两个积极性。2015 年 10 月 13 日，中央深改组通过的《深化国税、地税征管体制改革方案》指出，“进一步增强税收在国家治理中的基础性、支柱性、保障性作用”。因此，我们可以看出税制改革是全面深化改革的重点，是国家治理的基础，对于推动国家治理能力现代化的意义十分重大。此前，我们过多注重税收的经济职能，忽略了其法治意蕴，这就导致了行政机关在税收管理上的权限过大，而税收法律制度建设却相对滞后现象的出现。当前，地方税收活动较多依赖国家税务总局和各级政府的财税政策，这些政策有时甚至突破了法律的界限，在实践中出现了很多问题，不符合国家治理的要求。而且，“现实中大量存在的地方政府通过不正当手段争夺税源的行为不仅破坏了正常的税收秩序，扭曲了地方的财政支出结构，导致非法治赋税模式的生成以及地方保护主义的蔓延，而且还增加了整个社会的交易成本，加剧着地区间发展的不平衡，制约着全国统一市场和公平竞争环境的形成”。[①] 资源型地区经济转型发展实质上就是一种经济体制的改革，在这个过程中，税制改革可以说是一个重要的支点，牵一发而动全身，一旦顺利实施便能够使地方财税体制正本清源，为经济转型提供市场调节工具和财政资金保障，推动改革全局迅速发展。当前，资源型地区税制改革的关键就是，在遵循税收法定原则的前提下，中央适度赋予其地方税收立法权，实行税收立法权的纵向配置。这样才能使地方的税制改革有法可依，为地方治理奠定了制度基础，同时将地方税收活动真正纳入法治轨道，使税收法定原则由形式向实质转化，对于财税法治的建设意义重大，保证了资源型地区的税收制度符合国家治理的内在要求。

（三）适度赋予资源型地区税收立法权的实践要求

1. 明确资源型地区税收立法的基本规则

资源型经济转型必须要妥善处理改革与法治的关系，特别是要在涉及公众利益的税收关系中化解这对矛盾。授权立法作为一种相对“灵活”的机制，在实现税收改革与立法的有机融合中发挥着不可替代的作用。[②] 授权立法虽然与资源型经济转型的路径相一致，能够减少改革的阻碍和成本，却可能引发整个法律体系的混乱，存在违反“税收法定原则”的风险。因此，通过法律形式明确授权立法的基本规则，既能够强化资源型地区的税收自主权，确保财税体制改革在法治范围内进行，又可以合理界定资源型地区税收立法的边界，防范改革过程中可能滋生的地方保护主义，防止中央与地方因税权分配而产生矛盾。总的来说，应当重点突出最高立法机关的主导功能，使资源型地区税收立法在既有的法律体系内进行，防止超越立法权限、与上位法冲突等情形的出现。全国人大及其常委会必须把控整个授权立法行为，以宪法法律为依据，对税收授权立法进行严格约束，依法主动行使税收立法权，明确资源型地区税收立法的规范性和限制性内容。

---

① 靳文辉：《论地方政府间的税收不当竞争及其治理》，载《法律科学》（西北政法大学学报）2015 年第 1 期。

② 参见李楠楠：《论优化中央与地方税收授权立法的法治路径》，载《北方法学》2018 年第 5 期。

第一，规定税收授权立法主体。根据税收立法自身的性质和授权立法的一般规则，授权机关必须为最高立法机关，即全国人大及其常委会。不允许国务院将“被授权”得到的制定行政法规的权力进行“转授权”，因此，国务院不能成为授权主体。这既能使资源型地区的税收立法权的合法性一脉相承，也能保证授权立法目标的完整实现，维护税收立法的科学性和稳定性。被授权机关则应当是资源型地区的“最高”立法机关，即相应省级人大及其常委会，同样，“被授权”的省级人大及其常委会不能再“转授权”给其他机关。特别注意的是，不能授权给资源型地区的政府税收立法权，这是税收立法严谨科学的要求，能够避免立法权被过度使用。但是，资源型地区省级政府可以依据现行法律，在职权范围内制定一些配合地方税收法规执行的技术型政府规章，以促进税收立法的有效实施。第二，明确税收授权立法的范围。这要求具体规定资源型地区授权立法的“限度”，即在何种范围内确定税收要素，以及是否允许其自行开征新税。其中，现行税收法律、行政法规规定征收的税种，事关国家财税制度全局，因此资源型地区的税收授权立法只能有条件地规定这些税种的部分税收要素，换句话说就是，立法机关立足本地实际，依法明确特定的税收要素，比如，具体法规条款可以确定税率、税目可选择的变动范围。但是，在既有的个别税种中有些对于全国经济发展的影响相对较弱，因此，资源型地区税收授权立法对于这部分税种的规定可以涉及更多的税收要素，授权的范围更为广泛，可以包含税率、税基、税收优惠、征管程序等。此外，对于促进资源型经济转型作用明显的税种，在符合法定程序的前提下，可以允许资源型地区开征新税，即拥有此类税种的完整立法权。值得注意的是，对于“完整立法权”规则的制定一定要本着审慎的态度，严格遵循税收法定原则，履行法定程序，并且应当按照一税一法的形式制定地方性税收法规，特定是资源型地区绝不能够制定总则性的税收地方性法规，以免使资源型地区在税收立法上产生地方保护主义的倾向，甚至造成全国税收法律体系混乱的局面。第三，突出税收授权立法的限制性规定。首先，应符合“依法立法”的要求，不得与现行税收法规、行政法规，甚至特定税收政策相冲突；其次，应受到授权内容的约束，不得超出全国人大及其常委会的明确授权；最后，应确保国家财税收支稳定，不得影响当地乃至全国财税收支的整体稳定，进而增加公民的税收负担。

2. 规范资源型地区税收立法的法定程序

资源型地区税收立法不但要科学立法，明确具体规则，还要实现民主立法，推行严格的立法程序，增强立法协商，充分发挥公众参与的积极作用，同时建立健全税收立法的法律监督机制，从整体上全面推进资源型地区税收立法科学化与民主化的有机统一。

第一，完善资源型地区税收立法的协商机制。鉴于资源型地区税收立法属于地方立法，其必须立足地方实际，充分听取各方意见，以使立法符合社会公众的根本利益。因此，在立法过程中应当注重吸纳税收行政机关、财税法律学者、纳税主体的意见建议，发挥各自优势，形成三元主体共同参与、平等交流、积极对话的协商机制。其中，税收行政机关作为国家负责征收的政府机构，应当依法充分履行征收税款的职责，以为国家机关运转提供财政支持为目标，但是，如果征税权力行使失当，便会损害纳税主体的利益，甚至引发社会公平正义的危机。因此，税收行政机关的合理征税诉求是资源型地区税收立法的重要考量之一。财税法律学者理论素养较高，善于从专业角度论证为科学立法提供有效论证，是税务行政机关和纳税主体共同信任的桥梁纽带。[①] 在资源型地区税收立法中，财税法律学者既可以运用技术手段和理论知识构建科学合理的税收立法运行机制，又能够始终保持客观中立的态度，有效遏制税收行政权力的扩张，维护纳税主体的税收权益，实现税收民主立法。纳税主体是一个广泛的社会公众群体，从某种程度上说属于税收法律关系中的弱势群体，但是，其最能够反映社会公众对于税收立法的态度，享有税收使用的知情权和监督权，对于税收立法拥有建议权。上述三元主体的对话协商的过程实质上是税收立法多元价值的平衡，最终实现公共意志向

① 参见刘剑文、耿颖：《税收授权立法权的合法行使：反思与建构》，载《国家行政学院学报》2015 年第 5 期。

国家意志的转化，以便于资源型地区税收立法全面体现各方面的诉求。

第二，健全资源型地区税收立法的公众参与机制。资源型地区税收立法应当消除“政府本位主义”，在参与途径、参与形式等方面健全社会公众、特别是利益相关主体的参与立法的机制。其中，建立健全税收立法听证制度，增进立法机关和多元利益主体的沟通交流，使各方诉求充分表达，在当面阐述辩论的基础上，不断调和化解矛盾冲突，实现各方利益的平衡和社会的公平正义。此外，必须及时准确公示税收立法的法律草案，向社会公众征求意见和建议。这样不但有利于立法机关及时了解社会公众对于立法的观点态度，有效整合校正相关立法条款，推进税收立法的进度，还有利于宣传相关税收法律制度，加深社会公众对草案的认识理解，有效消除因信息不对称对税收立法的误解，强化税收立法的参与性、正当性、可接受性，为资源型地区税收民主立法奠定社会基础。

第三，建立资源型地区税收立法的监督机制。虽然全球大多数国家通过司法审查方式来监督立法，但是鉴于不同国家的政治体制、历史文化、法律传统均有所不同，我国资源型地区税收立法不宜照搬照抄国外司法审查模式，应在现有立法司法体制基础上，探索发挥司法能动性审查税收立法的合理路径。目前，依据法律规定，对于资源型地区税收立法的监督，还是应当以立法机关自我审查为主。根据《立法法》的规定，全国人大及其常委会可以通过裁决、改变、撤销、备案等方式行使对于授权立法的监督权，且监督的范围应包括税收立法的静态条文和动态运行。但是，实践中立法机关真正行使监督权的案例极为罕见，因此，应当强化全国人大及其常委会对于资源型地区税收立法的监督审查，赋予相应地区省级人大及其常委会一定的立法监督权，依法合理丰富监督方式，如增加立法否决、适用期限等方式，以便将《立法法》规定的监督方式在资源型地区税收立法注重充分适用。

3. 健全资源型地区税收立法后的评估机制

为了掌握资源型地区税收立法的实施情况，为相关法律法规的制定修改提供借鉴，必须建立健全资源型地区税收立法的立法后评估机制。根据《立法法》第63条规定，全国人大常委会、专门委员会可以进行立法评估。就资源型地区税收立法评估而言，相应省级人大常委会、专门委员会也应参与到立法评估之中。建立健全资源型地区税收立法后评估机制，将税收授权立法纳入立法评估，有利于与立法程序中的监督机制相衔接，强化税收授权立法的事后监督，进而促进资源型地区税收立法的有效制定和实施。

一方面，确立立法后评估标准。一是细化评估指标。资源型地区税收立法不但需要评估授权的实施状况，而且必须评估制定修改税收地方性法规的条件。制定法律或修改法律的条件并非“全有或全无”，而应是上升式的梯度型标准体系。[①] 因此，应当构建完整的评估标准体系，科学设置评估指标，尽量控制自由裁量的幅度，确保税收授权立法评估的实效性。这样就能相对准确地检验资源型地区税收立法是否符合经济转型发展的要求，通过渐进式的方式及时予以巩固完善或者修订校正。在新的税收授权立法中，符合评估指标的规定应当持续贯彻落实，必须保证未能达标的规定经过修改，至少达到评估指标的最低限度，以使立法越发趋于完善。二是确定评估期限。根据《立法法》第10条第3款规定，被授权机关在授权期限届满六个月前应当向授权机关汇报实施情况，并提出关于授权是否继续实施的具体法律建议。有鉴于此，实施报告应同时上交评估机构，并于三个月内形成评估报告提交给全国人大常委会。具体而言，资源型地区税收立法评估期限应参考事先编制的立法规划，由全国及省级人大常委会、专门委员会根据实际情况具体确定评估时间表，以及时检验税收授权立法的真实效果。

另一方面，健全立法评估实施机制。根据《立法法》第10条和第63条规定，授权立法评估报告应提交给全国人大常委会，而实施报告则提交给授权机关。其中，如果全国人大作出授权，评估报告与实施报告所提交的主体分别为全国人大常委会和全国人大。虽然，全国人大常委会是全国人大的常

---

① 参见尹德贵：《全面深化改革视野下的授权立法》，载《学术交流》2015年第4期。

设机构，但是这样的规定在实践中也可能会导致两者衔接不畅。因此，资源型地区税收立法评估实践中应充分发挥专门委员会的作用，允许其向全国人大提交评估报告，或者明确全国人大常委会向全国人大转交评估报告的机制，以保证制度之间的衔接。

三、扩大资源型地区的税收收益权

（一）扩大资源型地区税收收益权的必要性

1. 增强资源型地区提供公共产品或服务能力的客观要求

公共产品或服务是具有层次性的，可分为国家和地方两个层面，国家层面的公共产品或服务包括国防、外交等只能由中央政府提供，地方层面的公共产品或服务包括地方基础设施、社会管理、社会服务等需要地方政府提供，地方层面还可以继续细化为省、市、县、乡、村几级。并且公共产品或服务需求的信息是自下而上报送的，因此中央政府对相关信息的掌握相对来说不如地方政府具体。因此，由于公共产品具有层次性的特点，加之信息不对称的原因，地方政府提供的公共产品或服务较中央政府而言相对更具针对性，更符合当地生产生活的需求。就资源型地区而言，该地区对于公共产品或服务的需求与沿海发达地区就有所不同，甚至资源型地区内部各省份对于公共产品或服务的需求也有所不同。当前，资源型地区提供公共产品或服务能力的增强，主要依靠中央增加财政转移支付，依靠地方财税体制发展而自身提升的空间不大。原因就是地方税收收益权较小，不能通过调整税收要素来因地制宜地调控经济，在很大程度上影响了其财政结构，阻碍了区域性公共产品或服务的提供。为了更好地提供公共产品或服务，满足资源型地区自身的需求，应当扩大资源型地区税收收益权。这样才能在法定程序下，由资源型地区自身选取适当、丰富的税源充实到财政收入之中，并专门用于环境治理、经济转型等涉及资源型地区发展的关键方面，比如，合理扩大资源税税目所带来的财政收入可以用于恢复资源开采带来的生态破坏、补贴高新技术企业发展。既遏制了生态环境的恶化，又促进了新经济增长点的发展，真正实现了资源型经济转型发展。“不仅有助于地方因地制宜培植财源，形成稳定的财政收入预期和长远规划，而且有助于地方优化配置区域性资源，有效地提高公共的供给数量与质量。”[①] 如果资源型地区税收收益权未能扩大，则会在资源型经济转型发展中，既加重中央在税收管理上的行政负担，又浪费地方的行政资源，甚至还会造成财政资金使用的浪费，最终弱化公共产品或服务的提供能力。

2. 为资源型经济转型提供财政支持的重要保障

资源型经济转型是一个长期而艰难的过程，在调整产业结构、提高社会福利、保护生态环境等方面困境重重，要解决这些问题必须通过地方政府宏观调控和市场机制有机结合，其中最根本的就是提供有效的资金保障。现行税收法律制度只是区分了中央税、地方税及中央地方共享税三类税种，在《关于实行分税制财政管理体制的决定》（1993 年）、《关于印发所得税收入分享改革方案的通知》（2001 年）、《关于印发全面推开营改增试点后调整中央与地方增值税收入划分过渡方案的通知》（2016 年）等文件中规定了地方分享相应税收的比例，几乎没有地方税收收益权扩大的空间。资金与经济发展的关系被哈罗德—多马经济增长模型所证明，它假设储蓄能够有效地转化为投资，资本 - 产出比例不变，因此储蓄率的提高将增加投资或资本存量，最终提高经济增长率。[②] 因此，对于发展落后的资源型地区来说，扩大资源型地区税收收益权有利于增加税收收入，完成自身资本积累，最终促进经济转型发展。目前，资源型地区在经济转型发展中存在严重的资金短缺问题，一方面，在全球经济滑坡的大背景下，我国市场产能供给过剩，同时还面临国际资源市场商品价格波动较大，导致资源型地区税收收入缺乏预期。此外，“营改增”全面落实以后，资源型地区损失了营业税这一主要税种，损失了大量税收收入，这均不利于为资源型经济转型发展提供稳定资金支持。另一方面，资源型地区处于新旧动能转换的发展机遇期，经济发展较其他省市面

---

① 苗连营：《税收法定视域中的地方税收立法权》，载《中国法学》2016 年第 4 期。

② 参见房红、于嘉：《论资源型城市财政支持的原则与措施》，载《学术交流》2017 年第 1 期。

临着更加严峻的问题，特别是在民生、环境、社会保障等方面均需要大量的财政支出，资金瓶颈日益凸显。只有不断增加本地的资源积累，提供充足的财政支持，才能处理好这些资源型经济转型发展中的系统性问题。因此，由全国人大或常委会的决议限制国家税务部门对税收收益的决定权，适当扩大资源型地区地方税收收益权，实行中央机关与资源型地区省级机关两级制度制定主体，明确省一级政府的税收收益权，形成中央、省、市（县）三级扁平化财税管理体制。与此同时，整体把握资源型地区事权与财权的实际情况，根据经济转型发展需要，确立其税收收益权的规模，形成全国性地方税收收益权改革的试点，只有这样才能为资源型地区地方税收收益权扩大奠定基础，满足资源型经济转型发展的财政需要。

3. 规范资源型地区政府行为的必然选择

税收收益权是财税体制改革的排头兵，起到了牵一发而动全身的作用。其不仅关系到资源型地区的广大市场主体，也与地方政府的改革息息相关。换句话说，扩大税收收益权是资源型地区优化财税体制改革的重要举措，能够对地方政府行为起到引导和调节作用，倒逼其进行自我完善，以合理审慎运用行政权力，不断推动资源型经济转型的其他改革和制度创新。资源型经济转型需要地方政府利用市场机制来主导推动，因此，规范其政府行为更加重要。必须明确地方政府和市场的关系，确保政府的宏观调控不影响市场的自由竞争，这样才能实现经济转型的健康长远发展。其中，完善的制度规范资源型地区政府行为是防止其越位或失位的根本途径。应当在合理范围内扩大税收收益权，以防止资源型地区政府为了获得转型发展的财政资金，利用公权力干预市场竞争，致使客观上鼓励高耗能、高污染的企业恶性扩张，与转型发展的理念背道而驰。如资源型地区从消费税、环境保护税中获得了更多的税收收益权，一方面，可以发挥税收的调节作用，减少资源依赖，促使资源型经济良性发展；另一方面，还可以通过税收收益的增加，为资源型转型发展提供资金支持，防止政府为解决资金缺口而做出不当行为。

（二）扩大资源型地区税收收益权的可行性

1. 以促进资源型经济转型的相关法律政策为制度基础

制度是促进资源型经济转型，推动资源型地区财税体制改革的重要保障。促进资源型经济转型的财税法律政策为扩大税收收益权奠定了坚实的制度基础。一方面，就法律制度而言，《宪法》第100条明确赋予了省级人大及其常委会、省级人民政府制定地方性法规和规章的权力。资源型地区税收法规属于地方性法规范畴，因此，可以通过授权立法，在不与国家层面法律制度冲突的前提下，由省级人大及其常委会制定地方税收法规对扩大税收收益权进行规定，这完全符合《宪法》关于地方立法的要求。另外，根据《立法法》总则和第73条的有关规定，资源型地区省级人大及其常委会可以在不违背国家财税法律制度、不实质影响中央税收收入、不破坏市场经济的前提下，结合本地经济社会发展的实际情况和具体需要，制定地方税收法规，通过调整税收要素扩大税收收益权。另一方面，就财税政策而言，为支持各资源型地区，国家出台了一系列促进政策，其中涉及财税体制改革的内容，为资源型地区扩大税收收益权提供了政策依据。以山西省为例，2012年9月，国务院正式批复《山西省国家资源型经济转型综合配套改革试验总体方案》，此文件明确指出要深化财税体制改革。其中，在资源环境方面，要健全完善资源环境税收制度。根据清费立税的基本原则，推动煤炭等资源税由“从量计征”向“从价定率计征”转变，统筹落实各种矿产资源税费制度改革，强化相应税收政策。同时，在社保、基础教育、公共卫生等涉及民生的项目逐步加大中央对于山西省的转移支付力度。此外，为了推动科技创新和优化营商环境，还强调要落实税收优惠政策，建设综合保税区和保税仓库。这些财税政策都不同程度地为扩大税收收益权提供了保障和方案。2017年9月，国务院颁布了《关于支持山西省进一步深化改革促进资源型经济转型发展的意见》，此文件进一步强调，支持山西省创新财政支持资源型经济转型升级方式，开展水资源税改革试点，落实完善落实固废利用产品税收优惠政策。从车辆购置税资金、中央预算内投资和民航发展基金的收入中支持交通基础设施建设。这些财税政策进一步增加了税收收益权的内容，无疑有助于指引和推动税收收益权的扩大。促进资源型经济转型的相关法律政策作为财税体制改革顶层设计，是资源型地区扩大税收收益权的前提和基础，发挥着重要的指导和保障功能，具有极强的现实意义。

2. 以国家财税体制改革为实施背景

财税制度涉及经济发展的各个领域，发挥着沟通连接各方面关系的桥梁作用，是实现国家治理的重要工具。推动财税体制改革不但是健全社会主义市场经济体制的题中之义，同时也是促进经济发展方式转变、平衡区域财政收入的战略举措，从而为进一步扩大资源型地区税收收益权提供了良好的实施环境。随着财税体制改革的深化和完善，必然为资源型地区税收收益权扩大创造条件。2012 年，“营改增”是我国新一轮财税体制改革的起点，作为地方主要税种的营业税退出了历史舞台，有效推动了地方税收体系转型升级，为资源型地区地方税收体系建设、扩大税收收益权提供了广阔空间。资源税改革逐步推进，其中对于“计征方式、征税范围、收入分配”进行了调整和扩容；特别是开征环境保护税，允许省级地方政府根据实际情况，对于税收要素进行适当调整，以遏制环境污染，补偿经济损失，这些均有助于提升资源型地区的税收收益。此外，个人所得税课税模式、课税对象、税率优化等方面做出的调整也为资源型地区深化税收收益权改革提供了前期准备。2015 年 11 月，中央经济工作会议提出，要实施供给侧结构性改革。通过财税体制改革促进去产能、去库存、去杠杆、降成本、补短板等五大任务。中央财政设立大规模专项奖补资金，以调整产能过程的煤炭钢铁行业企业结构，有效解决产能过剩问题，设立国家新兴产业创业投资基金，以助力创新型企业发展。与此同时，全面实施“减税降费”降低企业成本，2016 年 12 月，财政部联合国家税务总局发布了《关于落实降低企业杠杆率税收支持政策的通知》，要求全面落实税收优惠政策，发挥税收作用，促进企业转型发展，进而增加相应税收收入。通过全国范围内的财税政策，推动了资源型地区经济发展的新旧动能转换，增强了市场主体盈利和纳税能力，有利于增加地方的税收收益。2016年8月，国务院正式印发了《关于推进中央与地方财政事权和支出责任划分改革的指导意见》，其旨在推动中央与地方事权和财权的统一。要求适当强化中央的事权，上划适合中央承担的事权执行权，实现“权、责、利”相统一，不断推进区域协调发展。同时，对于地方政府，按照事权与财权相统一的原则，确保两者相适应，防止地方财政支出过多。这样就基本消除了地方政府事权范围外的财政支出，间接增加了其税收收益。此外，对于省级地方政府因履行事权造成的资金缺口，由上级中央政府通过转移支付予以弥补，为资源型地区税收收益权扩大提供了保障。综上所述，国家财税体制改革是扩大资源型地区税收收益权的良好机遇。

3. 以国家综合配套改革试验区为改革阵地

国家综合配套改革试验区是我国区域经济平衡协调发展重要的战略支点，是各地全面深化改革的关键节点，主要依靠创新自身的体制机制，进而反作用于经济基础，促进国家和区域经济转型发展，其涉及经济、行政、生态环境等各个方面的多领域改革。试验区的最大优势在于拥有先行先试权，这为其经济体制改革和发展提供了自主空间。[①] 在特定发展条件下，制度因素在经济社会发展中的效用甚至高于技术因素，作为制度创新平台和载体的国家综合配套改革试验区，为财税体制改革、扩大税收收益权提供了前沿阵地。试验区进行财税体制改革，既促进了经济转型发展，又增加了税源、扩大了税基，在发展动能转换过程中为当地政府带来了税收红利。以山西省国家资源型经济综合配套改革试验区为例，其在2013～2015年的行动计划中规定，争取进行税收改革试点，如试点推行和落实煤炭资源税“从价计征”，妥善协调环境保护税费之间的关系；实施促进资源型经济转型的税收优惠政策，如对于以“高硫、高灰、高灰熔点”煤生产的煤制油减免消费税。通过省部合作，争取财政转移支付政策，如争取国家加强均衡性转移支付。这些规定许多已经成为现实，部分还发挥着引领作用，必将对于增加山西省的税收收

① 参见程栋、王家庭：《论国家综合配套改革试验区制度创新——基于演化阶段及实现机制的视角》，载《贵州社会科学》2015年第3期。

益起到了重要作用。2016 年 4 月，山西省人民政府正式发布《山西省国家资源型经济转型综合配套改革试验实施方案（2016 ~ 2020 年）》，要求逐渐推动财税领域的改革。健全政府预算体系、转移支付制度，实行财权与事权相统一的财政支出制度。重点探索煤炭行业领域中的增值税制度改革。此外，还出台促进中小微企业、新能源汽车发展的财政政策。2017 年 9 月，山西省出台了《贯彻落实国务院支持山西省进一步深化改革促进资源型经济转型发展意见行动计划》，对于国务院在财税体制改革方面的部署，结合自身实际情况，进行了任务分解，并具体落实了实施单位。为山西省地方税收收益的增加提供了组织保障和工作机制，是扩大资源型地区税收收益权的经典范例。总的来说，国家综合配套改革试验区为资源型地区进行扩大税收收益权的财税体制改革提供了制度高地和试验平台。

（三）扩大资源型地区税收收益权的具体举措

1. 调整个人所得税

一般认为，随着人口的流动性日趋增强，个人收入来源广泛，其享有的公共物品及服务不再固定于某一区域，而是涵盖了多个地区政府的供给范围，因此，根据受益性原则，个人所得税不宜作为地方税。但是，目前我国个人所得税所实施的分类模式对于平衡个人收益的作用较小，且随着免征额的不断提高，其对个人可支配收益的影响逐渐降低。此外，个人所得税在我国财政收入的整体比例较低，远不及发达国家的一般水平，在宏观调控方面所起到的作用不大。在资源型地区地方税制改革的背景下，为了扩大地方的税收收益权，可以考虑调整个人所得税，将其重新定性为资源型地区的地方税。这一调整的总目标是形成综合与分类相统一的个人所得税，即在其现有列举的税收收入之外，再综合其他所得均作为纳税客体，但是要以保障居民基本生活为基准制定免征额，以彰显个人所得税的人性化设计，同时避免地方税负过于严苛。此外，部分个人所得较为隐蔽，纳税主体若不如实申报，则税务机关不易核查及监管，推行综合税制，进一步加剧了个人所得税的征管难度。因此，如何便于征管是资源型地区调整个人所得税必须考虑的问题。基于我国现有的户籍制度，地方应当在纳税主体主动申报的基础上，通过完善社会管理机制，以金融机构为载体，将个人收入及来源与个人信息紧密结合，设计出征纳两便的个人所得税征管机制。此外，还可以“试点实行以家庭为对象的征收方式，具体可将纳税人能够计算的家庭负担，比如赡养人口的数量、按房贷利息等计入个税的抵扣因素，以更好地体现税收公平原则”。[①]

2. 推动消费税改革

由于消费税的税基具有流动性，不能固定在某个区域之中，因此我国一直以来并未将其列到地方税之中。但是随着“营改增”的推广，越来越多的人主张将消费税作为地方税的税种，以弥补营业税的缺口。由于消费税的税目主要是卷烟、酒、成品油等，大多来自落后的资源型地区，这些商品生产加工的过程中消耗了当地的资源，污染了当地的环境，但是，地方却不能获得税收收入，无法补偿相应损失。此外，消费税的征收还在一定程度上缩小了企业所得税的税基，也就减少了地方政府因企业所得税分享而产生的税收收入。值得注意的是，由于各地资源储备不同，部分税目往往在个别省份大量聚集，一些省份的税目较少，甚至可以忽略不计。一旦将消费税完全划归地方财政必然会加剧各地财力失衡的状态，因此将其定位成中央和地方共享税更为妥当，税收收益由中央和地方按照特定比例分享。

3. 全面征收房产税

房产税属于直接税，其税基流动性不强，税收收益相对稳定，能够比较有效地发挥经济调控作用，是学界公认的最符合受益性原则的税种之一。世界上许多国家都将房产税作为地方税的主体税种。2010 年起，我国在沪渝两地进行房产税改革试点，根据房屋的评估价值，在保有环节征收房产税，两地虽做法不同，但积累了许多宝贵经验。中共十八届三中全会的中共中央《关于全面深化改革若干重大问题的决定 》指出，“逐步提高直接税比重”，“确定地方具有支柱性作用的财源”，“对现行地方税税种予以改革优化”。因

① 闫坤：《个人所得税改革的思路和政策建议》，载《中国财政》2018 年第 10 期。

此，全面征收房产税是扩大资源型地区地方税收收益权的应有之义。在资源型地区征收房产税应当从两方面着手：一方面，推行房地合一税收制度，扩容房产税，即将房产税及城镇土地使用税两个税种合并征收，根据评估价值对居民个人住房征收税款；另一方面，为了配合房地产税的征收，地方必须完善有关部门房地产信息共享机制，设立第三方评估机构，完善征税配套机制，循序渐进地完成房产税的征收。值得注意的是，全面征收房产税虽然可以激励资源型地区政府重视基础设施建设，引导其改善经济行政行为，实现可持续发展。但是，为了避免突然增加普通居民的税负，房产税需要在一定范围内减免征收，并保持一个相对较低的税率水平。“但长远来看，应仿效国际通行标准，逐步调高，向年度税率3%～4%看齐。房产税率过低，则短期内无法起到抑制房地产投资的功能，中期无法起到调节收入分配的功能，长期无法起到支持地方财政的主体税种的功能。”① 因此，即使房产税在资源型地区全面征收，在一定时期内也不能将其作为地方税收的主体。但是，随着房产税制度不断完善，其必然会成为资源型地区的支柱型税种。

① 张学博：《中国房产税改革立法的历史考察》，载《上海财经大学学报》2018年第3期。

第八章　资源型经济转型的财税法律制度理论完善

财税法律制度是促进资源型经济转型的重要制度之一，是满足资源型地区财政收支需要，规制财税关系的基本规范，能够起到矫正转型发展过程中市场失灵的宏观调控作用，其本质是发挥财税制度在资源型经济转型中的调节作用。合理配置资源型地区财税权，需要建立健全资源型地区的财税法律制度。理论是实践的先导，因此，完善资源型经济转型财税法律制度的理论是建设财税法律体系的重要前提。为此，应当促进和保障资源型经济转型的财税政策法律化，构建财税立法体例、原则和路径，明确资源型经济转型的财税激励效应，从而为形成资源型经济转型财税法律制度体系奠定理论基础。

一、促进和保障资源型经济转型的财税政策法律化

“转化为法律的政策必须具备影响的全局性、内容的稳定性、转化的成熟性等要件。”① 宏观的导向性财税政策属于财税制度的宗旨性规定，应当由全国性财税立法明确；而微观的规则性财税政策往往规定的是符合地方实际的具体措施，具有可操作性，应当由地方性财税立法明确。鉴于国家层面的立法技术已经比较成熟，本章只探讨资源型地区财税政策法律化问题。

---

① 梅术文：《创新驱动发展战略下专利政策法律化路径研究》，载《科技进步与对策》2014 年第 1 期。

（一）资源型地区财税政策法律化的必要性和可行性

当前，资源型地区财税制度主要由政策构成，进行地方财税体制改革的各项举措则以省政府公告的形式颁布。这样虽然增加了其财税制度制定的效率性，便于资源型地区政府通过财税政策对相关行业进行宏观调控，但是财税政策灵活性有余，稳定性不足，且相关内容常常突破法律的界限，不符合财税法治的要求。在推进国家治理体系及治理能力现代化的背景下，资源型地区财税体制改革不能再是“摸着石头过河”，而是要以明确的法律制度为基础。习近平总书记指出，要实现立法和改革决策相衔接，做到重大改革于法有据、立法主动适应改革发展需要。因此，资源型地区财税体制改革要于法有据，改变财税政策和财税法规比例严重失衡的状态，推动促进和保障资源型经济转型的财税政策法律化，实现经济的跨越式发展。

1. 必要性

资源型地区为了构建促进资源经济转型的财税法律制度，十分有必要将现有财税政策法律化，原因有以下几点：第一，改变“政策主治”的现状。计划经济时期国家政策对于经济建设起着极其重要的作用，受这种模式影响，市场经济之后国家政策仍然被大量运用于经济调节。由于财税手段的重要性，政府更乐于出台财税政策以直接有效地对市场经济进行宏观调控。尽管在财税领域有税收法定原则，但是由于相应法律制度缺失严重，从中央到地方还是出台了大量财税政策以推动经济发展，这就使我国整个财税制度建设逐渐偏离了法治轨道。“从法治的角度来审视我国的财税体制改革，探索其中涉及的法律问题及其解决之道，既是将财税体制改革纳入法治轨道，保障‘重大改革于法有据’，同时能有效促进财税法治目标的实现。”① 在这个背景下，就资源型地区而言，由于地方税收立法权缺失，其财税法规几乎处于空白状态，加之国家税收立法存在空白，且针对性较弱。因此资源型地区也只能通

---

① 李大庆：《财税体制改革的法律框架与法治化路径——从事权与支出责任的关系切入》，载《地方财政研究》2017 年第 4 期。

过制定地方性财税政策来完成特定宏观调控的任务，进而导致了政策与法规的比例严重失衡，在财税制度中呈现“政策主治”的状态。资源型地区长期依靠大量的财税政策来规制相应领域行为，不符合国家治理能力现代化的要求，与财税法治建设背道而驰。若是其在下一步地方税制改革的过程中，仍然弃用法律手段继续使用财税政策，则不仅违反宪法法律的规定，损害了国家法律的尊严，而且还不利于保障地方财税制度的稳定性，增加了资源型地区行政控制的难度。第二，增强财税制度的实效性。我国财税法的发展规模和成熟度都与财税政策有一定差距，两者在促进财税制度发展的过程中形成了“马太效应”。我国经济体制还在不断发展完善的过程之中，这就使得财税立法滞后性强且成本较高，不利于财税法律体系的建立。现有的财税法律制度规定相对宽泛，原则宗旨性条文较多，具体规则较少，可操作性不强，不能取代政策成为财税制度的主体。此外，目前财税立法法仅限于解释部分财税政策的内容，而不是将财税政策法律化，这样一个本末倒置的行为，既浪费了长期积累的大量规则制定经验，又增加了财税立法的难度。随着我国社会主义市场经济日趋成熟，地方经济发展不宜再以政策手段为主，而且单纯的政策手段也不能应对当前复杂的经济环境。资源型经济转型发展不是闭门造车，而应立足于国内，着眼于全球，其所推行的经济制度应当具有足够的权威性和通用性。因此，资源型地区财税制度的构建不能沿袭“政府主导，政策为主”的旧模式，而是应当建立完善的法律制度来保障宏观调控的顺利进行。但是，其现有财税政策绝大多数以政府规章、规范性文件等形式出现，制度位阶低、效力弱，实施推广过程中受限程度较高，不能满足现实需求。第三，发挥财税法的制度优势。政府行政权力过多介入到财税领域，不可避免地就会将多余的政治因素也带入其中，导致经济调节偏离既定轨道。财税政策的不断增加以及财税法空心化现象持续存在影响了财税法在国家宏观调控中的权威性，进而在财税领域诱发了政策集权、权力寻租和法律虚置等诸多问题。财税法的发展被财税政策所限制会造成两方面的问题：一方面，财税政策越完善，则财税法越受限；另一方面，在与财税法互相牵制的过程中，财税政策的优势会被减弱，而其劣势会被增强。资源型地区现有的财税政策多由政府制定，地方行政权力实质主导基本经济制度，不仅容易将各部门利益渗入其中，形成多元利益导向，而且还会诱发权力滥用，增加制度中的不合理规则。由此引发的权力寻租、人员贪腐等问题会进一步影响财税政策的制定与实施。财税政策法律化能够将法治精神注入政策之中，有助于公平、公正、理想的理念在立法中得以展现。其可以通过严格的立法程序剔除政策制定中的非理性因素，避免制度制定过程中部门间的权力博弈，这样一来便解决了财税政策长期实施存在的问题，既能够最大限度发挥其促进作用，又能够确保税收权力在法律的框架内平稳运行。

2. 可行性

“法律是治国之重器，我国许多法律都是由政策转化而来，考虑到我国的立法传统，我们可以走政策法律化的立法之路。”① 当前，促进资源型经济转型的财税政策法律化已经条件成熟，具有以下两点可行性：第一，财税政策与财税法具有本质上的一致性。政策与法律本身就具有趋同性，将经实践检验的可行政策填充到法律之中符合现代法治理念。两者之间互有利弊，共同纳入法治系统就可以取长补短，优化制度体系。资源型地区地方财税政策相对来说更加注重经济目的，如刺激投资、平衡收支、稳定物价、保障就业，具有直接性；而其地方财税法规则较为倾向于构建完整的制度体系，以促使财税制度与经济发展形成良性互动关系，进而确保资源型经济转型发展，具有间接性。两者虽然制定主体、表现形式、社会影响等均有所不同，但是同为资源型地区的财税制度，两者在规制领域、作用功能、价值追求等制度本质方面是一致的，并不存在根本上的冲突，最终都是为了通过财税手段改变高污染、高耗能、低技术的经济粗放式发展现状，实现资源型经济转型发展。第二，资源型地区有着自身经济发展阶段和模式的特殊性，在这一范围内实施财税政策法律化，能够增进制度融合，减少“排异反应”。在实践中，由

① 杨宜勇、吴香雪：《政策法律化视角下农村扶贫开发问题研究》，载《中共中央党校学报》2016 年第 6 期。

于资源型地区财税法律制度的缺失，财税政策虽然不具有法律的形式，但是实际上代行了财税法规的职能，且有相当数量的积累，初步形成了政策体系，为地方财税法律体系的建立提供了母版。因此，本质上的一致性为资源型地区财税政策法律化奠定了基础。

资源型地区具有地方税制改革的制度契机。当前，我国地方没有真正意义上的税收立法权，因此，地方财税政策法律化缺乏法律依据无法实施。"资源型地区既是资源输出地区和GDP贡献地区，也是中央财政转移支付重点地区，在国民经济发展中处于基础性、战略性地位，靠本地区财政收入治理环境污染和恢复已破坏环境力不从心。"① 为了促进资源型地区发展，国家在资源型地区所在省份分别设立了"综改区""自创区"，赋予其发展经济中"先行先试"的"制度特权"。发挥财税的经济杠杆作用，既能够合理配置财税资源，增加财政收入，又能够调控资源型地区的经济走向，因此，进行地方税制改革，增强资源型地区的财税自主权，是促进经济转型的首要措施。本书主张利用此制度契机通过国家权力机关授权立法，争取资源型地区地方税收立法权，同时扩大其税收收益权，使中央和资源型地区地方财税权力得到重新配置。这不仅是先行先试权的应有之义，也符合全国财税体制改革进一步推进的需求。财税政策法律化蕴含着地方行政机关与权力机关在财税权力配置和衔接上的博弈，中央明确授权立法的具体规则能够协调两者的财税权力，反过来促进财税政策法律化的进程。根据国家机关权力构成原则，行政机关要对权力机关负责，受到权力机关监督。地方税收立法权来源于国家权力机关的授权，故而资源型地区省级权力机关能够进行财税政策法律化。因此，资源型地区"先行先试"的制度契机为财税政策法律化提供了保障。

（二）资源型地区财税政策法律化的路径

1. 资源型地区财税政策法律化的基本思路

资源型地区财税政策法律化是区域财税体制改革的最新举措，是财税领

---

① 史锦华、高博楠：《促进资源型地区绿色经济发展的财税对策》，载《税务研究》2013年第7期。

域授权立法的改革试点，必须结合资源型经济转型的发展实际，来设计财税政策法律化的基本思路。一般来说有两种模式可供选择：第一，直接转化，即省级权力机关将全部财税政策的规定直接转化为法律规定，赋予法律效力，这能够迅速实现财税政策法律化的目标，并及时实施推广，但是，这样造成了行政机关财税权力的急剧扩张，容易引发权力滥用及寻租，进而导致地方财税秩序混乱，有损法律制度的权威性。此外，转化后财税法规的质量无法保障，最终与财税政策法律化的目标背道而驰。第二，间接转化，即通过特定程序实行财税政策法律化。完善的程序能够制约各个机关之间的权力博弈，确保转化中的公众参与及社会监督，并保证财税政策转化后的法律属性。值得注意的是，转化程序的设定不能流于形式，要符合资源型地区地方权力运行实际，具有可操作性，并在实践中总结经验不断完善。但是，这样就会导致财税政策法律化的效率相对较低，短期内不能完成。综上所述，本书基本赞成第二种模式，针对转化效率低的问题，应当充分发挥资源型地区省级人大及其常委会的领导协调作用，以不断完善转化程序，增强转化效率。财税政策法律化的模式确定之后，还需要明确转化的主体和客体。财税政策法律化的主体，即这项工作由哪个机关来负责。由于资源型地区财税政策法律化是一项庞大的工程，需要多个机关互相配合才能完成。转化主体应当包括：省级权力机关、省级行政机关及有关部门、第三方中介机构、智库组织等，其中省级权力机关处于领导核心的地位，省级行政机关及有关部门、第三方中介机构、智库组织等各自发挥自身的作用，为转化提供支撑；财税政策法律化的客体，即转化的内容是什么。为了防止法律秩序被扰乱，必须在经济转型发展的恰当时机，选取调整范围覆盖全省的成熟财税政策进行转化。

2. 资源型地区财税政策法律化的限度

(1) 受限于财税政策本身

资源型地区的财税政策类型多样，具有一定的差异性，因此，其政策法律化的程度也应有所不同。从财税政策位阶上看，省级行政机关制定的财税政策由资源型地区省级立法机关转化为财税法规，省级以下行政机关制定的财税政策，由于其调整范围有限，也不宜直接进行转化；从财税政策性质上看，资源型地区致力于鼓励转型发展，规制资源型经济等宏观调控性的财税政策应当及时进行法律化，使之尽快发挥作用，相对而言，涉及调节居民生活消费习惯的财税政策，因其具有长期性，且需根据经济发展程度进行调整，政策法律化进度可以适当放缓；从财税政策实效上看，我国财税法律制度缺失，且符合资源型地区自身特色的财税政策需要进行法律化，而与国家现有或即将出台财税法律制度作用相似的财税政策，则不宜进行法律化，以避免地方重复立法，造成立法资源的浪费。

（2）受限于法律制度缺陷

法律并不是万能的，其既具有权威性、稳定性、制约性的优势，也存在滞后性和低效性的劣势。“全部法律都以人们的公共福利为目标，并且仅仅由于这个缘故，它才获得法律的权力和效力；因此只要它缺乏这种目标，它就没有责成人们担负义务的力量。”① 因此，真正的财税法治并不是将法律作为制度的唯一内容，而是以法律为核心，充分发挥其他制度的优势，实现制度的优化配置。随着资源型经济转型发展，其对财税制度形成了一种多层次的需求，既需要稳定的制度确保经济调节的效力，维护地方财税改革成果，又需要灵活的制度应对经济的新常态。毫无疑问，财税法律法规是稳定制度最合适的选择，而以财税政策为代表的其他制度，则作为灵活制度也是法治财税建设不可或缺的组成部分。因此，构建资源型地区财税法律制度是要逐步填补其法律空白，完善财税法律体系，综合运用财税政策等多种财税制度共同应对发展中出现的问题，而不是将其他类型的财税制度全部法律化。在财税政策法律化过程中，一定要把握好转化限度，不能无限制地进行政策法律化，导致财税政策丧失应有的作用。

（3）受限于地方财税立法能力

对于地方层面的财税政策法律化，必然会受到其立法能力的制约。具体

① 倪斐：《公共利益法律化——基于思想流变的中西方考察》，载《江海学刊》2017 年第 2 期。

来说主要包括两个方面：一方面，立法技术欠缺。长期以来，资源型地区几乎没有地方财税立法经验，甚至相关学理上探讨都多有欠缺，在保证财税法规系统性、准确性和规范性上的立法技术水平不高，而且财税政策法律化不同于普通立法，还存在转化和衔接的过程，这就更增加了地方财税立法的难度，容易导致制度之间的冲突。如果资源型地区财税政策法律化初期急于求成，不注重对于立法技术的经验总结，势必直接影响财税法规的实效；另一方面，权力机关的协调机制缺失。财税政策多为资源型地区省级行政机关制定，而政策法律化的主体为其权力机关，不同制定主体对政策的认识未必相同，且受到经济发展和部门利益的影响，如果权力机关的协调机制缺失，则既不利于充分发挥原有制度的优势，也容易引发权力机关和行政机关之间的矛盾，影响财税政策法律化的效率。

3. 资源型地区财税政策法律化的具体措施

（1）选取适合法律化的财税政策

资源型地区各类财税政策繁多、良莠不齐，如果不加选择均进行法律化，不仅任务沉重，更会影响财税法规的科学性。此外，将全部财税政策法律化无异于瓦解了资源型地区财税制度中的政策因素，矫枉过正的同时也消灭了财税政策的优势，不利于发挥多元化财税制度体系的优势。因此，我们需要选取合适的财税政策进行法律化，具体要做到以下两个方面：一方面，需要选取规则性的财税政策。财税政策的外延比较广泛，其可以是宏观的导向性政策如规定对高效利用资源的企业予以财税扶持，也可以是微观的规则性政策如规定河北水资源税的征管细则。需要注意的是，资源型地区财税政策的选取也是一个将其系统整合的过程，既可能选取一项政策的全部，也可能选取一项政策的部分规定，而且不同政策之间相近的规定还要进行整理合并。另一方面，需要选取良性的财税政策。良性的财税政策有两点含义：其一，必须选择资源型地区依法制定的财税政策。目前，我国地方财税制度混乱，资源型地区部分财税政策的规定可能与财税法律相冲突，如果选取这样的政策法律化，就违反了下位法遵从上位法的基本立法原则，使转化后的地方财税法规处于无效状态，浪费了立法资源。其二，必须选取适宜推广的财税政策。先行先试是地方财税政策的属性之一，因此，资源型地区应有相当数量的财税政策还处于探索试验阶段，需要在实践中不断修正，才能形成较为成熟的制度化规范。如果其财税政策还在“试行期”，尚未由实践证明适宜推广，则不宜进行法律化，否则就会破坏地方财税法规的稳定性和权威性。

（2）变换为法律化的表述方式

“政策未经具体化或转化而直接体现为立法，错误在于法学缺乏技术手段。”[①] 资源型地区财税政策毕竟属于政策的范畴，其部分表述方式不符合法律用语的习惯，因此，不能直接使用这些政策条文，需要变换成法律化的表述方式，这是资源型地区财税政策法律化不可或缺的一个环节。具体要做到以下三点：其一，去除描述性用语。政策条文关于事实的描述较多，使用情感类词汇，不符合法律语言简练、严谨的要求，应当去除描述性用语，进行表述上的规范性处理。其二，限制价值性用语。价值性用语是制度追求的根本宗旨和最终目标，其往往体现了具体财税制度所持的态度。由于财税政策具有直接性，常常明确表示所期望达到的目的，因此资源型地区财税政策中价值性用语也相对较多，在法律化的进程中应当予以剔除。但是，部分价值性用语是该项政策的原则性规定，与法律原则相类似，在制度体系中居于统领地位，可以有所保留。因此，财税政策法律化过程中对于价值性用语应当限制使用。其三，重塑规则性用语。规则性用语是财税政策表述方式的主要组成部分，其主要规定制度主体的权力和义务，是与法律语言最为贴近的表述。但是，大部分规则性用语没有遵循法律制度的逻辑，因此也不能直接使用。对此，要探究规则性用语缺乏法律逻辑的实质，如果是制度技术层面的问题，则可以在符合制度整体理念的前提下，简单通过立法习惯予以转化；如果是制度规定的问题如缺乏主体、客体或内容，则无法起到规制作用，只能予以弃用。

---

① 叶必丰：《行政决策的法律表达》，载《法商研究》2016 年第 2 期。

（3）审核待转化的财税政策

在选取适合法律化的财税政策，并变换为法律化的表述方式之后，需要再对相应财税政策进行系统审核，通过后才能进入最终的立法程序。鉴于财税政策自身的复杂性及其重要意义，审核主体必须具有足够能力对其进行准确评价，才能确保财税政策真正符合法律化的标准。因此，应当在资源型地区省级人大常委会下成立专门的待转化财税政策审核组织。审核组织应当包括：省级人大常委会派出人员、省级有关行政机关派出人员、经济学、法学等专业的专家学者及第三方中介评估机构专业人员等成员。其应当从内容和形式两方面对待转化的财税政策进行再次审核，审核要素涉及政策制定背景、主体、内容、时效及其他特殊规定。最终，审核组织应当在充分吸收各个成员意见的基础上，形成详细的论证报告，并根据民主集中制原则做出是否进行财税政策法律化的判断。如果所审核的财税政策符合法律化标准，则向资源型地区省级人大常委会做出将相应财税政策法律化的建议，推动财税政策法律化的进程；如果所审核的财税政策存在问题，则需要依据法定程序及时通知有权机关对其进行修改、撤销或废止，以防止不当政策继续推行扰乱地区财税秩序。

（4）进行财税政策法律化

“立法程序是指法定的立法机关在制定、认可、修改、补充、解释、废止法律的过程中必须遵循的步骤与方法。”① 这是保障法律制度适格的重要条件，其所蕴含的公平、公正、公开的民主机制是政策法律化所必须经历的必要阶段，只有严格遵守立法程序，才能确保政策法律化目标的实现。因此，资源型地区财税政策法律化的过程就是其进行地方财税立法的过程，除了上述程序外，还需要履行普通地方立法程序，鼓励公民行使关于财税法规制定的知情权、建议权和监督权，实现地方财税立法以人民为中心，以保障其良法属性。具体来说，资源型地区进行财税政策法律化的立法程序包括以下几

① 刘钢柱：《加强地方政府立法程序建设问题研究》，载《国家行政学院学报》2016 年第 5 期。

步：其一，编制立法规划。应根据审核组织的立法建议编制立法规划，明确各部法规的制定时间、进度安排和立法期限，作为启动财税立法程序的基础。其二，制定法律草案。法律草案起草主体由省级人大常委会根据情况在专门委员会、有关行政部门或专家学者中选择，也可以三类主体联合进行。法律草案的主要内容应是通过审核的财税政策，起草主体可在此基础上适当调整，否则就违反了财税政策法律化的本意，同时浪费了立法资源。其三，举行公民听证会。法律草案提交审议前，需要举行公民听证会，充分听取公民的意见，并就部分立法问题进行适当说明。公民听证会参与成员要有代表性，以考虑多方面的诉求，防止听证流于形式。对于收集的合理意见和建议，必须进行处理并及时反馈；对于公民因误解而提出的问题需耐心解释说明，为立法的实施奠定基础。其四，审议与公布法规。财税法规听证会后，应提交省级人大或常委会进行审议，财税法规属于直接涉及公民经济利益的重要法律制度，因此需要2/3的多数代表同意才能通过。获得通过的财税法规按照一般地方立法程序进行公布即可。

（5）建立转化后的评价机制

资源型地区财税政策法律化并不是某一项，或某几项财税政策的法律化，其属于促进资源型经济转型财税法律制度的重要组成部分，是一项长效机制。理论上的制度运行并不一定与实际完全契合，因此，在财税政策法律化完成之后，还要对财税法规进行一个全面评价，以不断总结经验，完善资源型地区财税政策法律化这一制度。转化后的评价机制应当由以下三部分组成：其一，评价环节。评价环节不仅要包括财税法规的实施环节，还应包括制定、修改、废止等立法环节，以及各个环节之间的互动关系，以确保评价的整体性。其二，评价内容。评价内容主要涵盖财税法规的实施难度、实施效果和实施期限，此外，还应包括因财税法律化导致制度调整主体及范围变化所产生的影响等，以确保评价的系统性。其三，评价主体。鉴于财税政策法律化的特殊性，评价主体应包括立法主体。除此之外，在省级人大常委会的领导下，需注意引入社会评价主体如第三方中介机构、高校智库等专业性评价机构，以及社交媒体、群众组织等大众评价主体。这样吸纳各方对财税法规进行评价，既能保证评价结果的准确性，也能保证其真实性、客观性，能够更加清晰地认识到每次财税政策法律化过程中的优势与不足，以确保评价的准确性。财税政策法律化的评价机制虽然在转化后实施，却能够为这一制度日后持续实施提供借鉴，是其重要组成部分。

二、资源型地区财税立法体例和原则

（一）资源型地区财税立法原则

1. 立法原则的概述

一般来说，立法原则是为整部法律规范提供理论指导和基本原理的综合性规则，属于法律制度的重要组成部分，“起着指引、推动和规范立法主体进行立法活动的作用，是立法指导思想或立法理念在立法实践中的具体运用和体现”。[①] 与法律规则不同，立法原则形式相对宏观，内容上不需要预设事实状态和假定条件，也不需要直接体现权利、义务及法律责任等。其具有两个特点：第一，适用范围广。立法原则作为整部法律的价值体系的核心，抽象性极强，适用覆盖的范围远远超过法律规则。其以概括性的方式对具体行为设立了相应的标准，但是没有直接表明满足标准的具体条件，因此审判人员在具体适用时自由裁量的空间较大，能够利用立法原则的弹性应对突发的新问题，弥补法律规则的漏洞。第二，宏观指导性强。立法原则在法的制定中起宏观指导的作用，而不是发挥微观规制功能，必须在穷尽法律规则的前提下才能使用立法原则，因此数量不宜过多，以防止审判人员滥用自由裁量权，进而损害法律规则的权威性与确定性。此外，要杜绝以团体目标和利益为目的的原则，克服部门利益对法律制度的侵害，最大限度地实现立法原则的宏观指导。立法原则的确定是资源型地区财税立法的关键，对此应当明确以下两个方面的问题：一方面，明确制定立法原则的类型。当前，学界一般

① 高中、廖卓：《立法原则体系的反思与重构》，载《北京行政学院学报》2017年第5期。

认为立法原则包括两种类型：一种是公理性原则；另一种是政策性原则。公理性原则产生于人类社会发展中的“公序良俗”，在得到社会广泛认可后上升为法律上的公理，比如税收法定原则；政策性原则产生于一定时期内国家为了完成特定任务而进行的“政治决定”，由大政方针演变为法律规定，比如先行先试原则。资源型地区财税立法原则的确定当然要坚持既有公理性原则，但更要注重政策性原则的制定与运用，这样才能使地方财税法规较好地服务于资源型地区财税体制改革的试点任务，更加具有针对性。另一方面，明确制定立法原则的形态。立法原则一般分为三种存在形态：第一，存在于法律的明文规定中，即法律条文直接规定了法律原则的内容，属于法条式的原则；第二，存在于法律的基础中，即法律条文虽然没有明确规定，但是可以通过立法宗旨和法律内容归纳总结出来，属于开放式的原则；第三，存在于法律之上，即无法律明文规定且不能归纳总结，来源于法律之上的“价值”，属于理念式的原则。立法原则作为资源型地区制定财税法规的指导规则，在授权立法的前提下，必须先于地方财税法规而存在，因此，其立法原则应当主要属于“法律之上”的存在形态。当然，在地方财税立法实践中也可能逐渐形成一些新的立法原则被后来的立法所吸收，因此，随着立法实践的不断发展也可能会出现前两种形态的财税立法原则。

2. 立法原则的内容

（1）税收法定原则

税收法定原则是指对于税收基本制度的规定必须依法进行，其他规则不得涉及，更不得进行更改，税收基本制度享有最高的权威性。“税收法定作为‘无代表不得征税’理念的拓展，来源于税收宪定原则的具体化，是现代法治主义在税收征纳中的体现。”① 这主要包括：开征新税、税率设计和税收征管三个方面。从世界范围来看，税收法定原则通常被认为是税收立法的“帝王规则”，也只有这样才能有力保障公民的私有财产权益，进而确保整个

① 许多奇、唐士亚：《财税法的衡平发展功能及其法治构造》，载《法学杂志》2018 年第 3 期。

国家的根本经济利益。在全面依法治国的大背景下，我国税制改革当然要坚持税收法定的原则，应当形成包括宪法及相关法、税收基本法、单行税法及税收行政法规和地方性税收法规在内的完整的税法体系。资源型地区财税立法属于地方性财税法规，因此必须要符合税收法定原则的要求，这主要包括以下四层含义：第一，地方税收立法权来源合法。资源型地区税收立法需要中央最高权力机关依法授权，且禁止地方权力机关再进行转授权，并要对地方财税立法进行监督。同时相对区分中央与资源型地区税收立法的权属范围，保障地方财政自主性，涉及其税权与事权关系配置、调整和变动等行为需要通过法律来确定。第二，税权配置法治化。资源型地区财税立法中要体现所属各级政府间税权与事权的划分，并明确相应的法定程序。税权配置属于财税制度中的重要组成部分，由地方自主财税立法进行规定符合政治民主的要求，也是法治市场经济的应有之义。事权是财政支出的义务，而税权是财政收入的权力，两者对立统一，不可分割。因此，涉及资源型经济转型发展的税权和事权配置的制度起点必须是地方财税立法，两者关系的变动与调整也要由地方财税立法规定，这样才能实现税权配置法治化。第三，税收要素明确规定。税收要素，尤其是纳税主体和客体、税基、税率、优惠制度等必须明确地规定在资源型地区财税立法中，这其中还应包括税收要素的调整方式，使相关问题能够严格依照地方财税法规进行规制，避免因存在制度空白和漏洞而导致财税法规出现歧义和混淆。同时，也防止其他机关以税收要素不明确为借口，对地方财税法规进行“解释性”或“补充性”规定，从而分享其财税立法权。第四，税收征管法定。资源型地区地方财税立法势必涉及相应的税收征管，这虽然是程序性规则，但是也至关重要。税务机关的税收征管行为必须受到地方财税立法的约束，防止因权力膨胀，而导致其任意修改税收要素，尤其是滥用税收优惠行为的发生。此外，在关乎资源型地区地方财税体制改革的有关方面，如财政转移支付、相关部门之间的协作等方面也要制定配套性的地方法规，为税收征管法定提供制度补充。

（2）不抵触原则

不抵触原则，“是指在有宪法、法律、行政法规的明文规定时，地方立法不能与这些规定相冲突和矛盾；在没有宪法、法律、行政法规的规定时，地方立法可以先行制定，但不能与宪法、法律、行政法规的精神和原则相抵触”。[①] 这里是由税收法定原则衍生而来的，指资源型地区财税立法不能与中央既有立法冲突和重复。资源型地区只有在中央立法没有涉及的范围内才能行使地方财税立法权，在未对市场经济宏观调控产生实质不利影响的前提下，将该行政区域作为实施范围。依据法的效力学说，下位法不得与上位法相抵触，否则抵触规定无效。地方财税立法属于地方性法规，在法的效力中位阶较低，但是由于资源型地区财税立法属于中央最高权力机关的授权立法，因此从某种程度上来说，其效力在该区域甚至高于财税行政法规，也只有这样理解，资源型地区财税立法才具有试点推行的意义，才能真正为法治财税建设提供试点经验，否则先行先试无从谈起。规则冲突是自相矛盾，而规则重复则是浪费立法资源，因此，不抵触原则要求资源型地区财税立法以宪法法律为上位法，不能与其存在冲突和重复。资源型地区财税立法既要具有自身特色，又要与相关法律一脉相承。例如，地方财税立法中对弹性税率的调整、对部分税种税目的细化。一旦最高权力机关就特定税种制定的法律生效，地方立法试点开征的任务就相应完成，财税法规自然失效，必须统一适用国家的财税法律规范。这样不仅能够协调中央和地方财税立法权的关系，防止两者之间因为税源冲突产生的政治博弈，还能在以确保中央财政收入为前提的情况下，不断发挥地方财政自主性，尽量避免出现因两级财税立法秩序混乱造成立法资源浪费、立法实施冲突等问题。此外，还能明确征税主体，避免重复征税和超额征税。资源型地区地方财税立法坚持不抵触原则，可以使地方财税法规在宪法统领之下融入国家法律体系之中，在强调国家立法体例的约束与监督下，确保财税立法体例的不断完善。值得注意的是地方财税立法

① 孙波：《地方立法“不抵触”原则探析——兼论日本“法律先占”理论》，载《政治与法律》2013 年第 6 期。

来源于最高权力机关的授权，因此，地方性政府规章绝不能以“不抵触”为名介入到财税制度的制定之中。这不仅包括开征地方特色税种，也包括对现有税种税目、税率的调整细化。不抵触原则的有效推行有利于推进地方财税法治化进程，既借助法律制度的权威，有利于地方财税法规的有效实施，又能监督规则制定，遏制地方财税保护主义的滋生。

（3）合理分权原则

我国疆域辽阔，各地经济发展不平衡，绝对集权的财税体制不能满足个性化的经济调控需要，还会损害财税制度的运行效率，财政的收入与支出是相辅相成的，如果地方财税权力过小，其必然会通过财税体制外的其他渠道如预算外收入，来获得资金以支撑自身发展，在这个过程中可能会滋生财政腐败和权力寻租。因此，赋予地方财税自主权是势在必行的，需要从政治、经济、文化、社会、生态文明等多维度综合考察影响当地财税权力配置的因素，充分发挥地方财政自主性，进而带动资源型经济发展，这也是赋予资源型地区地方财税立法权的理论依据。但是，完全实施分权财税体制改革会削弱中央的经济调控能力，加剧区域贫富差距，不符合现行体制和国情。不能将财税权力配置极端化，必须合理配置中央和地方的财税权力，适度赋予地方部分财税权，“分权既要突出重点，又要兼顾均衡”，① 充分发挥央地两个层面的积极性，正确处理两级政府间的财税关系。这个问题的关键就在于“合理”分权，也就是对分权进行限制，较之于中央的财税立法，资源型地区地方财税立法应当受到制约，这是合理分权的要义所在，这可以做以下三点理解：第一，权力来源明确。资源型地区财税立法并非地方完全独立进行，需要由最高权力机关授权，且被授权机关不得再进行转授权，即地方财税立法必须有明确的权力来源，否则就违反了税收法定，此外，地方财税立法必须经过最高权力机关的审查和监督，以及时纠正和解决存在的问题。第二，立法范围受限。资源型地区不能打造一个地方财税的独立王国，其地方税收

① 上官莉娜：《合理分权：内涵、地位及路径选择——以中央与地方关系为视角》，载《中南民族大学学报》（人文社会科学版）2014 年第 1 期。

立法权属于中央下放的财税权力，因此所属范围并不能覆盖所有税种，只能通过授权对涉及资源型经济转型的有限税种制定财税法规，另外还可以调整部分税种的税目，但是基本的税收立法权还是应当由中央掌握。第三，特定区域实施。资源型地区地方财税立法严格依据属地原则，其空间效力仅限于以省为单位的具体行政区域，绝对不能跨区域适用。值得注意的是，集权和分权所占的比重并不是一成不变的，在立法中需要留有一定的变动空间，以便于在事权与财权相一致的前提下，根据实际情况进行调整。合理分权原则对于资源型地区地方财税立法具有特殊意义，只有科学设计分权机制，才能避免因财税问题产生的政府间的博弈，跳出地方财税权力“一放就乱”的怪圈。当然，合理分权原则并不是静止的，而是随着资源型地区地方经济发展不断完善的一个进程。因此，要注意渐进改良，进行近期、中期和长期规划，不断降低权力成本。

（4）公平与效率并重原则

公平与效率是财税体制设计需要考虑的两个重要因素，二者不可偏废。“公平与效率关系的复杂性不仅表现为短期与长期效果的相互交织，还表现为实施主体的分离。效率的直接来源是私人投资，而公平主要靠政府来维护，虽然双方都对经济增长做出贡献，但利益诉求又不尽相同。”① 资源型地区财税立法作为财税体制改革的试点和组成部分，则更加不能忽视公平与效率。公平与效率并重原则指的是，资源型地区的财税立法应当在维护公平正义的前提下，提高经济与行政双重效率，推动经济转型又好又快发展。遵守公平与效率并重原则应当符合以下三点要求：第一，明确价值观念将公平与效率统一为有机整体。我国财税制度在发展过程中会经历三个阶段：一是效率优先，兼顾公平；二是公平与效率并重；三是公平至上。当前我国财税制度整体正向“公平与效率并重”的阶段过渡，在这个背景下，资源型地区试点进行地方财税立法目的在于促进经济转型发展，这就要求其既不能一味追求效

① 杜玉申、张屹山：《公平与效率统一的权力基础》，载《学习与探索》2015年第5期。

率，忽视经济协调平衡和民生改善，也不宜超出现有经济发展水平，盲目苛求“公平至上”的价值目标。而是应当在地方财税立法中体现公平与效率并重原则，以使资源型地区财税立法符合当地经济发展实际。这样不仅在地方财税立法中树立了正确的价值观念，也对于财税法规的制定起到了直接指导作用，实现价值观念和法律制度的内在统一。第二，优化地方公共物品提供机制以保障效率。根据经济学理论，在政府所能提供的公共产品的数量和质量不发生变化的前提下，成本与效率成反比。从这个层面上说，有限理性导致了制度中公平与效率的结合，资源型地区财税立法应当遵守这一组织行为与社会秩序的互动规律，即在制度运行必须耗费费用的情况下，应当耗费最少额度的费用，实现制度最大程度地发挥。由于资源型地区能够更加准确地了解区域内经济社会发展的实际需求，在排除非正当干扰的同时，当地政府公共物品的提供较中央政府更有效率，因此，由当地政府提供地方性公共物品较为适宜。值得注意的是，公共物品提供和财税权力运行的成本都需要准确计算，以便于及时总结经验，不断调整完善，并采取监督措施，尽量优化制度的实施成本。第三，合理配置间接税和直接税以保障公平。基于效率方面的考量，我国的财税立法一度以间接税为主，由于间接税能够转嫁税负，进而可以起到简化税制的作用，但是这也会使税收调控收入的功能发生扭曲。随着我国公民税收意识不断增强和财税法律制度日益健全，调整间接税种类所占的比重，适当增加直接税种的数量已经成为各界的共识。资源型地区资源依赖性强，经济发展失衡，在地方税收立法中不需要过于看重税制简化的结果，而是应当立足于本地实际设置一些直接税种，以发挥直接税保障公平的作用，实现对经济的特殊调控。

（5）政府财力与公共职能相匹配原则

资源型地区经济转型发展主要依靠政府主导推动，为了履行这些公共职能，必须有充足的财力做保证，因此必须通过地方财税立法确保政府财力与公共职能相匹配，防止因财政困难而造成履职不能。对此，应当做到以下四点：第一，确保地方财税权力有效行使。中央进行授权立法就是要通过财税放权来调动资源型地区地方政府的积极性，增强其履职的责任感。使地方政府能够通过财税立法增加“个性化”的地方收入，进而用于改良其公共职能的供给现状。防止地方政府因为财政收支失衡而通过非正规渠道不当“增收”。从长远来看，这样非但不会弱化中央的财税权力，反而能够增强中央的宏观调控能力，有利于推动财税体制改革。第二，保证财税权力与公共职能有机统一。地方政府公共职能小而财税权力大会导致财力浪费，可地方政府公共权力大而财税权力小则会导致政府失职。因此，财税权力与公共职能是矛盾的正反两个方面。一方面，政府公共职能决定地方财税权力的强度。公共职能由公共产品需求的层次和各级政府的职责共同确定，具有相对固定性。以此为基点划分地方财税权力，既能够维护中央与地方财税关系的稳定，又能够保证地方政府公共职能的合理履行；另一方面，地方财税权力是政府履行公共职能的物质基础。一旦缺乏财力的支撑，公共职能的履行就无异于“无本之木”，必须维持两者的均衡。第三，充分发挥地方财税立法权的保障作用。资源型地区地方政府所拥有的财税权力的核心应该是“地方财税立法权”，这既是“财税分权”的关键前提，又是规避非正式“增收”渠道的制度基础，“有利于尽快建立地方主体税源，增加地方财政收入”。[①] 如果缺乏地方财税立法权的支持，财税收入的划分和征管都将无所适从，不能准确区分。所以，中央既然进行授权立法，资源型地区就必须善于运用，充分发挥。值得注意的是，中央必须合理规划适度赋予地方财税立法权，同时逐步实施，不可操之过急。第四，优化中央与地方财税权力的结构体系。在中央财税权力下放的过程中，资源型地区要在考量地方政府财政支出和事务管理责任承担能力的基础上，尽可能确定符合当地实际的稳定税基，不断挖掘良性税源，以完善地方财税体系，获得相对稳定的财税收入。此外，地方匹配财税权力时，还要注意满足公共职能的相应标准，防止因财税收支失衡导致政府失职。

---

① 胡欣然、雷良海：《供给侧改革背景下地方政府财力变化及其面临的财政风险分析》，载《当代经济管理》2018 年第 4 期。

（6）发展导向原则

发展导向型原则是指资源型地区财税立法要以推动当地经济转型发展为宗旨，将当下国家的发展理念融入到地方财税立法之中，通过财税法规的调控资源依赖性问题，以推动经济可持续发展。“发展导向侧重于通过税法制度的科学设计和有效实施来促进经济和社会的协调发展，因而它并不把税收增长作为唯一或主要目标，而是强调国家税制要有助于促进经济的稳定增长和社会的公平正义。”[①] 五大发展理念的落实体现了资源型地区财税立法的“促进性”，有利于法律制度功能的充分发挥。对此，应当从以下四点着手：第一，应融入协调发展理念。资源型地区在发展过程中产生了严重的资源依赖性，存在着经济发展不平衡问题，因此，必须在地方财税立法中体现协调发展的理念。一方面，产业结构失衡引发了资源型地区部分产能过剩与供给不足的矛盾，导致了资源型经济发展瓶颈的出现，这就要求地方财税法规提供较多的财税优惠来扶持鼓励发展的产业，以实现产业结构优化转型；另一方面，资源型地区内部区域之间的失衡也导致了诸多“二元模式”的出现，因此，地方财税法规体现经济优惠的同时，也要注重社会优惠的举措，通过制度上的差异性规定应对区域发展失衡问题。此外，还要注重地方财税立法与其他地方法规、规章和政策之间的协调，尽量减少规则之间的矛盾冲突，充分发挥制度合力。第二，应融入绿色发展理念。一直以来，资源型地区经济增长多以生态利益为代价，由此导致当地环境污染和资源枯竭。因此，地方财税立法中应当重点突出绿色发展理念，“着重从创新驱动和绿色发展的视角确定合适的产业转型升级策略及路径，提高转型升级成功率，进而促进产业的可持续发展”。[②] 具体来说，就是以企业为主体，在环境、资源、土地和消费等领域，将破坏环境和恶性消耗资源的行为和产品纳入地方税课征范围，实施严厉的财税措施。在控制负面产能的同时，还应当重点针对环保节

---

① 张守文：《论“发展导向型”的税收立法》，载《法学杂志》2016年第7期。

② 李烨、潘伟恒、龙梦琦：《资源型产业绿色转型升级的驱动因素》，载《技术经济》2016年第4期。

约型产业予以更多的财税制度支持，从正面推动产业结构优化，实现经济的永续发展。因此，将财税调控与财税扶持相结合是资源型地区财税立法融入绿色发展理念的基本路径。第三，应融入创新和开放发展理念。创新发展和开放发展关系密切，应当作为统一体融入资源型地区财税立法之中。在大数据和“互联网 +”的时代，创新驱动应当作为经济转型发展的首要动力，资源型地区财税立法必须及时跟进，增加对科技创新、技术运营的财税激励支持，以推动创新领域的发展。如果地方财税立法未能制定相应规范，反而会阻碍创新领域的发展，有违财税的公平效率精神。对于资源型地区财税立法来说，开放发展理念不仅包括与境外的经济往来，也包括和国内发达省份的经济互动。这就要求地方财税法规既能使所有市场主体处于公平的竞争环境中，防止地方保护主义的发生，还能促进基础产业整合，刺激本地新型“外向型”经济的增长。第四，应融入共享发展理念。资源型地区经济转型发展要尽可能缩小贫富差距，不宜再加剧两极分化，经济硕果应当由当地人民共享。因此，作为分配调控的主要法律规范，地方财税法规应当落实共享发展理念，保障财税分配的公平性，不但要确保分配形式公平，更要注重实质公平，尤其是对于贫困群体、小微企业和落后区域等弱势主体或地区均需予以财税支持，实现包容性增长，促进资源型地区经济共享发展。

（二）资源型地区财税立法体例

1. 概述

立法体例指的是以法律语言为依托形成的具有内在逻辑和外部形式的制度结构，即法律内容形式上的安排与设置，目的在于优化法律制度的存在模式，促进法律制度整体功能的良好发挥，是立法形式的重要组成部分。立法体例的确定与选择不仅取决于立法机关对于法治理念和法律内容的整体把握，还取决于立法机关对于法律与经济社会互动的主观预期，因此，这还是一项重要的立法技术。换句话说，立法体例不但能够展现具体法律规范的制度传承与价值理念，还能够体现立法机关法律制定的质量。在立法实践中，基于理论基础的冲突对于立法体例的选择常常有较大分歧，比如，“我国民法典总则立法体例如何选择，即选择民商合一体例，还是选择民商分立体例，这个问题引起民法学界和商法学界的广泛关注”。[①] 关于财税法的立法体例无外乎有三种类型：一是综合型，即法典式立法体例。这要求在完全统一的立法目标和原则的指导下，由立法机关就财税法律部门制定一部专门法典，内容涵盖所有财税法律规范，其呈现出综合式、体系化和逻辑性的特点，可以说是一国财税法律的“百科全书”。二是分散型，即单行法式立法体例。这要求立法机关就财税问题的各个方面制定若干单行法律规范，其规定细致、重点突出、操作性强且灵活机动，能够较为准确地满足实践需要。但需要注意的是，“分散型”并不是一盘散沙的意思，应是“形散而神不散”，各个财税单行法之间能够贯穿一条主线，密切配合，形成一个制度之网。三是总分型，即多元式立法体例。这要求立法机关制定一部财税法总则，以此为统领再相应制定多部财税单行法，呈现一种发散式的总分结构，既综合了前两者的优势，也兼具前两者的劣势，是财税立法体例的一种折中选择。三种财税立法体例各有优势和特色，且并非一成不变，在一定条件下也可能会相互转化。比如，分散型立法体例可能会因总则性法律规范的制定而演变成总分型立法体例，一旦总分型立法体例具备制定专门法典的条件，其自然也可能会向综合立法体例演变。

2. 当前我国财税立法体例存在的问题

当前我国财税立法体例以公民依法纳税的义务为宪法根基，主要由财税法律和财税行政法规组成，当然，政策在财税制度建设中也发挥着极为重要的作用。目前，没有形成专门法典或制定总则性规范，财税立法体例的总体情况比较近似于分散型。我国现行财税立法体例存在以下两方面问题：一方面，宪法依据存在缺陷，立法层次总体偏低。财税立法宪法依据的缺位导致其实体应用上规范性的弱化，损害了立法架构的体系性和逻辑性，无法为整个立法体例的支撑提供坚实的基础。《立法法》的修改虽然使税收法定原则

① 童列春：《民商合一立法体例理论质疑》，载《浙江工商大学学报》2018 年第 4 期。

"入宪"，但也并未完全明确税收法定的内涵，尤其是财税授权立法的地位没有明确，这就造成了地方财税立法的尴尬境遇，不利于授权立法制度的运行。此外，虽然现行财税法律和财税行政法规作为基本的法律依据能够涵盖实体和程序两个方面主要的财税制度，但是鉴于财税制度应用的时效性、灵活性和区域性，实践中为了弥补现行规则的不足，各级财税行政机关制定了大量的财税政策来执行法律制度的任务，在增强可操作性的同时，也客观上拉低了财税立法的总体层次，实际上降低了我国财税法律制度的位阶。在财税政策与地方财税立法规定冲突的情况下，还需有权机关裁定适用，不仅损害了规则的效率，还造成了制度的混乱，极大地阻碍了资源型地区财税立法的运行。另一方面，现行财税法律规范体系松散，未能形成结构化组合。我国财税法律制度正处于一个改革转型时期，在这个过程中呈现出了向法治化过渡的特点，个别税种已由制定财税法律代替以往的行政法规，但是增值税、消费税等多数主体税种尚未制定法律，立法体系较为混乱。与此同时以"营改增"为代表的新一轮税制改革势必需要一些"暂行"规则作为制度保证，这就又加剧了财税立法体例混乱的程度。不同位阶的规则交织在一起，且新旧规范存在一定冲突，使得各个单行财税法律制度之间配合不力，随意性较大。分散型立法体例虽无基本法统领，但是要求单行法律规范之间能够良好地衔接配合，因此，现行财税立法体例只具有外在"分散"的形式，而并无内在"统一"的实质，这就丧失了分散型立法的优势。

3. 资源型地区财税立法体例的选择

"地方立法体例是指一部法规的表现形式和结构安排。"资源型地区一旦被赋予地方财税立法权就会首次形成区域化的财税法律制度，从程序上讲，立法体例的选择与确定是其财税立法的第一考量。如何与现行财税法律制度良好衔接，与财税政策平行适用，是资源型地区财税立法体例选取的关键，尤其是在当前财税立法体例整体不成熟的前提下，这一点显得尤为重要。与全国范围的财税立法不同，资源型地区的财税立法权来源于中央最高权力机关的授权，因此，授权立法是其财税立法体例的一个核心要素。这样看来，资源型地区可以选择的财税立法体例应为：综合授权型、分散授权型和总分授权型三种。综合授权型立法体例，即中央立法机关授予资源型地区制定“法典式”财税法规的权力，在资源型地区自成一套财税法律制度体系，属于地方自主立法。一般来说，“综合型”是所有部门法立法体例的最优选择，其能够依据法律规则将所有规范按顺序的排列汇总起来，形成协调性好、衔接得当、逻辑缜密的有机整体。但是，鉴于我国国情，“综合型”立法体例仅宜适用于位阶最高的全国性立法，一旦被用于以授权为前提的资源型地区财税立法就会造成地方财税体系与中央相脱离，形成独立的“财税王国”，与我国法律制度和财税体制背道而驰，不符合资源型地区地方财税制度试点的宗旨。况且在整体财税立法体例尚未完善的前提下，这种立法体例的选取也无异于空中楼阁，因此综合授权型财税立法体例不适合资源型地区；分散授权型立法体例，即中央立法机关对于资源型地区财税立法实施“一法一授权”的单行授权立法模式。这种立法体例能够建立在实证的基础上，属于“就事论事”的授权，相对比较直观，因此更符合立法意图和实践理性。但是分散授权型财税立法体例欠缺体系性，受到授权的制约较多，地方立法的自主性极为有限。在现行制度下结合资源型地区试点时期财税立法能力与经验的限制，且考虑到我国财税立法的传统，“分散授权型”应当是其初始阶段的财税立法体例首选；总分授权型立法体例，即中央立法机关授予资源型地区制定“总则式”财税法规的权力，之后地方再依据“总则”制定其他单行财税法规，属于概括授权立法。这种立法体例既能够满足授权立法的程序要求，又能够赋予资源型地区较大的立法自主权，还可以在明确统一规则指导的前提下形成体系化的立法布局，便于各个单行财税法规之间的有效衔接。但是，总分授权型立法体例对于立法技术和立法水平要求较高，尤其是在“总则”规范的制定过程中，因此地方立法机关必须在具备相当的立法经验的基础上才能够采用这一立法体例。此外，还需要考量中央与地方财税权力运行结构改革情况，即如何在将财税立法权集中于中央，维护全国一盘棋的前提下，恰当地制定资源型地区财税法规的“总则”是一个值得探讨的问题。综上所述，本书认为资源型地区财税立法体例应当选择“分散授权型”，根据本地的实际需求，由中央立法机关进行分散式的授权立法。为了防止出现立法体系上的松散和混乱，必须在统一立法理念的指引下制定完善的立法计划，合理调节立法进程，抓好立法的主次矛盾，有条不紊地实施科学立法，一定要克服立法随意性的问题，避免“头痛医头，脚痛医脚”的“分散式”立法问题，要形成层次分明，配合紧密的财税法规体系。

三、资源型地区的财税立法路径

立法路径属于法的制定中的程序性规定，涉及立法价值引导、立法内容安排和立法技术选取等诸多关键问题。不仅是单一的制度形态，还应当属于体系化的机制范畴，是立法过程中一般形式、惯常制式和运行方式的有机统一，也需要与时俱进，不断发展。其由立法权限、立法宗旨、立法机关、立法程序等要素组成，任何一个要素发生变化，都会引起立法路径的改变。立法路径的选取需要注意两点：第一，客观国情，即全国或某一区域的客观实际，包含政治、经济、文化、社会等多重历史和现实因素；第二，主观愿望，即当地居民对于立法模式的综合需求。客观国情决定的地区习惯会左右立法诉求，主观愿望也会通过社会实践发挥影响作用，两者不断平衡，相互促进，共同决定立法路径。因此，立法路径并不固化为某种具体形式，而是随着经济社会的发展，不断进行调整改变。综上可知，资源型地区财税立法路径就是选择何种方式、采取哪种思路制定地方财税法规。

（一）授权立法

1. 整体思路

授权立法指的是，最高权力机关将部分立法权有条件地授予同级行政机关，或下级权力机关、被授权机关根据授权内容行使相应立法权。“目前的税制改革中，税收授权立法构成整个税收法规体系的主体，建立现代财政制度，无法回避授权立法的问题。”[①] 由于权力机关立法程序复杂且周期较长，难以应对一些突发事件，因此需要授权同级行政机关制定行政法规，以解决新兴问题，待时机成熟就可转由最高权力机关制定法律。此外，由于一些涉及区域性的规定属于“法律保留”事项，如确有必要进行地方立法，则需要最高权力机关对地方权力机关进行授权。就其性质而言，“在‘授权’层面，授权立法即立法职权之外授，其本质是一种立法职权的转移，也是立法权行使的一种基本方式；在‘立法’层面，授权立法即基于授权之立法，其本质是一种次级立法行为，成果具有法的一般属性，但效力低于职权立法”。[②] 税收与私有财产权直接相关，涉及公民的切身利益，因此其基本要素原则上应由法律规定。当前，为了利用财税手段促进资源型地区经济转型发展，可以适度赋予其地方税收立法权，以便于确定地方税种，及税率、税目等税收基本要素，但是这样的授权立法模式应当程序严格、内容明确、监督完善。根据《立法法》中有关税收基本要素“法律保留”的规定，结合税收法定原则的要求，资源型地区地方税收立法权只能来源于全国人大及其常委会的授权，属于纵向授权的范畴。进一步说，就是全国人大及其常委会可以通过法律授权或者决议授权的方式，将涉及“法律保留”的地方税基本要素事项的立法权，部分授予资源型地区的省级人大及其常委会，但是禁止地方进行转授权。从理论上讲，授权立法模式既丰富了税收法定原则的内涵，又符合地方财税自主的精神。明确授权与被授权主体的同时，应当探讨授权立法模式的方式问题。一般来说，授权主体必须能够基本预见授权立法模式的主要规划和根本宗旨，以期使授权的效用最大化。由于税收关乎国计民生，因此，相应授权立法模式的要求应更为严格。资源型地区税收授权立法模式应当符合两点要求：一是资源型地区税收立法权的来源须为法律规定或全国人大及其常委

---

① 张学博：《税制改革的历史观察——以授权立法为视角》，载《西安财经学院学报》2017 年第 4 期。

② 江国华、梅扬、曹榕：《授权立法决定的性质及其合宪性审查基准》，载《学习与实践》2018 年第 5 期。

会的决议，其中地方税收立法权的宗旨、内容、期限必须在授权中予以明确，以确保税收法定；二是授权立法模式中资源型地区结合当地情况自由裁量的有关规定的设计必须科学，进一步说，就是资源型地区省级人大及其常委会在税收立法中要注重实效，防止立法成为一纸空文。

2. 特殊要求

资源型地区的税收立法权是“适度”的立法权，需要进行约束，防止权力滥用。因此，其需要受到授权主体，即全国人大及其常委会的指导和约束，这样才能在单一制权力体系中实现分税、分权的有机统一。具体来说需要注意以下两个方面：一方面，权力范围的限制性。第一，已经由全国人大或常委会立法征收的税种，对于国家宏观经济发展作用较大，则资源型地区的地方税收立法权就要相应地受到严格限制，只能允许其依法设定个别税收要素。进一步说，就是资源型地区省级人大及其常委会根据当地实际情况，在法定范围内设定个别税收要素。以最近开征的环保税为例，可以在法条中规定税率、税目等税收基本要素的幅度，并允许被授权的资源型地区在此范围内进行选择。第二，已经由全国人大或常委会立法征收的税种，对国家宏观经济发展作用较小，则资源型地区的地方税收立法权就要相应地宽松，以传统的契税为例，应授予资源型地区省级人大及常委会更多的权力，即可以根据现行税收法律制定实施细则，并给予相对宽松的税收优惠权力。第三，如果税种区域调节作用明显，在条件成熟的前提下，可以赋予资源型地区“完整”的税收立法权，征收新的税种如零售税。但是，鉴于我国单一制税收发展的历史较长，且目前分税制发展尚不成熟，赋予资源型地区“完整”的地方税收立法权需要慎之又慎，否则就会引发局部地方税收的恶性竞争，进而造成全国的税制混乱。另一方面，权力约束的多元化。第一，资源型地区的税收立法受到全国人大及其常委会制定的税收上位法约束，不得与其相冲突；第二，资源型地区的税收立法的内容受到全国人大及其常委会的约束，全国人大及其常委会通过事前明确授权内容，及事后批准授权立法来确保资源型地区的税收立法内容的质量；第三，资源型地区的税收立法效果受到国家财税机关的约束，国家财税机关应当从宏观上把握资源型地区税收立法对于当地财税收入及全国财税体制的影响，并通过国务院建立向全国人大常委会的汇报机制，防止地方税收立法增加公民的税负，影响全国性税种的征管。

3. 具体措施

综观我国当前的税制运行及税权分配，对地方政府的税收立法权应当持极为审慎的态度，以确保核心税权集中于中央。但是，为了促进资源型地区经济转型，就必须增强地方财政自主权，这样才能充分发挥其自身优势，为经济发展提供支持与保障。因此，适度赋予资源型地区地方税收立法权也是十分必要的。授权立法能够解决由于资源型地区实施地方税收立法，造成的中央和地方税权的冲突问题。党的十八届四中全会指出，要发挥人大及其常委会立法上的主导作用，建立健全各类委员会及专家顾问制度，同时要明确立法权的边界，从体制机制上遏制立法过程中滋生的部门利益和地方保护主义合法化。这些是授权立法模式实施的根本指南。关于资源型地区授权立法模式的具体要求如下：第一，明确授权立法的参与主体。授权机关只能是全国人大及其常委会，国务院不可以将税收行政法规的制定权转授给资源型地区，这样不仅能保证地方税收立法权的来源合法，也有利于确保授权立法的质量和水平，准确实现授权的目标。被授权机关只能是资源型地区的省级人大及其常委会，不能授权给地方政府进行税收立法，以保证税收立法权科学审慎行使。此外，资源型地区省级人大及其常委会不能将税收立法权再转授给同级政府，或下级权力机关，以防止税收立法权被滥用，但是，资源型地区省级政府可以被允许根据地方的授权立法制定技术性的政府规章，以便于更好地适用地方税收立法。第二，公开授权立法的程序。一方面，地方税收立法涉及当地公民的根本利益，因此，授权立法的全部流程应当及时公开公示，确保公众的有效参与，这样既能保证地方财税法规制定的民主性，又能起到宣传作用，减少其实施过程中的阻力。被授权的地方权力机关要全面履行意见征集、民主听证、立法评估、草案公示等立法程序，制定具体规则畅通公众参与各个立法流程的渠道，保证地方权力机关能够系统了解公众的真实意见和建议，并反映到授权立法之中。另一方面，还要鼓励专业人员在立法中发挥作用。地方税收授权立法复杂性较强，既涉及程序上的权限配置问题，又涉及内容上经济与法律融合问题，因此，需要专业人员提供合理化建议，以保障立法的科学性。发挥行政机关在立法过程中的咨询作用，充分听取法律、财税专家、实务工作者及有关部门工作人员的意见和建议，建设强地方财税立法智库发挥资政作用；“可以考虑建立授权立法评估机制，统一建立授权立法后评估机制，及时将填补型授权立法上升为法律，从变通型授权立法过渡到对法律的正式修改”。[①] 第三，提升被授权机关的立法能力。资源型地区地方人大及其常委会的立法能力相对较弱，对于财税领域的地方立法更是经验不足，这会影响授权立法的效率和质量。因此，其应当在制定地方财税法规的过程中注重总结经验，提升立法能力，同时强化组织机构、人员配置和立法机制等方面的建设，以确保立法的实效性。此外，资源型地区地方税收立法必须经过全国人大或其常委会批准后方可生效实施，这是对地方人大及其常委会立法能力的最终审核，以保证税收立法符合授权机关的要求。

（二）先行先试

1. 整体思路

随着社会的不断发展，传统的立法路径也需要及时推陈出新以应对改革中的问题。所谓法治国家，即立法机关对社会中存在的多元价值依据国民利益进行排列组合，同时制定适宜的规范。法治国家中国家权力与公民权利也不是对等的，公权力的效力仍远胜于个体权利，处于强势地位，但是，这并不影响制度的公正和公民的权益，因为，国家权力的行使充分体现了公民的整体意愿，是公民权利的保障。要确保国家权力在法治轨道内运行，立法内容的约束固然必不可少，同时立法模式的选择也十分重要。符合法治精神体现在两个方面：一是在程序上强调公民参与；二是在目的上强调为人民服务。当前，资源型地区的地方财税立法，除了符合上述两点要求外，还需要满足

① 尹德贵：《全面深化改革视野下的授权立法》，载《学术交流》2015 年第 4 期。

经济转型发展的需求。基于此，理论上存在超前立法和保守立法两种。超前立法，即立法机关在制定法律规则时，为了应对即将发生或可能发生的问题，主观判断超过一般立法的预测程度，进行超前规定。其优势在于，法律规范适应性强，能够应对经济快速发展变革过程中出现的多种问题，体现了法律制度与社会形势交互影响的趋势，完善了经济转型中的制度发展。而其劣势在于，受立法机关主观意志影响较大，对立法水平、立法技术的要求较高，因此，存在极大的立法风险，一旦对实践的制度需求产生误判，就会导致立法错位；保守立法，即立法机关根据业已发生的社会问题进行立法，是对现实需求的一种制度回应。其优势在于，法律规范的制定建立在充分的社会实践基础上，因此，可以在充分考量法律民主、协调等意蕴的基础上，有针对性地解决现有问题，形成一系列成熟的法律制度，促进经济可持续发展。而其劣势在于，过于保守，预防性较低，往往是“先破坏，后规制”，在经济转型发展中不能起到事先预防的引导作用。资源型地区的地方财税立法需要结合超前立法和保守立法两种类型，取长补短，形成既适应转型发展，又降低立法风险的先行先试立法。其主要有两个方面的内涵：一方面，“先行”就是要发挥超前立法的优势，通过法律来指引转型发展，变革社会关系，构建经济新秩序。“先行立法”需要应对诸多外部环境的不确定性，通过稳定的法律制度来推动地方财税体制改革。另一方面，“先试”则是要发挥保守立法的优势，在经过地方实践反复“试错”，充分检验的基础上，总结区域性制度安排的经验，并进行普适性转化。资源型地区地方财税立法通过自身实践，能够对地方财税立法的权限和内容进行检验，进而为地方财税体制改革在全国范围内推广奠定基础。

2. 特殊要求

“税收立法权实质上就是一种资源配置决策权”，[①] 关乎当地居民的根本经济利益，一定要慎之又慎。因此，为了确保资源型地区地方财税立法目的

① 陈少英：《可持续的地方税体系之构建——以税权配置为视角》，载《清华法学》2014 年第 5 期。

的实现，先行先试必须符合以下三点要求：第一，符合宪法法律的基本要求。从根本上说，先行先试并不是“无法无天”，而是“在全面深化改革的历史时期，将法制建设与改革实践有机地结合起来，使改革具有法律依据走上法制化轨道”，① 是我国现阶段经济体制改革法治化的表现形式。资源型地区地方财税体制改革出现的新问题需要制度应对，实施的新举措需要制度确认。因此，需要通过先行先试来制定相应财税法规，以填补现行法律制度的空白。但是，以“先行先试”为托词制定与宪法法律相冲突的地方财税法规，就突破了应有限度，与其本意背道而驰。先行先试模式的限度就是符合宪法法律的基本要求，具体来说，即地方财税法规作为下位法必须符合宪法法律的基本规定，没有规定的应该贯彻宪法法律的基本原则和精神实质，形式和实质都不能与上位法相抵触。第二，实施财税政策法律化。资源型地区长期发展过程中制定了许多财税政策，一定程度上改善了地方财税体制，是其地方财税立法的制度基础。但是，这些既有的财税政策因缺乏法律形式影响了实效的发挥，甚至在某种程度上阻碍了资源型地区财税法治的进程。因此，财税政策法律化是资源型地区实施先行先试模式的应有之义，其应当注意以下两个方面：一方面从实体上看，需要将成熟完善的财税政策及时转化为地方财税法规，赋予法律效力，以实现资源型地方财税体制改革成果法治化；另一方面从程序上看，需要按照法定程序获得立法权限、制定法律规范、实施事后监督，通过程序正义确保实体制度公平。此外，还要兼顾立法效率的提高和法律体系的形成，确保财税政策法律化的系统性。第三，突出资源型经济特色。资源型地区与其他区域相比有着自身的特点，即便是其内部各个省份的具体情况也各不相同，因此，“先行先试”模式并非是“一刀切”的，而是要结合区域经济特色，根据各地经济形势和财税改革方向，进行“先行先试”财税立法，实现其地方立法的自主性。资源型地区地方财税立法必须要彰显地方特色，以发挥其在国家财税法律制度中的重要补充作用，这是“先

---

① 王文兵：《论人民民主的制度化、法律化、法治化》，载《北京联合大学学报》（人文社会科学版）2016 年第 2 期。

行先试”模式的优势所在。越是突出资源型经济特色，其地方财税立法的时效性就越强，指引作用就越大；相反，缺乏区域代表性的笼统规定，不能有针对性地推动其地方财税体制改革，属于重复立法，会导致法律规定冲突及立法资源的浪费。因此，突出资源型经济特色应当贯穿资源型地区先行先试立法的始终。

3. 具体措施

习近平总书记指出：“凡属重大改革要于法有据，需要修改法律的可以先修改法律，先立后破，有序进行。有的重要改革举措，需要得到法律授权的，要按法律程序进行。”① 资源型地区地方财税立法先行先试作为一种“试错试验”的先行模式，应当在法律制度平稳和经济秩序安定的前提下，不断总结经验为推广奠定基础。具体应当做到以下两个方面：一方面，发挥资源型地区内经济区的制度优势。资源型地区需要发挥各个省份设立的“综改区”或“自创区”等经济区改革前沿阵地的作用，根据经济区建设发展的实践，由省政府或者经济区管委会汇总促进经济转型的财税立法需求，省级人大或其常委会在此基础上酝酿制定新的地方财税法规。有条件的省份还可以在其行政区域内先行试点推行，如辽宁省设有沈大自创区，包括沈阳市高新区、沈阳市和平区、大连市高新区、大连市金普新区四个行政区划，因此可借助自创区制度优势，在其内部试行财税法规后，再向全省推广。缺少“试验区”的省份需要模拟财税法规实施流程，研究实施效果及影响因素，经过反复论证就可以直接在全省推广。如山西省综改区的范围覆盖全省，本省无权自行设立试验区中之区，因此只能通过科学论证后直接实施。资源型地区应当立足于自有经济区的客观实际，发挥相应制度优势，既要突出前瞻性，做好全国地方财税立法的先行者，又要注重规范性，不能超越宪法法律和授权立法的规定制定规则。另一方面，防范先行先试模式的风险。资源型地区的地方财税立法发展要经历两个阶段：第一阶段是“内部试点（论证）－本

① 中共中央文献研究室：《习近平全面依法治国重要论述摘编》，中央文献出版社 2015 年版，第 47 页。

省推广”；第二阶段是“省份试点－全国推广”。先行先试模式是这一系统的法治工程的逻辑起点，防范因此可能诱发的风险十分必要，基于此，应当注意以下两点：第一，省级人大及其常委会必须严格遵守授权立法的规定，有力掌控地方立法的整个流程，起到承上启下的作用，尤其要注重试点与推广之间的有效衔接，畅通转化渠道，保障程序合法，既要为本地制定完善的财税法律制度，又能为中央提供可行的地方立法经验，防止因衔接不畅造成法律制度崩溃；第二，省政府主导完善信息公开制度，建立制度预警机制。行政机关，尤其是税务行政机关与纳税主体沟通的职能优势能够保障此项任务的顺利完成。全面公开立法信息，使纳税主体了解当地财税立法的发展趋势、制定过程和实施期限，以解决立法信息不对称问题，同时通过建立制度预警机制，引导纳税主体进行合理规划以应对地方财税立法带来的影响，并借助新的财税法规实现自身发展，防止因法律制度变动带来经济秩序的混乱。

（三）宪法监督

1. 整体思路

“宪法监督指国家为了监控、督促宪法实施而建立的各项制度的总称。”①宪法监督是一种保障性的纠正要素，其在我国的实施几乎处于空白状态，大量违宪规则尚未从宪法的角度予以否定，这不利于我国法治建设的完整和统一。授权立法和先行先试属于制度运行设计，其中授权内容的事先确定和先行先试的约束性条款均属于实体控制，而宪法监督模式则是要从程序上对立法进行纵向把握，这样才能共同构成资源型地区地方财税立法理想的综合模式，同时也可以成为我国立法整体实施宪法监督的一个良好开端。资源型地区地方财税立法需要反映区域公共利益诉求，调整现行央地财税关系，是该区域财税体制改革的法治保障。首先，地方财税立法虽然表面上主要涉及经济关系的调整，但实质上却关乎到国家权力的重新配置。实施宪法监督模式就是通过法治形式将政治主体的权力博弈转化为经济利益的协调，其根本目

---

① 王勇：《论宪法监督的基础》，载《理论与改革》2016年第5期。

的是合理划分中央和地方的财税权力关系，防止地方财税立法权过度使用，确保地方财税法规制定的合宪性，维护国家财税权的根本统一。这样不仅保障了中央的财税权力，巩固了其在全国财税体制改革中的主导地位，同时也遏制了地方滥用财税立法权而导致财税壁垒等不当现象的发生，此外还避免了因权力配置而产生中央与地方的冲突。其次，资源型地区地方财税立法涉及当地公民的基本经济利益，属于当地社会公众最为关注的制度之一。应当强化地方民众的主人翁意识，发挥公民权利对国家权力的监督作用，使之成为监督地方财税法规是否违宪的重要力量，以扩展地方权力机关审查的深度与广度。这样就在维护权力机关权威的同时，保障了公民的基本政治权利，进而增加了地方财税立法模式的新内涵，为延长资源型地区地方财税法规的生命力做出了贡献。最后，“较为妥当的方式应该是在人民代表大会制度的框架范围内，依托现有的制度框架，建立以立法机关为主导、以司法机关为辅助的复合型宪法监督体制”,[①] 宪法监督应当细化监督措施，打造最严格的监管制度，发挥终极监督的示范作用，为资源型地区地方财税法律制度的构建保驾护航。当前，阻碍全国财税体制改革的最大问题就是中央与地方事权与财税的冲突问题，其关系到纵横交错的权力关系和多种多样的利益分割，破解这一问题困难重重。资源型地区地方财税立法不可能设计出一套完美的制度，能够预测改革过程中的全部问题，并应对由此导致的所有风险。如果地方财税法规的制定过于苛求全面，还可能会阻碍经济发展，违背财税权力重新配置的宗旨。因此，宪法监督模式通过简洁微观的程序规则对制度整体进行机制上的保障，能够避免地方财税立法为了求全责备而过于冗长臃肿，既便于资源型地区地方财税立法的有效运转，又为央地财税关系的调整奠定了基础。

2. 特殊要求

资源型地区在财税领域的不当规则是客观存在的，如果其财税立法权不受约束，很可能会在法律制度层面加剧这一现象，反而会扰乱经济秩序，导

---

① 刘志刚:《我国宪法监督体制的回顾与前瞻》，载《法治现代化研究》2018 年第 3 期。

致地方税收壁垒，不利于经济转型发展。我们在构建资源型地区地方财税法律制度的过程中需要引入宪法监督模式，以强化对地方财税立法权的监督，保障其规范合理运行。至于具体违宪行为的监督则不属于该区域立法模式应涉及的范畴，在此无须讨论。因此，应当做到以下三点：第一，全面贯彻宪法理念。不能将宪法监督模式孤立出去，仅仅作为监督性的“兜底”规则，而是应当将宪法的主要精神和基本原则贯穿于地方财税立法的始终，其中关于我国政治制度及国家权力属性的规定为地方财税立法的价值取向奠定了基调；关于人权保障，尤其是保护公民合法私有财产的有关规定为地方财税立法提供了功能定位；关于税收法定原则的规定为地方财税立法确立了秩序结构。合宪性作为资源型地区地方财税立法的第一要求，就确立了法律制度设计的正确轨道，既保证了财税法规制定的权威性，又规范了地方财税立法权的行使。第二，明确宪法监督的具体规则。宪法理念的贯彻属于先在的意识约束，是一种潜在的制约，在规则的实际制定以及适用中很可能出现偏差，因此需要专门规则的制定，以保证“宪法监督”直接作用的发挥。宪法监督具有国家层面的属性，即便资源型地区被赋予地方财税立法权，也需要在最高权力机关的领导下进行。鉴于地方不宜制定财税总则性法规，因此，应当在授权内容中明确其宪法监督的具体规则，其中应当注意区分新地方财税立法和财税政策法律化两种不同立法形式的监督，以便于地方权力机关遵循实施，并贯彻在具体立法实践中。一旦条件成熟，则应当在宪法，至少是立法法关于基本经济制度的授权立法规定中体现宪法监督，以形成多层次的制度体系。第三，不断积累宪法监督建设经验。健全宪法监督是一个长期的过程，将其融入资源型地区地方财税综合立法路径之中，既是基本经济制度地方法治建设的客观需要，也是自身发展完善的区域性、领域性试点。因此，资源型地区地方财税立法路径是在运行中不断发展的。在既有宪法法律规定的前提下，注意探索最高权力机关和地方权力机关两类监督主体的权限划分，在规则不成熟的情况下必须根据授权立法的规定，制定先行先试的过渡性规定，以便于在本区域填补制度空白。同时设立反馈机制，强化两级权力机关关于建设经验的沟通交流，不断完善资源型地区地方财税立法的宪法监督。

3. 具体措施

资源型地区应当通过宪法监督来防范“授权立法”和“先行先试”在地方财税法律制度构建过程中可能引发的风险，具体体现为明确监督主体及其监督机制。《宪法》规定，全国人大及其常委会可以“监督宪法实施”，地方各级人大保证“本行政区”对宪法的“遵守和执行”；《地方组织法》规定，地方各级人大常委会保证“本行政区”对宪法的“遵守和执行”，这就确保了权力机关作为资源型地区宪法监督主体的合法性。由于资源型地区地方财税立法主体应为省级人大及其常委会，因此省级以下权力机关不属于其宪法监督主体。现有适格主体在条件成熟的情况下，“也可以考虑将监督宪法实施的权力分离出去，并将其赋予专门的宪法监督机关”。[①] 此外，虽然依据我国政治体制和法律规定，人民法院审判不能直接援引宪法，避免因宪法诉讼导致其“司法化”，破坏法律秩序的稳定。但是人民法院在审理具体案件的过程中涉及对地方财税法规的理解和运用，这就为司法过程中的宪法监督提供了条件。在宪法监督制度不完善的情况下，人民法院根据自身的司法经验能够成为当前权力机关宪法监督的重要补充。因此，宪法监督应当围绕这两类主体进行规定：第一类是两级人大及其常委会。两级人大常委会应当为宪法监督设立专门机构，在目前条件不成熟的情况下，其可与授权立法机构一道依托于法制工作委员会。资源型地区人大常委会宪法监督机构能够作为独立主体就地方财税立法中的“宪法监督”问题与有关部门进行协调沟通，并及时向全国人大常委会宪法监督机构汇报，在协调实践中强化监督，以监督促进制度完善，事前注重监督预防，事中强调实践考察，事后要求经验总结，使其在宪法监督模式中发挥基础性作用。但是这并不是说资源型地区人大及常委会对于地方财税立法的宪法监督具有终极效力。为了维护宪法权威与统一，保障监督严格准确，宪法监督的最终效力必须归属于全国人大及其常委

---

① 夏引业：《我国应设立虚实结合的宪法监督体制》，载《政治与法律》2016 年第 2 期。

会。因此，资源型地区地方财税立法过程中的宪法监督由地方人大或其常委会决定，但是要形成说明，报全国人大常委会备案；地方财税立法颁布之后的宪法监督则应由地方人大或其常委会提出建议草案，报全国人大常委会批准；第二类是两级人民法院。“司法审查是保障法律秩序协调统一的重要手段，它与税收法定原则一起维护财税领域宪法秩序的统一性。”① 第一，地区财税立法权力运行机制，参与宪法监督的应为省级以上人民法院，其他下级人民法院审理案件过程中发现问题可逐级上报。此外，人民法院仅在涉及地方财税立法案件审理过程中参与宪法监督，而不宜扩大化。第二，人民法院的宪法监督要形成与同级人大及其常委会的互动机制，既充分利用司法经验的优势，又依靠权力机关这一适格主体，而不是三权分立式的“违宪审查”。第三，人民法院在审理案件过程中发现地方财税立法规定违宪，应暂停审理，并向同级人大或其常委会提出监督审查建议，审查机关需要在合理期限内对人民法院做出反馈，同时提供类似案件的审理精神，以便于人民法院恢复案件的审理。当然，省级人大或其常委会的决定需要经过全国人大或其常委会的批准。值得注意的是，最高人民法院和资源型地区省级人民法院在这一问题上仅与同级人大及其常委会协调，两者之间不宜有所互动。

四、资源型经济转型的财税激励

（一）资源型经济转型的财税激励概述

资源型经济转型的地方财税法规的定性应当是“促进法”，即通过地方法规保障宏观调控中财税工具的有效运用，强化政府对产业政策的扶持力度，财税激励应当是其中的重要组成部分。因此，其体现政策倾向性的同时，还具有法律属性。资源型经济转型的财税激励包括财政激励和税收激励。财政激励指的是，资源型地区公共财政法规对资源型经济转型的促进机制，即地

① 陈国文、孙伯龙：《税收法定原则：英国19世纪的演进及启示》，载《兰州大学学报》（社会科学版）2015年第6期。

方政府重视以公共支出的方式，采取政府采购、财政补贴、项目委托等激励措施调控市场，以摆脱资源依赖的经济发展模式，转变为科技创新和节能环保的经济形态。一方面，资源型地区实施的财政措施对于经济转型发展的积极影响；另一方面，资源型经济转型发展的推进也有助于公共财政目标的自我实现。税收激励指的是，在确保资源型地区整体税收收入稳定的前提下，为了促进经济转型发展，依据地方税收法规，通过减免、抵免、退税、扣除等税收优惠方式降低相应企业的税收负担，对企业进行科技创新研发和节能环保行为形成税收鼓励机制，以引导企业参与到资源型经济转型发展中。

1. 作用机理

（1）财政投入对于资源型经济转型风险的应对

资源型经济转型的初始阶段势必伴随着一些经济风险，主要体现在以下三个方面：第一，科技创新。创新驱动代替资源依赖是资源型经济转型的核心要素，但是原始性的重大技术创新都可能会遭遇极大的风险如研发条件薄弱、技术研发失败、科技成果转化不足，这些都有可能导致企业的投资遭受巨大损失，尤其是在研发初期阶段失败率较高，会极大地影响企业的积极性。第二，市场需求。资源型经济转型也不能忽视市场因素，如何打破传统资源市场的束缚进而开拓新的市场是一个重要问题。在这个过程中，产品的竞争力、产品购买者的消费意愿和能力的不确定性，引发了产品市场的风险性，新型产品短期内有可能导致市场需求不足，甚至与传统资源市场相比还有一定差距。第三，资本运营。“涉及实业资本、产权资本、金融资本、人力资本等”，[①] 绝大多数的技术研发都要耗费巨额资金，如果企业资本运营出现问题引发资金链断裂，就会导致技术研发前功尽弃。这三种风险极大地困扰了资源型经济转型发展，但是仅依靠市场之手无法应对此问题，必须政府进行宏观调控。地方政府的财政投入不仅会直接从物质上支撑资源型经济转型，还会体现政府对转型发展的鼓励支持，进而对市场主体的投资行为起到指引

---

① 安乾、连倩倩：《国内外煤炭企业资本运营的对比及启示》，载《煤炭技术》2018 年第 7 期。

和导向的作用。

（2）财政融资对于资源型经济转型发展的指引

资源型经济转型是经济发展的“升级版”，其与资源型经济的区别，主要有以下两个方面：一方面，与传统的资源密集型产业不同，资源型经济转型所需要的是科技密集型产业，且一定要契合绿色发展的诸多标准，这样的产业是未来的朝阳产业，能够推动经济健康、持续增长，具有十分广阔的市场空间；另一方面，经济转型是一个全球趋势，每一个国家都在根据自己的实际情况进行转型改革，以实现经济发展的质变，其中创新、绿色等因素是转型的共同标准，可以说资源型经济转型是由区域经济转变带动全国经济发展的一种方式，关系到我国的经济走向和产业升级。“受长期单一的产业结构影响，资源型城市的劣势还表现在缺乏对现代金融运作的了解、资本市场利用不足、信贷结构过度资源化和金融服务体系不健全等方面。”① 在这样的大背景下，需要通过地方政府的财政融资引入诸多领域的资本，有针对性地完善这一融资体系。最终形成地方政府财政融资开路，商业金融机构融资先行，企业社会资金相随的融资机制。以扭转资源型经济转型初期，市场发展资金不足，融资缺乏保障的局面，突破资本限制的转型瓶颈，形成资源型经济转型产业优先发展的新格局。

（3）税收优惠对于资源型经济转型外部性的解决

资源型经济转型发展同样无法摆脱经济外部性的干扰，具体表现为以下两个方面：一方面，科技创新中的基础性研究性质上属于公共产品，企业投入巨额资本进行研发，研发成功取得突破后，几乎不能禁止其他市场主体消费使用，外部性的影响导致研发主体不能获得全部收益。因此，企业对重大基础性研究缺乏足够的积极性，“搭便车”行为盛行，这就导致了科技创新的基础不牢。另一方面，短期内资源型经济转型的新型产品的收益很可能低于资源型产品的收益，但是前期付出的成本却远高于已经成熟的资源型企业，

① 王朝阳：《资源型城市旅游资本运营的策略、路径及建议》，载《中国社会科学院研究生院学报》2016 年第 4 期。

因此，传统企业对此甚至有抵触情绪。市场因为自发性的劣势并不能解决上述外部性问题，地方政府必须利用好税收优惠这一重要调控方法促进资源型经济转型发展。资源型地区要善于运用地方性税收法规，对涉及资源型经济转型的事项加大税收优惠力度，将原属于财政收入的资金转移给企业，客观上增加企业因参与资源型经济转型而获得的收益，提高企业参与的积极性。此外，还应当注重通过税收优惠吸收社会资本，建立多元化融资渠道，切实保障资源型经济转型的资金供应。

2. 基本思路

资源型经济转型的财税激励制度设计需要有一个基本思路贯穿始终，以确立逻辑起点，保证其内在逻辑的统一性。具体来说包括以下三点：第一，合理设计地方政府和市场主体之间的制度关系。一方面，资源型地区要通过完善财税激励制度，消除经济转型中的制约因素，重点支持自主创新和节能环保产业发展。注重发挥市场主体促进资源型经济转型的积极作用，明确地方各级政府和市场主体的发展责任，以财税激励为杠杆构建利益平衡机制，推动区域内产业升级。另一方面，财税激励制度设计过程中，要充分考虑价格激励等市场因素对产业升级的作用，把握好财税法规制定的调节性和预见性，以期能够在资源型经济转型的不同发展阶段都能妥善处理地方政府和市场主体的关系，成为市场机制之外的兜底规则。财税激励制度应始终秉持“中性”的特点，引导地方政府在充分发挥市场机制的前提下进行补位，矫正市场失灵，促进转型发展的市场机制不断成熟。第二，形成稳定清晰的制度体系。我国目前已有促进资源型经济转型的财税激励制度规定分散零乱、适用时效较短、可操作性差，这会严重影响市场主体参与的信心和积极性。因此，应当建立市场主导和政府引导的二元财税激励制度体系，形成推动资源型经济转型产业投资开发和生产消费市场化的经济氛围。财税激励制度设计必须具有一个长远规划，规则的制定应当具有稳定性、准确性和体系性的特点，并努力营造一个促进资源型经济转型可持续发展的制度环境，以确保市场主体经济发展上的合理预期。第三，准确论证财税激励制度的信息依据。

资源型经济转型发展初期势必伴随着高投入和高风险的现象，并会出现市场失灵的问题。因此，亟需财税激励制度的调控引导。但是，导致市场失灵的原因多种多样，且多以复杂的形态呈现。为了使财税激励制度完美地嵌入到市场机制之中，就必须在设计中准确地论证市场失灵的信息依据，其中涉及资源型经济转型的现状和目标，以及发展过程中需要财税激励的程度，以便在全面掌握资源型地区经济信息的基础上，对市场失灵进行有效矫正。

（二）资源型地区财税激励原则

1. 财税激励与资源型经济转型协同发展原则

资源型经济转型发展是一个动态的、长期的过程，是传统产业更新换代，新兴产业战略布局的机遇期，代表着区域经济甚至全国经济发展的大方向，甚至决定着我国经济的国际竞争力，其将对经济社会跨越式发展发挥重要的指引功能。财税激励属于财税制度中典型的促进式机制，在宏观调控中作为经济诱因能够对资源型经济转型发挥重要导向作用。滞后或超前的财税激励都会客观上阻碍经济转型发展。“资源型区域转型应基于当地实际情况，针对区域资源产业的特殊情况制定改革策略，逐渐培育优势产业，实现资源型产业向非资源型产业的顺利转换。”① 因此，地方财税立法在涉及财税激励规范的制定时必须站在发展战略的高度，深入考量资源型经济转型的内涵，以产业结构更新为基础、以新兴产业聚集区为基地、以促进资源型经济转型发展为中心、以科技创新和节能环保为突破口，大力推行财税激励机制。

值得注意的是，资源型地区的财税激励机制，必须始终与其产业发展的战略布局保持一致，与目前重点支持的大型科技环保项目相契合，循序渐进地发挥财税激励的经济杠杆作用。因此，这一基本原则将资源型经济转型发展与财税激励制度融为一体，使两者产生互动关系，相互作用，共同发展。

2. 政府引导财税激励原则

资源型经济转型中产业发展程度不一致，在设计和运用财税激励制度时

---

① 肖黎明、景睿：《生态文明视域下资源型区域产业转型与技术创新的协同发展》，载《理论探讨》2016 年第 4 期。

不能对此一概而论，而是要根据产业自身发展的实际情况，确定财税激励制度的适用。在资源型经济转型初期，新型产业尚处于雏形状态，产业结构不稳且竞争实力较弱，必须在坚持运用市场机制的前提下，由地方政府引导财税激励制度。针对有发展潜力的市场主体，应当提高支持力度，鼓励其充分参与资源型经济转型发展。资源型经济转型发展具有自身独特的内在逻辑和发展规律，需要在市场中自觉发展。因此，当其步入发展的稳定成熟期后，地方政府就应该基本退出，只通过必要的宏观调控来指引和扶持。增强对财税激励制度运用中的监管，一定要与专家学者、第三方中介组织和社会公众联合进行共同监督，从而保障财税资源充分运用。财政激励制度根本上还要遵循市场机制，“在发挥政府推动和财政资金引导作用的同时，更要发挥社会资金的作用，激发市场对经济协调发展的强大动力”。[①] 因此，只有在认清发展阶段的情况下坚持政府引导原则，才能准确地引导财税激励制度与资源型经济转型发展相适应，使市场、财税激励制度与经济发展产生良性互动，促进经济可持续发展。

3. 坚持普遍性与特殊性相结合原则

资源型经济转型是一个复杂的长期过程，可以看成是其内部诸多要素良性相互运动碰撞的结果，经过这样一个周期就能够形成经济增长的新动能，实现区域经济跨越式发展。针对这一有机整体制定财税激励制度当然要遵循其普遍性原则。根据资源型经济转型发展的现状和对未来发展的合理预期来制定相应财税激励制度，必须掌握普遍性原则，才能促使财税激励制度适应区域经济的整体发展，推动资源型经济转型。与此同时，还要掌握特殊性，不可以全部泛泛地制定财税激励制度。对于不同行业、不同市场主体等要有不同的财税激励制度，即便是同一行业或市场主体的不同节点或发展时期也都具有特殊的规律。对于资源型经济转型的初期要提供相对强劲的财税激励制度，步入全面发展期后就需要多样化和多层次的财税激励制度，进入成熟

① 王平、李玉红：《京津冀协同发展的财税问题及对策》，载《改革与战略》2018 年第 5 期。

发展期后财税激励制度趋于稳定，此时监管和服务是需要完善的重点。“普遍性与特殊性相互联系集中表现为二者的相互包含关系”,① 因此，坚持普遍性与特殊性相结合原则，一定要点线面互相融合，多种财税激励制度交替实施，以推动区域经济的转型升级。

4. 坚持体系性与稳定性相促进原则

一方面，资源型经济转型的财税激励制度设计是一套制度体系的建构，规则制定者必须在前期进行充分的考察调研，并相应地合理计划，统筹考量，针对资源型经济转型参与市场主体的性质和相适应的市场机制确定高效易行的财税激励制度。财税激励制度的体系性表现为既有政策与未来地方财税立法的衔接与融合。现行政策是未来地方财税法规制定的基础，未来地方财税法规是现行政策的深化升级。另一方面，财税激励制度必须具有稳定性的特点。市场主体之所以愿意参与到资源型经济转型中来，就是因为在这个过程中能够实现自身发展和经济效益的双赢。经济发展形势和市场环境虽然不断变化，却能够判断。因此，财税激励制度是市场主体考量的关键因素。资源型地区财税立法必须具有预见性，能够为审理者自由裁量留有余地，尽可能地降低财税激励制度变动的频率和幅度，保障其体系性与稳定性相促进，共同发展。

5. 自主创新与节能环保有机统一原则

自主创新是原始创新、引进吸收和集成创新的总称，具体表现为市场主体拥有知识产权的重要技术，并且以此为基础使产品价值实现质的飞跃，其中核心技术的自主知识产权是重中之重。节能环保是指产品的整个生产过程要做到自然资源的有效利用，同时尽量避免环境污染，这不止是一种生产方式，更是一种发展理念。具体表现为，“在市场持续低迷、行业发展不景气的现状下，适当提高环境规制强度，用生产成本的提高倒逼企业加强技术创新和转型升级”。② 以自主创新完成节能环保的任务，以节能环保指导自主创

---

① 张兴国：《从反思普遍性与特殊性关系看普遍性范畴的意义》，载《哲学研究》2014 年第 2 期。

② 韩国高：《环境规制、技术创新与产能利用率——兼论“环保硬约束”如何有效治理产能过剩》，载《当代经济科学》2018 年第 1 期。

新的发展，这两者的有机统一是资源型经济转型的实质。资源型地区财税激励制度的设计要适应自主创新和节能环保共同发展的需要，起到协调剂和推动器的作用。以财税激励制度为基础，实现资源型地区自主创新溢出效应的内部化吸收，减少节能环保的不稳定因素，为自主创新和节能环保构建良好的经济社会环境，逐步变革资源型地区的产业模式，提高以创新驱动发展为主的市场主体的预期收益率和效益增长率，进而增强资源型地区所有市场主体进行自主创新和节能环保的观念意识，不断改善相应的外部环境，以符合资源型经济转型发展的根本需求。

6. 适当激励原则

适当激励原则指的是，资源型经济转型的财税激励并非是“盲目促进”，而是需要把握“适当”这一尺度，具体来说包括以下三层含义：第一，目标适当，即凡是有利于促进资源型经济转型的事项均应受到不同程度的财税激励，这里面不仅存在目标判断的问题，还涉及价值理念的分析。一定要防止以转型发展为口号，将财税激励运用于强化地方保护主义和部门利益。第二，程度适当，即财税激励的程度需要与转型发展实际相协调，财税激励涉及资源的重新配置和利益的再次调整，一定不可滥用。激励措施太弱没有刺激效果，而激励措施太强则会引发利益失衡，因此，财税激励要在合理限度内进行。第三，功能适当。财税激励对于促进资源型经济转型能够发挥重要作用，但是也不是“万能手段”，毕竟其能够让渡的地方政府财政资金是有限的。因此，财税激励不能“一头独大”，其不仅需要与其他财税征管制度相协调，也需要与约束机制相配合，如惩戒、强制，这样才能最大限度地发挥制度合力的功用。

（三）资源型经济转型的财税激励方式

1. 宏观理念与立法思路

资源型经济转型发展离不开制度的改革创新，而新制度的设计又必须有新理念作为思想指导。资源型地区传统经济发展模式根深蒂固，既有财税激励制度不能满足新型产业发展的需求，因此重构财税激励制度势在必行，这其中的一个必要前提就是宏观指导理念的重构。由于历史条件限制和市场经济起步相对较晚，一段时期以来市场发展理念中“政府管理”的色彩比较浓重，市场主体在经济活动中对于政府管理中形成的“激励政策”更了解和信任。这样以政府管理为尊的宏观理念已经在产业组织、投资和技术政策中固化，当然也相应反映到财税激励制度之中，导致财税激励的具体措施松散零乱、缺乏稳定性和针对性，激励效果不明显。资源型经济转型必须摆脱传统理念的束缚，将财税激励制度的理念由以“政府管理”为核心转变为以“市场机制”为核心。只有真正树立这样的宏观理念，才能在充分尊重市场的前提下，准确制定促进资源型经济转型的合理财税激励制度。对此，应当从以下两个方面着手：一方面，必须重新确定地方政府在资源型经济转型的财税激励制度中的角色定位。“尽管政府的资源配置行为是基于弥补市场失灵、保障公共利益的名义或目标而实施的，有时会产生积极的额外收益，但也可能会扭曲市场的资源配置。”① 完全的市场经济要求政府只需营造自由竞争的发展环境，保证经济发展的公平和效率。资源型经济转型的财税激励制度就是要通过财税的倾斜，以市场手段保证市场主体参与经济转型的资金。地方政府应当以财税中性原则为指导，准确掌握宏观调控的程度，防范市场失灵的风险，在改良经济环境方面做出更大的贡献。另一方面，必须强调市场在资源型经济转型的财税制度中的作用。资源型经济转型虽然由政府发起推动，但是根本动力却存在于市场之中，有赖于市场机制的发挥。这是因为政府实施的制度只能暂时集聚社会力量，通过相关职能部门的分工协作向既定目标推进，进而反作用于生产力的发展。但是政府对于市场信息的掌控必然存在盲点，在信息不对称的情况下制定出的财税激励制度，可能会引发市场主体的不正当竞争行为，导致其热衷于获取财政补贴和税收优惠，而忽视自身的科技创新和节能环保等转型升级。因此，财税激励制度应当明确资源配置中市场的决定性作用，以市场化这一内生因素为主导进行制定。综上所述，资

① 张守文：《政府与市场关系的法律调整》，载《中国法学》2014年第5期。

源型经济转型财税激励制度宏观理念的重新建构，应当弱化政府管理，凸显市场机制，以制度为依托，鼓励市场主体在供求关系的影响下进行转型升级，满足财税激励制度的要求的同时促进资源型经济转型发展。

科学的理念必须通过具体的制度才能发挥作用，成功确立新的财税激励制度理念后，必须要明确财税激励立法的基本思路。换句话说，就是如何在市场配置为主、政府调控为辅的理念下，进行资源型地区地方财税激励法律规范的制定。这需要做到以下三点：第一，合理规划，即以促进资源型经济转型为目标，以当地的实际情况为基础，设计恰当的财税激励制度；第二，需求导向，即在区域范围内充分调研论证，切实了解市场主体的需求和现实困境，确保财税激励制度设计的针对性和操作性；第三，制度稳定，即财税激励制度不可朝令夕改，规则制定必须具有预见性，保留自由裁量的空间，以满足实践不断发展的需要。

2. 具体方式

（1）财政投入驱动模式

财政投入驱动模式指的是，资源型地区政府根据公共财政的宗旨，对财政资金进行再分配，如财政投资或补贴，来降低市场主体的参与风险，引导其不断扩大科技创新和节能环保项目的规模。此外，地方政府还可以通过政府采购等市场化方式对参与资源型经济转型的市场主体给予有力支持。当前，资源型经济转型的财政投入还存在一定问题，主要包括：投入量不足、投入结构不平衡，尤其是基础科研领域的投入更为欠缺；资源型经济转型的财政投入未能形成合理规划，各级地方政府以及相关部门职责不清，存在权力的冲突与交叉；财政投入的监管机制尚未完善，欠缺有效的制度保障。因此，必须完善地方对于资源型经济转型的财政投入制度，形成稳定合理的运行机制，在突出重点的前提下，保证财政资金高效使用。对此，应当从以下两个方面着手：一方面，资本要素。第一，需要直接增强财政投入的数额，“明确财政支出的使用方向，提升资金的使用效率，科学合理的界定支出范围，优化财政资金的配置结构”,[①] 同时合理划分比例进行财政补贴，体现出一般性预算支出和地方政府债券在使用上对于经济转型的倾斜。依据市场主体的生产规模、产品性质、销售广度和社会影响等因素制定评价指标，按照其对资源型经济转型的贡献程度进行财政补贴，为相应市场主体竞争力的提升奠定了物质基础，促使其跳出“低端循环”的怪圈。此外，财政投入并非是固定不变的，其增长率应与区域 GDP 保持基本一致。第二，选取重点领域，强化产业布局。资源型地区应当从各自省份的实际出发，根据自身的区位优势、资源特点，既要对现有资源型经济进行集约化改造，又要选择一些适合自身发展的新型支柱产业，实现资源个性化配置，促进财政投入的高效使用。在这个过程中要注重发挥民营企业的作用，通过财政奖励增强其参与经济转型的积极性，打造其社会公益思维，以不断增加劳动力的就业岗位，应对经济转型可能带来的失业风险。第三，建立资源型经济转型发展专项基金。资源型地区省级政府应当建立专项引导基金，主要用于扶持基础领域研究等对资源型经济转型发展具有重要影响的活动。省级政府以下的各级地方政府也需要结合自身实际建立专项基金，多级政府相互配合共同形成多元化的财政投入机制。

另一方面，科技与环保要素。第一，经济新常态要求经济增长方式转变为创新驱动，创新能力强的市场主体将成为资源型经济转型的领跑者。因此，应对该类市场主体的科技研发、新技术引进以及高新设备购置进行财政补贴，缓解其资金不足的状态，推动其经营规模的扩大；通过政府采购、价格保护和销售保证支持该类市场主体的新型科技产品销售，以起到标准示范的作用；通过财政投入构建创新型市场主体间的沟通渠道，形成技术合作、知识共享的交流机制。第二，注重生态治理项目的财政投资。长期以来，由于资源型地区不合理地开采资源，造成了生态环境的严重破坏。为了确保经济转型资源生产要素的充足，实现资源的可持续利用，就必须进行生态治理，以营造

---

① 杨得前、刘仁济：《财政投入对中国产业生态化效率提升的实证研究》，载《财经理论与实践》2017 年第 1 期。

适宜的经济转型发展环境。坚持地方政府财政投入治理与相关市场主体自主治理相结合的原则，因地制宜地增加生态治理与恢复的资金，财政投入比与GDP的增长成正比。与此同时，注重对具有普遍性的生态治理进行财政投资，扶持适合推广的工程项目，"建立健全生态保护与补偿机制，建立横向生态补偿制度",① 还需要针对重大生态基础设施的购置与建造提供财政补贴。

（2）财政融资引导模式

财政融资引导模式指的是，资源型地区要建立新型财政融资方式，通过地方政府财政融资，引导金融机构、企业和社会融资进入，建立多元化的促进资源型经济转型融资体系。这样不但可以减轻政府财政方面的压力，又能根据政府的制度指引，引导多元化资金的流动方向，提高财政融资效率。财政融资是财政和金融的有机统一，两者的作用机理存在根本的差别，因此在融合过程中必须进行平衡协调，以防止冲突减弱制度的效用，导致资源利用的浪费。必须充分发挥两者的合力，才能强化资源型经济转型的资金保障。当前，资源型经济转型的财政融资还存在一定问题，主要包括：财政融资方式单一、资金数额短缺且管理混乱、经营效益不高、监管实施不力等诸多问题。因此，亟需建立多元、多样和高效的财政融资体系，以突破目前资源型经济转型的资金"瓶颈"，为转型发展奠定物质基础。对此，应当从以下两个方面着手：一方面，充分发挥地方政府财政融资的引导作用。通过建立引导基金，拓展地方政府金融职能的政策性功用。资源型经济转型发展的资金问题，排除原始投资，整个转型发展周期也需要相当数额的资金。但是新型市场主体以中小企业为主，本身的资产体量小，信誉也未能形成，从银行等金融机构获取贷款的制约因素较多。因此，应对资源型经济转型贷款问题的挑战，是维护其资金链的关键。应当在发挥市场机制的前提下，选取具有发展潜力的新型市场主体，为其提供多种无息、贴息贷款，或者融资担保，以保障资金运转，提高参与资源型经济转型的积极性。另一方面，地方政府引

① 高见、邬晓霞：《山西资源型经济转型突破发展的支持政策研究》，载《经济问题》2018年第9期。

入多元资本参与融资。“应当运用区域财税调控法律，积极整合和建立现行融资平台及其绩效评估体系，根据市场需求，建立切实、有效的资产重组和后续管理机制。”① 第一，传统金融机构、企业和社会，甚至风险投资机构都可以作为融资主体被吸纳到资源型经济转型融资体系之中。将各类资本聚集到一起，共同设立多种专项基金，以多元融资、风险均摊、收益共享为基本原则，形成国有资本为龙头，境内资本和境外资本为两翼的融资新格局。第二，在加强市场主体以借贷和担保方式进行融资的同时，还要引导其实施股权或债权融资。既要鼓励符合要求的新型企业发行公司债券，指导发展潜力巨大的企业上市融资，发行股票，又必须考量中小企业发行集合债券，以及资产证券化等方式。第三，注重与银行的金融合作，不断健全资本市场的运行机制。重点开发适宜资源型经济转型的融资产品如专利质押。建立银行、政府和企业三位一体的合作模式。第四，重视财政融资风险的防范，建立合理的风险应对机制。现阶段防范风险的最佳措施莫过于保险制度，但是鉴于财政融资的特殊性，仅仅通过保险市场还不能满足风险防范的需求，还应当由地方政府介入其中。若日后保险市场发展成熟，则政府干预可以逐渐退出。具体方式：鼓励保险公司设计出符合资源型经济转型实际的保险产品如科技创新险、企业融资险，同时由地方政府财政建立担保基金，以防范部分不可抗力引发的额外风险，尽最大可能分散风险的危害。此外，企业的产品销售险也十分重要，地方政府必须为合格新型产品提供保底购买的机制，以解决企业生产的后顾之忧。

（3）税收优惠扶持模式

“税收优惠原本属于宏观调控规范，直接或间接影响纳税人的行为抉择，在国家经济、社会发展中起到重要的引导作用。”② 税收优惠扶持模式指的是，资源型地区为了实现资源型经济转型对于特定市场主体或生产经营行为

---

① 段浩：《区域调控法与山西转型综改区治理能力现代化》，载《人民论坛》2015 年第 20 期。

② 叶金育：《税收优惠统一立法的证成与展开——以税收优惠生成模式为分析起点》，载《江西财经大学学报》2016 年第 2 期。

进行税收上的减免，针对市场主体参与的不同程度和不同阶段，应当制定与之相协调的税收优惠制度。税收优惠作为税收激励同样是促进资源型经济转型的重要财税工具，与财政激励不同，税收优惠避免了款项征管和补贴发放等事务性环节，降低了诸多交易上的成本，使其在经济效率上较财政激励更胜一筹。因此，税收优惠扶持模式的合理规划，能够科学设计市场主体的税收减免制度，对于促进资源型经济转型起到极大地推进作用。当前，资源型经济转型的税收优惠还存在一定问题，主要包括：促进资源型经济转型的税收优惠制度较为庞杂，体系性和针对性还相对不足；税收优惠对于促进资源型经济转型的产业支持程度不够，且针对性差；除了企业所得税外，其他税收优惠较少。

为了强化税收优惠制度，使其全面覆盖资源型经济转型的整个周期，应当做到以下三点：第一，合理推行针对参与资源型经济转型市场主体的税收优惠制度，保证其可支配资金充足，提高市场竞争力。针对市场竞争能力弱，经营规模小，但是增加就业岗位多，且属于新型市场主体的小微企业、技术型企业和环保型企业等进行增值税、企业所得税的减免，以适当增加其经济利润。对有利于资源型经济转型的虚拟经济业务适当减征增值税，确保此类便捷服务的可持续发展；对于从事科技创新、节能环保等方面的科研人员的研发所得减免个人所得税，既能增强科技工作者的创造热情，又有利于增加科研人员的数量；需要注意的是，“税收优惠应使受众面更宽一些，这样就可以降低对经济运行的扭曲程度”。[①] 第二，进行税收优惠制度改革，推广结构性减税措施，增加减税措施的实施范围。在区域范围内解决“营改增”后带来的排异反应，理顺新型增值税制度。在权限范围内对新型企业的企业所得税再实行税收优惠，通过低税率激发其竞争活力。此外，涉及参与资源型经济转型的增值税、财产税、个人所得税等均应不同程度减免，以减轻市场主体参与的税收负担。第三，通过税收优惠制度代替行政收费措施，切实整

① 王玮：《税收优惠的公共治理：制度框架与我国的选择》，载《当代财经》2017年第10期。

顿地方政府滥用行政收费权力的行为，减轻市场主体的税费负担。目前，在不断完善税收优惠制度的同时，一定要注意消除五花八门的行政乱收费的现象，规制地方政府的不当行为，净化资源型经济转型的外部环境，为市场主体参与其中保驾护航。与此同时，不能忽视对于虚拟经济费用的管控，应当通过地方政府的调控来规制银行、保险、证券等金融机构的收费标准，健全金融机构收费的监管体系，鼓励引导虚拟经济做好资源型经济转型发展的加速器。

第九章　促进资源型经济转型的财政法律制度创新研究

在资源型经济转型和发展过程中，地方财政收入无法满足公民对公共产品的需求，严重脱离了当地经济社会转型发展的实际需要。为了加快转型步伐，亟需改进财政预算，优化财政支出结构，完善财政转移支付法律制度，提高财政收入使用效率，将钱用在有益于民生之处。对此，本书在借鉴域外经验的基础上，提出了具备一定本土适应性的财政体制建设和法治规制方案，以便为资源型经济的可持续发展提供法治化思路。

一、促进资源型经济转型的预算法律制度创新研究

预算作为一种资源分配机制，关乎着预算资源能否实现最大效用，以及公民的社会公共需求能否得到最大满足。[①] 为加快资源型经济转型步伐，实现资源的合理配置，本节对前文财政法律制度存在的诸如支出责任过重、预算扶持机制不完善等问题提出了相应的制度创新建议。

（一）保障资源型地区预算收入

1. 建立资源型经济转型可持续发展准备金

资源型地区和资源型企业的可持续发展，是国家层面迫切需要解决的重

① 参见蒋悟真：《论中国预算法的现代化》，载《环球法律评论》2018 年第 5 期。

大问题。此前，国务院《关于促进资源型城市可持续发展的若干意见》（国发〔2007〕38号）、国务院《关于进一步实施东北地区等老工业基地振兴战略的若干意见》（国发〔2009〕33号）等国家有关文件提出了建立资源型城市和资源型企业可持续发展准备金制度的设想，为解决资源型城市及企业的可持续发展提出了相应的原则要求。

对于资源型地区的经济转型，在总结可持续发展准备金试点现有经验的基础上，可以借鉴、扩大资源型城市转型的相关经验和成果，为自身建立可持续发展的准备金制度，并进一步明确和完善相关内容、收集程序和使用方法。仅仅利用企业上交的可持续发展准备金来促进资源型地区的整体可持续发展，是不充足的。应当着力协调统筹央地两级政府之间、政企之间、财政与其他部门之间这三种关系，多途径统筹资金。首先，中央政府应通过财政手段，补贴地方政府的可持续发展准备金，对处于转型及资源枯竭期的资源型地区给予特殊的转移支付资金支持；其次，资源型地区依其不同年度地方财政收入的比例，拿出部分资金用以补充当地的可持续发展准备金。通过这种方式，我们可以通过协调企业、中央财政支持、地方政府筹资等多种渠道，将政府的可持续发展准备金这块“蛋糕”做大，充分发挥其应有的作用。

2. 加快产业转型升级，实现经济结构多元化，多种渠道开辟稳定的财源

如何加快产业转型升级、实现产业结构调整，是未来资源型地区经济发展面临的关键问题。资源型产业在提高资源型地区的生产总值和增加财政收入方面发挥了重要作用，并在未来继续发挥作用。但是，面对国家经济结构调整和资源型产业发展的严峻形势，从可持续的经济金融发展、改善人民的收入、就业和生活环境的角度来看，一是应该支持发展新兴产业、建立替代产业；二是加大对基础设施、平台建设、人才引进和产业支撑方面的投入，支持清洁能源和矿产资源相关行业的自主创新和产业化项目，以技术创新为手段，实现产业转型升级；三是财政预算应加大对本区域中小企业发展的支持力度，形成一批产品结构多元化、生产水平先进、市场竞争力较强的民营企业，实现地方一级稳定的财税来源。同时，还需积极引进对当地税源贡献

大、资源消耗较少的项目，培育和发展新的资金来源。

（二）适度减轻资源型地区支出责任

首先，国家在重大生产力布局，尤其是战略性新兴产业布局时应给予资源型地区重点倾斜。支持山西省、贵州省、东北资源型省份等资源型地区省内老工业城市创新创业能力建设，加快新旧动能转换。支持各转型地区主动对接东部发达省市，探索建立合作机制，学习东部地区培育发展新兴产业的先进经验和做法。落实资源型地区产业转型升级行动。在资源型地区贯彻“中国制造2025”计划，实现工业化与信息化的加速融合，实现“两化合一”管理体系的深度试点。着力发展新材料、新一代信息技术、文化旅游等前端技术和新兴产业。创建绿色制造体系，支持传统产业实现绿色转型发展，培育出行业领先的绿色产业链、绿色工厂、绿色产品。推广大数据产业，支持大数据创新应用的开发。大力推动文化旅游一体化，构建文化旅游相关支柱产业，积极推进全域旅游示范区的创建。

其次，国家财政应加大对环境恢复治理及生态建设的投入。环境污染及生态问题普遍存在于资源型地区，对此，应以国家财政为主导，辅以地方财政投入，明确环境修复的责任，加强环境影响评价。同时，对于积极引进先进技术和生产设备的企业，加大财政补贴力度，积极倡导发展新能源、绿色技术和循环经济，逐步提高资源型地区可持续发展能力。在一些煤炭型资源城市，采矿区沉陷问题已不容忽视。对此，不仅需要地方预算资金的投入，更需要国家财政积极介入，给予相应财政支持（可在预算内设立专项支持资金）。例如，可通过建立国家专项扶持计划，帮助资源型地区引进现代化技术，积极预防地质沉陷等区域内重大灾害的发生，在资金方面加大对矿山、水域、城郊等重点区域的投入力度，协力解决资源型地区前期发展过程中出现的环境污染、生态治理问题。

最后，通过国家财政统筹资金，完善基础设施及民生工程建设。在城市资源日渐枯竭、产业效益不佳的情况下，资源型地区政府财政收入愈加困难，基础设施及民生设施建设的投入不足，使得资源型地区城建基础较弱，竞争力、吸引力严重受挫。由于资源型地区大多数省、市、县可用财力有限，难以安排足够的资金，对于此项支出，国家财政应给予相应支持。对于之前提及的供水、供气、供电系统工程，可将其适度改造后推向市场，实行企业化、市场化运作。

（三）完善资源型地区预算扶持机制

近年来，资源型地区已呈现衰退迹象。其根本原因在于资源型地区已进入衰退期，面对资源枯竭与环境治理以及普遍存在的经济补偿不足和可持续发展资金缺口巨大的问题，完善资源型地区可持续发展的预算扶持机制尤为重要。

1. 健全衰退产业援助机制

目前，我国并没有严格意义上的产业调整法，尤其是援助型法律机制。关于经济衰退产业的定性、产业结构调整的深化以及相应的救助措施，仍处于无法可依的状态，迫切需要实施相关立法。可以参考日本《特定产业临时措施法》《产煤地区振兴事业团的部分修正法》《特定萧条地区中小企业对策临时措施法》等立法，[①] 在《预算法》中加入相应产业援助条款，将对衰退产业的援助列入转型地区政府预算。首先，应设立专项资金扶持，为资源型衰退产业提供援助，以资源综合评价为基础，挖掘发展潜力、拓展区域外资源，在整合资源的基础上，将本地与域外资源发展为企业的后备资源。央地两级政府应鼓励国家重点工程的引导，积极支持大型传统企业重大技术装备的改造升级，引导优势产业、优势设备完成向外输出。其次，央地两级政府应协力构建衰退产业退出基金，用以解决落后产业、传统产业在过渡过程中失业人员的社会保障及再就业问题，为其提供免费、优质的就业培训。[②]

2. 实施替代产业扶持机制

该制度要求政府与市场相结合，通过产业、金融、财税等政策手段加速

---

① 参见唐启迪：《资源枯竭型城市可持续发展法治研究》，湘潭大学 2016 年博士学位论文，第 102 页。

② 参见贺龙军、于嘉：《资源型城市可持续发展的财政扶持政策研究》，载《知与行》2016 年第 12 期。

新兴替代产业的布局和发展，进一步摆脱之前资源型产业的发展困境。首先，由政府主导，推进资源型地区整体布局，落实产业升级、产业规划、重点产业转移和对外合作发展。降低行业准入壁垒，优化营商环境，使相关优惠政策惠及各个行业，提升政府整体服务能力。与此同时，如前所述，通过预算内专项资金的建立，对第三产业（包括服务业、旅游业、高新技术产业等）加大支持力度，由单一的依赖资源型产业发展提升为多行业、多产业协调发展，最终实现区域经济格局的优化。其次，将区域外的现代化产业引入转型地区，建立新兴替代产业园区，实现行业联动，进一步发展培育能耗低、技术优、污染少的相关产业。对于这些新兴替代产业，可给予相应的低税、免税政策，促进行业整体协调发展。最后，支持创业创新，制定鼓励创业创新的办法及优惠政策，引导衰退产业从业人员自主创业；除了前文提及的对衰退产业从业人员再就业的培训外，可由政府与企业协作，创设转岗培训基金，为其提供进入新行业（替代产业）所必须的新条件、新知识和新技术。

（四）健全资源型地区预算绩效评价机制

建立预算绩效评价机制是一项长期任务。从法律层面，逐步实现预算绩效评价机制的合法化，将有利于加强绩效评估的约束力。首先，以2018年12月29日修订的《预算法》为契机，加快预算绩效评价法制体系建设。2018年修订的《预算法》中明确了预算绩效这一理念，并提出“各级预算应当遵循统筹兼顾、勤俭节约、量力而行、讲求绩效和收支平衡”。此外，对于评估结果的应用也有了方向性规定。例如，第32条规定了各级预算应根据相关支出的绩效评估结果编制、宣传和落实2018年修订的《预算法》关于绩效管理、绩效评价的有关规定，将会规范有效地推进相关工作的开展，并逐步提高各方的预算绩效法律意识。其次，推动预算绩效评估的行政法规建设。2018年修订的《预算法》已经初步明确了预算绩效理念及相关要求，接下来应进一步制定关于预算支出绩效评估的专门法律法规。例如，加快出台更高层次全面推进预算绩效评价工作的指导性方针（可以国务院名义），在其中确定现阶段的工作任务并制定中长期的发展规划，最终实现预算绩效评价有法可依。

在完善预算绩效评估管理体系方面，首先，应加强“顶层设计”。应着力研究中央政府层面绩效评估体系的构建，并逐步将其扩展到绩效评价工作的各个方面。与此同时，按照有关规定加大对违反绩效考核规范的处罚力度，加强相关制度的约束力和严肃性。其次，在具体操作层面，有必要设计一套科学的业务规程。当前，2018 年修订的《预算法》的颁布与实施，在一定程度上使预算支出绩效评价实现了有法可依，同时对相关行政法规的建设产生了新的助力。在此形势下，可在改进评价工作规程的基础上进一步实现绩效评价各环节的规范操作，总结预算支出绩效评价实施过程中的经验，使预算业务环节的运作程序更为科学。

二、促进资源型经济转型的财政转移支付法律制度创新研究

对于资源型地区而言，面临着资源型经济转型发展的任务，转移支付这一财政重要收入，如何有效地使用尤为重要。在全国财政转移支付立法缺失的情况下，资源型地区财政转移支付法律制度的完善工作已经迫在眉睫，法律制度完善程序的启动不再仅仅是正义的“呼唤”，而且更是法律制度供给“紧张”的表现，如前所述资源型地区出现了财政转移支付法律制度供给不均衡的问题，[①] 为了促进资源型地区的转型发展，除了要加快财政转移支付立法的进程，还要调整和完善现行资源型地区的财政转移支付法律制度，既可以保证资源型地区财政转移支付的规范化，也可以满足资源型地区的特殊需求以此促进资源型经济的转型发展。

（一）尽快制定财政转移支付专项法律

我国财政转移支付制度作为分税制改革配套措施建立以来，虽不断改良，

---

① 制度供给均衡，即制度的供给适应对制度的需求，既不存在制度过剩也不存在制度短缺，处在一个相对稳定的状态，制度的数量、内容和结构安排是大部分人所满意的。一切制度活动能够应该以均衡原则作为其最终协调机制和最高秩序依归，其基本均衡是制度所追求的价值目标，也是秩序建立和法治活动评价的最高原则。

但至今未臻完善，问题多如牛毛，如鲠在喉，严重制约着我国财政转移支付行为的规范化。随着2016年国务院《关于推进中央与地方财政事权和支出责任划分改革的指导意见》以及2018年《基本公共服务领域中央与地方共同财政事权和支出责任划分改革方案》的出台，使得中央和地方的财政事权和支出责任的划分更加科学化、合理化、透明化和法制化，一定程度上解决了长期以来存在的事权界定不清晰，事权财权不统一的问题，避免了各级政府之间的相互推诿扯皮。为“财政转移支付法”的出台创造了有利条件，因此应抓住时机，刻不容缓地加快财政转移支付立法进程，适时出台“财政转移支付法”及其相应的“实施细则”来约束转移支付的确立程序、合理标准、管理、信息透明及法律追责问题。

以横向转移支付为主的德国，《德意志联邦共和国基本法》、《联邦财政均衡法》以及《联邦与各州之间的财政转移支付法》均为转移支付的规范运行提供了法律依据，日本除了在《地方财政法》《地方自治法》等财政法律中对转移支付制度进行规定外，还设立了各类转移支付方式的专项法律，如具有专项转移支付性质的国库支出金，以《农村基本建设法》《生活保障法》等相关法律为支撑。借鉴德国、法国和日本等国家的财政转移支付法律制度，提出在我国要尽快出台“财政转移支付法”，对财政转移支付的总体原则、财政转移支付的类型，特别是建立横向财政转移支付法律制度进行规范，同时还要对财政转移支付的标准以及计算方式、财政转移支付的程序以及数额的调整（调整的依据、调整的程序）、省以下地方财政转移支付程序、标准以及计算方式、财政转移支付的法律责任以及监督机制等内容进行规范。确保财政转移支付有法可依，保证转移支付的规范化，促进资源型经济的转型发展。

（二）调整和完善中央对资源型地区的财政转移支付结构

资源型地区长期以来生态环境遭到严重破坏和资源逐渐枯竭，为了实现资源型经济的顺利转型，保障国家的能源战略安全，建议中央财政将资源型地区转移支付列入重点生态功能区的转移支付和资源枯竭型城市的转移支付中，或者单独划拨专项转移支付资金用于资源型地区的转型发展，调整财政转移支付的结构，加大对资源型地区的一般转移支付，优化专项转移支付结构，加快推进资源型经济转型的步伐，解决资源型地区长期以来形成的资源损耗、环境破坏、后备资源难以接替、棚户区改造、社会保障等一系列历史遗留问题，增强资源型地区基本公共服务保障能力，帮助其逐步化解累积的公共服务和社会管理等方面的历史欠账，[①] 具体而言：

一是加大对资源型地区的一般性转移支付力度，并将一般性转移支付占比提高到60%以上，引导资源型地区将一般性转移支付投入到环保、民生、转型发展等重点领域。一般性转移支付可以调整资源型地区财政不均衡的现状，解决资源型地区居民在文化教育、医疗卫生、择业就业方面的问题，保障和改善民生，促进资源的优化配置，保障资源型地区公共物品的有效供给，从而有力地推进其转型发展。因此，应逐步扩大对资源型地区的一般性转移支付规模。

二是优化资源型地区的专项转移支付结构，将专项财政转移支付资金重点用于支持绿色环保、产业链条长、生长速度快且具有良好带动效益的战略性新兴产业、项目，引领产业升级，从而带动资源型地区经济提质又增效，[②] 而目前从总体上看，这方面专项转移支付还不足，例如2017年战略性新兴产业发展专项资金对地方补助额为11.26亿元，仅占当年专项转移支付总额（21,883.36亿元）的0.05%。战略性新兴产业发展专项资金的不足会影响资源型地区转型升级的进程，因此应加大这方面的专项转移支付力度；用于支持高新技术产业、物流业、服务业、旅游业等替代资源开发的接续产业的发展，促进资源型地区产业的多元化；用于增加资源型地区农民的可支配收入，避免城乡居民收入水平差距扩大，力争实现城乡居民公共服务的均等化，如

---

① 参见杨宇：《中央与地方财政体制研究——基于黑龙江省的案例分析》，财政部财政科学研究所2015年博士学位论文，第124～128页。

② 参见张校花：《资源型城市转型过程中的财政政策研究——以邯郸市为例》，北京交通大学2014年硕士学位论文，第42～46页。

果资源型地区财政转移性支付在城乡居民之间的分配不合理，导致城乡居民收入差距较大，则不能很好地支持资源型经济转型的顺利推进，因此，需要通过专项财政转移支付的合理分配来缩小城乡居民可支配收入的差距。[①]

我们应在以后的财政年度内根据资源型地区的特殊情况优化专项转移支付的结构，重点用于环境保护、棚户区改造、失业社会保障、农民增收等方面。

（三）完善促进资源型地区转型发展的专项转移支付法律制度

针对现行专项转移支付法律制度向资源型地区倾斜不足的问题，要尽快完善支持资源型地区转型发展的专项转移支付法律制度，尤其是要完善现行的生态环境修复、接续产业替代资源开发以及社会保障方面的专项转移支付法律制度，使其在专项转移支付资金用途和重点支持范围等方面向资源型地区倾斜。例如，现行的《水污染防治专项资金管理办法》中指出专项资金是用于支持水污染防治和水生态环境保护方面的资金，重点支持范围中提出要着重支持的重点流域、重点区域水污染防治，那么，对于资源型地区迫切需要改善生态环境，治理污染，涵养水源的现状，应明确将资源型地区列入这些区域中，重点支持；[②] 又如，现行的《工业企业结构调整专项奖补资金管理办法》中指出专项资金是用于支持地方政府和中央企业推动钢铁、煤炭等行业化解过剩产能工作的奖补资金，重点支持范围是国有企业职工分流安置工作以及统筹用于符合条件的非国有企业职工分流安置，还应针对资源型地区的特殊需求给予重点的法律制度支持。[③]

总之，完善现行的生态环境修复、接续产业替代资源开发以及社会保障方面的专项转移支付法律制度向资源型地区倾斜，保证资源型地区专项转移支付

① 参见邓盼盼：《山西省地方财政收支与资源型经济转型关系研究——基于2003～2013年的经验分析》，山西师范大学2015年硕士学位论文，第46～49页。

② 2016年12月7日，财政部、环境保护部以财建〔2016〕864号印发《水污染防治专项资金管理办法》。

③ 2016年5月10日，财政部以财建〔2016〕253号印发《工业企业结构调整专项奖补资金管理办法》。

法律制度的供求均衡；还要完善对专项转移支付资金的监督和管理，保证资金的使用效率，使其发挥最大的作用，以此来促进资源型地区的转型发展。

（四）优化资源型地区省以下财政转移支付法律制度

资源型经济转型一是需要扩大中央对地方的一般性转移支付规模，二是要完善省级以下财政转移支付法律制度。省对市、县合理的财政转移支付结构和规范的财政转移支付法律制度，具有积极的宏观调控和资源配置的作用，可以指导资源型地区平衡财政收支差异，可以规范资源型地区的财政转移支付，可以抑制资源型地区同其他地区发展差距的扩大，可以提高资源型地区基本公共服务均等化的能力，从而可以有效地促进资源型地区的转型发展。

1. 明确资源型地区省以下财政转移支付目的

资源型地区财政转移支付法律制度在设计时要注重目的清晰明确，与资源型地区的实际情况相匹配。比如，美国、英国等一些发达国家的财政转移支付多用于卫生、教育、医疗等公共服务，拥有特别的非生产性特征。[①] 因此，资源型地区财政转移支付法律制度在设计时一定要兼顾资源型地区的实际情况、实际问题以及实际需求，摒弃之前照搬中央对地方的财政转移支付管理办法制定本省管理办法的方式。资源型地区在计算转移支付资金的分配时应采用通过科学合理设定因素的方法，在市、县级政府使用专项转移资金时应尽量交由其统筹安排，减少资金用途方面的管制，建立严格的资金使用监督和绩效考核机制。[②] 省对市、县的专项转移支付应符合资源型经济转型的项目要求，尽量清理和取消"僵尸"项目，实现财政专项转移支付资金的有效利用。

2. 减少资源型地区省以下财政管理层次

减少资源型地区的财政管理层次可以最大限度地发挥转移支付资金的用

---

① 参见刘墨琴：《省以下财政转移支付法律制度研究——基于政府间财政事权与支出责任相适应视角》，安徽财经大学2017年硕士学位论文，第17~20页。

② 参见曹砚青：《山东省财政转移支付制度与优化路径研究》，首都经济贸易大学2017年硕士学位论文，第26~27页。

途，提高其使用效率，扭转资源型地区的偏向性配置。[①] 具体而言，一是省管县财政体制激励了县乡经济的发展，增加了县、乡公共服务支出责任并提高了县级地区资金匹配能力，有利于县、乡在既有分配规则下可以获得更多的财政转移支付；二是省管县财政体制改善了基层政府的财政地位，同时畅通了县辖区公共需求的向上传递渠道，有效地减少了上级政府对财政转移支付资金的截留，从外部环境上为其获得更多的财政转移支付创造了条件。

（五）构建生态资源补偿横向转移支付法律制度

生态资源补偿横向转移支付是指资源受益地向资源开发地转移生态资源补偿资金，通常以省级政府为转移支付的主体单位，使资源开发地的开发成本、保护成本、恢复成本与其资源收益的结构趋于合理，从而可以激发资源开发地合理利用和科学恢复资源的积极性，形成生态补偿与经济发展的良好互动。

1. 建立生态资源补偿横向转移支付法律制度的必要性和可行性

虽然我国目前存在“对口支援”这种具有横向财政转移支付性质的资金转移方式，但其具有很强的行政色彩，非制度化、非规范化明显，而且这种“对口支援”具有突发性、应急性和不固定性的特征，所以不能称其为横向财政转移支付。尤其是对于资源型地区的生态资源补偿问题，更缺乏相应的横向转移支付制度予以规范。因此研究资源型地区生态资源补偿横向转移支付法律制度十分紧要，必须从资源型地区的实际需求出发，建立适合资源型地区的横向转移支付法律制度，并在财政转移支付法中对其作出明确的规定。充分发挥生态资源补偿横向转移支付这种“削峰填谷”式财政平衡机制的横向均衡效果。

上文所述，我国已开展三峡库区的对口支援以及新安江跨流域横向生态补偿，这是探索生态资源补偿横向转移支付的重要迈步，表明我国已具有建

① 参见王俊智：《资源依赖型区域转型发展的财政转移支付政策》，山西财经大学2011年硕士学位论文，第37～38页。

立生态资源补偿横向转移支付法律制度的基础，虽然横向转移支付现在还停留在理论层面，但是在生态补偿问题上不妨先行先试，借鉴国外做法尝试建立“区域间生态补偿的横向转移支付法律制度”。

2. 建立多元化的生态资源补偿横向转移支付项目

对资源型地区生态资源补偿横向转移支付项目的设置要避免单一化，一是可以直接转移具有一般性转移支付性质的资金，不做具体约束，由生态资源供给地根据实际需要统筹安排。二是可以转移具有专项转移支付性质的资金，例如，向资源供给地转移智力补偿资金，专门用以培养各类技术人才和管理人才，提高资源供给地企业的生产技能和组织管理水平；向资源供给地转移产业转型补偿资金，专门用于帮助资源供给地的替代资源开发产业的接续发展等。同时，还要加强各种补偿方式之间的相互匹配与组合，使对资源型地区的生态补偿方式多样化。

3. 设立生态补偿横向转移支付专项基金

生态补偿横向转移支付因其是资源受益地与资源供给地通过谈判的方式而确定的，所以具有很强的自主性和灵活性，为了提高生态补偿横向转移支付资金，应单独设立生态补偿横向转移支付专项基金，资源供给地的地方政府具有使用上的主导权，同时也必须对这部分资金进行严格的监督和规范的管理。

总之，要构建生态资源补偿横向转移支付法律制度，对生态补偿横向财政转移支付作出明确的规定，科学地制定横向转移支付的原则、计算标准、计算公式、监督管理以及法律责任等，使生态补偿横向转移支付这种财政转移的方式更加常态化和法制化，为资源型地区的转型发展提供更为可靠和稳定的支援。

（六）用成本收益分析法合理设定财政转移支付法律责任

成本收益分析法是经济学中一个分析经济问题的常用工具，可以分析经济学中公共和福利等领域的问题。[①] 在对违法行为进行经济分析时也常用成本收益分析法，违法行为模型可以简单地概括为：违法行为的预期收益超过其预期成本。这个模型的基本假设是违法者是追求个人效用最大化的“理性人”，一个人之所以选择违法，是因为在他看来违法行为是有利可图的，从事违法活动能够获得比守法活动更多的收益。[②]

法治的基本精神在于违法行为能够受到严格地追究，而受损的权益可以得到有效地保护。[③] 当今社会，很多人愿意遵守法律只是源于利益的刺激，当守法成本比违法成本更小时，或当守法比违法能获得的利益更大或者是损失更小时，人们才愿意遵守法律。[④] 我国现在在资源型地区的财政转移支付方面，违法行为的违法成本和违法收益之间缺乏一种合理的张力，导致了违法成本远远小于违法收益的尴尬局面。如前所述，资源型地区是财政转移支付违法案件的高发地区，违法案件多且涉案金额大，但很多违法案件中虽然涉案金额数量巨大，所受到的惩罚却很轻，甚至只是劝解、警告，威慑力很小，因此，对于资源型地区财政转移支付法律责任在设定时一定要科学、合理地设定违法成本，以期把握好利益的刺激，为防止违法者成本过低所带来的不正当经济刺激，必须要保证财政转移支付违法行为违法成本大于违法收益，激励行为人在做决策时选择守法行为，这里的违法成本 = 必然成本 + 法定成本 × 被追究的概率，其中，必然成本就是实施违法行为必须承受的资源消耗、道德谴责和机会成本，法定成本是通过法律规定的财政转移支付违法主体在实施违法行为之后必须承担的那部分支付，简言之，就是法律对财政转移支付违法行为所规定的制裁，其主要包括：人身性成本，即自由被禁锢甚至是付出生命的成本，表现为被处以自由刑甚至是生命刑这样的刑事处罚，

---

① 参见孙艳芳：《运用收益成本方法对我国金融监管问题进行探讨》，西南财经大学 2006 年硕士学位论文，第 11 ~ 15 页。

② 参见冯玉军：《新编法经济学》，法律出版社 2018 年版，第 30 页。

③ 参见张玉磊：《新型城镇化的法治视角：从政策之治到法治之治》，载《长白学刊》2016 年第 3 期。

④ 参见丁敏：《“环境违法成本低”问题之应对——从当前环境法律责任立法缺失谈起》，载《法学评论》2009 年第 4 期。

这种成本最大，威慑性最强；行政性成本，表现为行政处罚、行政处分，即主体行政职务的撤销、降级、被通报、警告、严重警告等；经济性成本，即违法主体需要支付一定数额的赔偿金、罚款或者是没收非法所得等，成本相对较小。毋庸置疑，法定成本决定着违法成本。那么我们就应该着力研究如何设定合适的法定成本，可以调整现行资源型地区法律法规中对财政转移支付违法行为法律责任的规定，有些行为的惩罚可适当加重，但一定要把握好边际威慑，不能一味地走"重罚主义"道路。总之，一定要处理好违法成本和违法收益之间的关系，合理设定法律责任。①

① 参见薛建兰、单云慧：《财政转移支付违法行为的法律责任研究》，载《经济问题》2018 年第 8 期。

第十章　促进资源型经济转型的税收法律制度创新研究

本书第5章分别对增值税法律制度、资源税法律制度、环境保护税法律制度、企业所得税优惠制度四个与资源型经济转型关系密切的典型税种的法律制度进行分析，论述上述四个税种的法律制度对资源型经济转型的影响。本章以第5章的分析为基础，从上述四方面的影响出发，论述相关税收法律制度的完善路径，以期为促进资源型经济转型的税收法律制度提出完善建议。

一、促进资源型经济转型的增值税法律制度创新研究

本书第5章第一部分增值税法律制度对资源型经济转型的影响进行了分析，得出增值税法律制度对资源型经济转型的制约主要体现在以下三个方面：第一，“营改增”后增值税收入共享制度无法平衡资源型地区经济转型财政收支；第二，增值税法律制度对资源型地区产业结构调整的肯定性评价作用缺位；第三，增值税法律制度促进资源型企业资源综合利用的作用有限。本小节试图从以上三方面提出促进资源型经济转型的增值税法律制度的完善建议。

（一）调整中央与资源型地区的增值税收入共享制度

1. 增值税税收分享体制依据的原则

不同税种对经济的调节作用也有所不同，因此其收入的划分也应依据不

同的原则，增值税税收分享体制依据原则主要有税源贡献原则、“成本—收益”匹配原则、税负归宿原则。[①] 税源贡献原则，是指对税收在不同地方政府的分配仅应发生在对该税收作出过贡献的地方政府之间，并且税收分配的多少应当与该地方贡献的税源规模成正相关关系。增值税的征收范围覆盖了各类型的经济活动，征税环节遍布产业链的各个阶段，且税基的流动性很强，根据税源贡献原则，以各地方对增值税收入的贡献份额来确定其分配到的增值税收入是分配公平的体现。

“成本—收益”匹配原则，是指税收在不同地方政府的分配时应当考虑到各个地方政府在培养相应的税源时所付出的成本，给地方政府分配的税收收入是对地方政府付出成本的收益回报，付出的成本应当与分配得到的税收呈正相关关系。在计算成本时，不仅应当考虑到培养税源时的开发成本，还应当考虑到开发税源时造成的负外部性成本。例如，政府促进资源型经济发展、扶持采矿企业壮大时造成的环境破坏、生态失衡等负外部性问题，在该地区后续发展过程中解决前述负外部性问题所付出的成本。“营改增”使增值税居于第一大税种的地位，地方财政收入对其所分配获得的增值税部分具有很强的依赖性，根据“成本—收益”匹配原则分配增值税税收收入，是财权与支出责任相匹配的体现。

税负归宿原则，是指税收在不同地方政府的分配时应当考虑该税收给该地区纳税人带来的税负，地方政府获得税收分配的多少应当与其居民承担税负的大小呈正相关关系。增值税属于流转税，其税负最终均会转嫁给消费者，由消费者最终承担。税负归宿原则要求在分配增值税时应当充分考虑消费因素，商品消费低政府应当获得较多的收入，而不是像我国现有的制度收入主要由生产地政府获得。

2. 资源型地区税收共享制度应以“成本—收益”匹配原则为主要原则

对于“成本—收益”匹配原则，煤炭等大量矿产资源的开采在给国家贡

---

① 参见冯群：《“营改增”背景下增值税分享体质问题研究》，首都经济贸易大学2017年硕士学位论文，第8页。

献更多增值税的同时，又给资源型地区造成了巨大的成本。该成本由开发成本等显性成本、治理环境的成本以及因损害环境而丧失的发展其他可持续经济的机会成本构成。以山西省为例，新中国成立 70 年以来，尤其是改革开放以来，以山西省为代表的资源性地区作为全国重要的能源化工基地，为我国的经济发展做出了巨大的贡献，但是，由于煤炭资源过度的、粗放式的开采也造成了水资源严重损耗、生态环境严重破坏、采矿区塌陷、煤炭资源逐渐枯竭等一系列问题。其他资源型省份也在不同程度上面临和山西省同样的问题。和全国其他非资源型省份相比，资源型地区目前面临的一方面是巨大的历史欠账的补偿，另一方面是资源型经济加快转型过程中所需要的巨大的成本支出。因此资源型地区牺牲可持续经济来贡献增值税所产生的成本比其他非资源型地区的成本要大很多。本书认为在探讨资源型地区税收共享体制问题时，应当将“成本—收益”匹配原则作为重要因素予以衡量（见图 10－1，图 10－2 所示）。

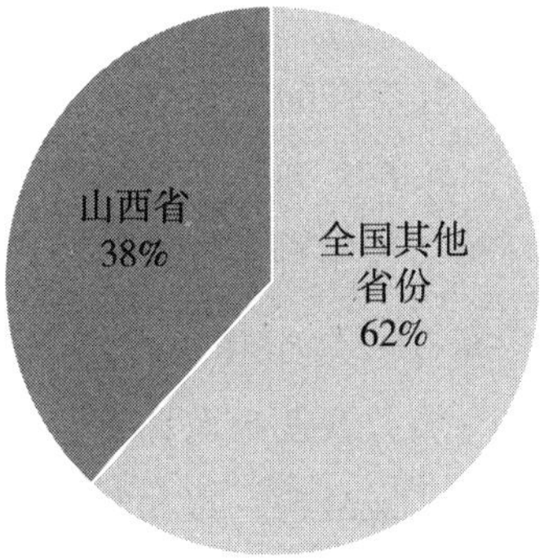

图 10－1　山西省煤炭开采增值税收入占全国煤炭开采增值税收入百分比

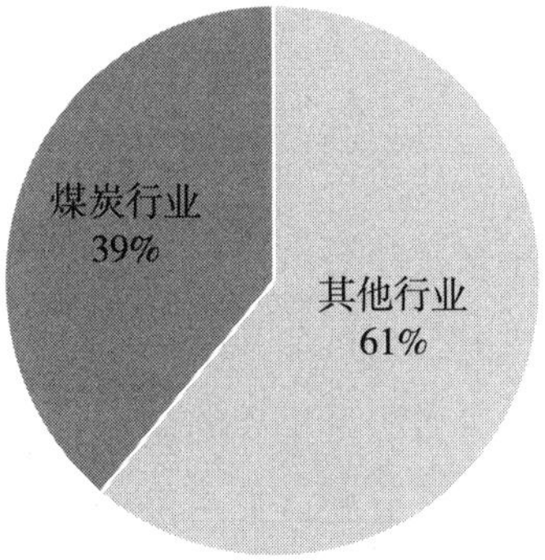

图 10－2　山西省煤炭开采行业增值税收入占山西省增值税收入百分比

数据来源：根据 2017 年《山西统计年鉴》《中国统计年鉴》，由课题组绘制。

对于税源贡献原则，从图 10－1 可以看出，山西省煤炭行业的增值税收入占全国煤炭开采行业增值税收入的 38%，而全省煤炭行业的增值税收入占山西省增值税总收入的 39%，山西省煤炭开采业对全国煤炭开采业增值税收入的贡献很大，符合税源贡献原则。

对于税负归宿原则，本书认为在资源型城市应当弱化对这一原则的考量。资源型经济给资源型地区带来的负外部性很大，资源消费地区给资源型地区带来的利益不足以补偿，负外部性需要政府干预来矫正。虽然增值税税负最终由消费地居民承担，但是考虑到资源型产品对资源型地区带来的巨大成本，单纯的消费价格不足以对负外部性进行补偿，将资源型产品链条中产生的增值税大部分分配给资源型地区，相当于资源型产品的消费对资源型地区产生的负外部性的一种补偿。因此，在考量对资源型地区增值税税收分配时，应当弱化对税负归宿原则的考量，重视成本—收益匹配原则的考量。

3. 建立与资源型经济转型发展事权相匹配的税收共享制度

增值税是我国的第一大税，是中央与地方共享税，“营改增”后地方税种缺失，地方政府的财政收入对增值税的依赖性加大，“营改增”的改革必然会引起央地财力分配制度的调整。尤其是对于资源型地区，税源贡献率大，付出的成本多，但现行分配体制下地方财力不能适应资源型经济转型的需要，结合财权与支出责任相匹配的原则、“税源贡献原则”与“成本—收益相匹配原则”，本书认为，调整增值税分享比例具有较强的制约性，增加税收返还在当前深化改革的背景下具有可行性。理由如下：

调整增值税分享比例具有制约性。在地方主体税种缺失的情况下，地方财政收支差较大的直观解决方式①是增加资源型地区对增值税的分享比例，但是，这种做法是不妥的，不妥之处在于：实施分税制财政体制，要求政府间的财政资金分配，采用税种划分方法，实现一级政府一级预算。目前中央与地方的增值税分享比例由75∶25调整为50∶50，考虑到增值税共享税、流转税的性质，这一比例对于增值税而言已经不低。从分税制理论来讲，增值税分享比例过高将违背“一级政府，一级财政”分税制的精神。因此，在50∶50的分享比例基础上普遍调增增值税分享比例具有制约性。

增加资源型地区税收返还具有可行性。以50%的分成比例取得的增值税

① 参见张启春、郝俊鹏：《“营改增”后重构地方政府财力保障机制思考——以湖北试点为例》，载《学习与实践》2014年第14期。

税收收入和其他税收收入所形成的地方财政收入仍不能满足资源型地区的成本开支，本书建议结合资源型省份面临的客观事实，将资源性地区增值税的增量部分返还于资源型省份，以此来补充资源型省份的地方财力，支持资源型经济的转型。在资源型地区，由于资源企业的许多成本不能获得进项税额的抵扣，本身就比其他省份以制造行业及其他行业为主的经济结构承担的增值税税负要重，因此基于"成本—收益"匹配的原则，以这种以增量返还的方式加大中央对资源型地区的税收返还力度，是对资源型地区重税负的一种补偿，是合理之举。另外，从长远来看，中央通过此举给予资源型地区地方政府较大的财力，必将会加快资源型经济转型的进程，除了资源型企业之外的其他行业会得到快速发展，增值税税基会不断扩大，从而划归中央财政的增值税收入也会不断增加。本书认为应当以2015年的增值税税收收入作为基数，除了按照财政部的定额返还外，对资源型地区新增的增值税超过定额的部分返还给资源型地区。这种方法有些类似于我国1994年分税制改革的税收返还制度的具体做法，因此推行起来应更容易。

（二）强化增值税法律制度对"长尾"产业结构调整的肯定性评价作用

1. 增值税法律制度促进产业结构调整中税收中性原则与税收调控职能的对立统一

增值税法律制度在促进产业结构调整时利用了税收的调控职能，在运用税收调控职能对"长尾"产业结构调整进行肯定性评价时应当重视税收中性原则。税收中性原则与税收调控原则是对立统一的，其对立的方面体现为：税收中性原则侧重强调因税收制度而给经济带来的效率损失；税收调控职能强调利用税收杠杆对经济进行的干预，即通过税率的调整、税收优惠的激励引导，优化产业结构，促进资源型经济转型。税收中性原则与税收调控原则统一的方面体现为：税收中性强调地是从微观机制入手，通过设置使额外负担与效率损失较小的税种结构来促进经济效率的提高，通过对那些不可避免的税负进行公平分配来减少对市场经济的扭曲程度。而税收调控强调地是从宏观角度来协调经济发展，提高宏观经济效率，两者的目标是一致的。[①]

强化增值税法律制度对“长尾”产业结构调整的肯定性评价作用，应当从税收中性与税收调控两者矛盾统一的这一基本点出发，发挥税制促进产业发展的作用。促进资源型地区产业结构升级的增值税法律制度指的是对资源型经济转型发挥税收激励作用的、符合市场客观规律的、给经济增长造成的效率损失较小的增值税法律制度，具体来讲，该法律制度通过宏观和微观两个角度共同发挥作用：一方面，设置符合税收中性原则的增值税法律制度，就是从微观角度设置科学、合理的制度，该制度调整下的经济发展因税收制度本身的问题损失的效率达到最小。例如，就转型地区鼓励发展的产业而言，遵循税收中性原则，设置普遍适用的增值税法律制度。即针对该产业在全国范围内普遍存在的问题，在增值税法律制度中统一予以引导、规范，减少因制度上存在问题而对该行业造成的效率损失。另一方面，设置能够发挥税收调控职能的增值税法律制度就是要对符合资源型经济转型方向的产业在制度设计上给予肯定性评价，对资源型经济转型有负面影响的经济活动在制度设计上给予否定性评价。例如，根据国务院《关于支持山西省进一步深化改革促进资源型经济转型发展的意见》（国发〔2017〕42号），山西省人民政府办公厅《关于改革完善财政管理体制促进县域经济转型发展的意见》（晋政办发〔2017〕176号），运用财政奖补措施，激励县域经济加快转型发展，该意见建立了税收增长奖励扶持机制来促进新兴产业发展：“2030年前，省财政对县级（不含开发区）新兴产业、第三产业产生的税收收入增量省级分成部分按100%奖励。”

2. *以旅游业为例的具体建议*

在强化增值税法律制度对产业结构调整肯定性评价作用时，要遵循税收中性原则与税收调控职能的对立统一。因此，在完善促进地方特色旅游业的税收制度时，应当从以下两个方面考量：

---

① 参见邓子基、邓力平：《税收中性、税收调控与产业政策》，载《财政研究》1995年第9期。

（1）从税收中性的角度出发，在立法的层面设置普遍适用的抵扣制度，完善增值税抵扣链条的衔接，减少旅游业因抵扣难而额外负担的税费，对此本书提出以下两点建议：第一，针对旅游行业的自身特点，制定特殊的发票抵扣要求。旅游业进项税抵扣难的原因之一是进项税的发票难以取得。针对这一情况，结合全国旅游业的特殊情况制定适用于旅游行业的发票抵扣制度。第二，增加可抵扣的增值税的进项税额。例如，对于旅游业来说，提供住宿的服务是其主要业务之一，酒店的装修设计是提供住宿服务质量高低的重要评价标准，建议将为旅游业服务的酒店的装修费用纳入固定资产抵扣范围，鼓励旅游业服务升级、扩大业务规模；旅游景点的服务也是旅游业的主要业务之一，资源型地区基于其丰富的工业旅游、红色旅游、自然风光旅游、人文历史旅游等旅游资源禀赋，在发展以矿山公园为代表的矿山工业旅游、以革命根据地为代表的红色旅游、以自然风景区为代表的自然风光旅游以及资源型地区特色文化旅游区为代表的人文历史旅游时，维修费用占据该景点运营成本的很大比例，建议将该部分费用纳入增值税可抵扣范围，鼓励旅游企业优化景区环境，吸引更多的游客，从而扩大旅游业务。

（2）从税收调控的角度出发，加大对从事地方特色旅游的企业优惠力度，通过税收优惠以鼓励长尾产业，促进资源型地区产业结构转型。对此，本书提出以下两点建议：第一，加大税收优惠力度。对于符合一定标准的、具有资源型地区特色的旅游商品，给予一定的增值税税收优惠，使采矿业、制造业以及旅游业连接成产业链，鼓励资源型地区特色旅游产业的发展与推广。第二，对过渡时期税负增加的一般纳税人，实行财政补贴。“营改增”后，旅游业的一般纳税人若选择进项税抵扣的方式纳税，则可能面临税负增加的风险；若其选择差额纳税，则可能面临失去需要全额进项税发票的客户。此外，小规模纳税人税负减少，使得旅游业的企业可能选择不扩大企业的规模而避免成为增值税一般纳税人，不利于旅游业整个行业的发展。因此本书建议：对于选择一般纳税人纳税的旅行社，若其从事的主要旅游业务属于该地区的特色旅游服务，则地方政府可以给予其一定的补贴或者税收优惠，从而激励资源型地区特色旅游业的发展。

（三）加大增值税法律制度对资源综合利用的优惠力度

促进传统产业优化升级是新型发展观的明确要求，而传统产业优化升级要以循环经济为重要抓手。因此税收政策应当加大对循环经济发展的支持力度，引导传统产业的改造升级。

1. 加大税收政策对资源综合利用和循环利用的支持力度

首先，对企业进口的环保技术设备、循环利用的高新技术设备免征进口环节增值税；对以煤炭“三废”为原料的生产项目或者煤炭深加工利用过程中形成的附产品，给予先征后返增值税优惠；加大电力生产企业购置用于消烟、除尘、治污等方面设备的进项抵扣，鼓励企业购置使用先进环保设备。其次，对资源循环利用给予税收政策支持，将资源综合利用企业，如垃圾发电厂从外部购入或无偿取得的废渣等原材料、循环利用的内部废物等纳入增值税抵扣链条中，在核实购入量、使用量等数据基础上准予抵扣，从而降低企业税负，促进资源循环利用。① 最后，完善出口退税政策，抑制高耗能、高排放的资源型产品出口，完全取消高耗能、高污染、资源型产品的出口退税。

2. 强化税收政策对资源综合利用和循环利用的规范作用

首先，通过反复调研、科学论证，重新制定《资源综合利用和循环利用标准》，尽量避免出现类似煤矸石发电企业因达不到资源综合利用标准而使税收优惠政策落空的情况。其次，根据国家产业政策，结合山西省产业规划布局，对现有的资源综合利用和循环利用的税收优惠政策进行加工梳理，使其完整化、系统化，形成一整套促进资源综合利用和循环利用的税收优惠政策，达到无漏洞、不冲突、科学化的要求。

3. 加大税收优惠政策对传统产业改造提升的支持力度

根据国家产业政策，引导资金和生产要素的合理流动，重点鼓励传统产业搞好深加工，延伸煤、焦、冶金和电力行业的产业链，带动相关产业的发

① 参见李毅：《我国发展低碳经济的税收政策选择》，载《财会研究》2010 年第 12 期。

展，改善产业结构，提高经济发展水平。具体讲，可以考虑制定《传统产业改造提升标准》，按照传统企业产业链条的长短和附加值的高低给予企业不同程度的税收优惠，产业链条越长、产品附加值越高、企业享受的税收优惠力度越大，以此强化对传统产业优化升级的支持力度。对于技术改造项目中我国不能生产而直接用于清洁生产的进口设备、仪器和技术资料，可考虑免征进口环节增值税；对企业从事的环境保护、节能节水项目的收入，可比照《企业所得税法》的优惠项目，对其免征增值税，或者降低税率，在税收政策上统筹配套。对企业的技术转让费、研究开发费、新产品试制费和广告宣传费等可考虑按 10% 的扣除率计算进项税额予以抵扣。

二、促进资源型经济转型的资源税法律制度创新研究

本书在第 5 章第二部分分析了我国资源税法律制度对资源型经济转型的制约，主要体现在税收要制不完善、资源税费改革之后问题显现以及资源税增长潜力大与增长乏力之间存在的矛盾三个方面。针对前面提到的资源税存在一系列问题，本书给出了以下解决方案，以进一步完善现行资源税存在的不足，推动资源型经济转型发展。

（一）完善税制要素

1. 逐步扩大资源税征收范围

目前，虽然我国资源税征税范围较 1984 年正式征收资源税以来已有很大发展，但我国资源税主要是对七种应税资源征收资源税，主要集中在矿石资源领域，对森林和水等自然资源依然没有进行征税，这些资源对于生态环境的可持续发展意义重大，因此，将这些资源逐步纳入资源税征收范围是资源税改革的必然趋势。同时我们也可以看到世界各主要国家资源税的征收范围较广泛，具体如表 10 - 1，所以扩大资源税征收范围符合世界潮流。同时，资源税作为税收的一种，其自身所具有的强制性和调节作用，也是进一步扩大资源税征收范围的理论依据，只有尽快地将这些资源纳入征收范围，才能更好地发挥资源税的作用。

表 10－1 国外若干国家资源税征收范围

国别	资源税的征收范围
美国	石油、天然气、煤炭、天然矿床、岩盐、海盐、林木资源
俄罗斯	矿产、土地、森林、草原、滩涂、海洋、淡水等自然资源
日本	地价税、挥发油税、石油天然气税（国税层面）；轻油交易税、特别土地持有税等（地税层面）
加拿大	石油、天然气、煤炭、林木税、砍伐税、矿物
法国	土地、森林、草原、滩涂、海洋、淡水等自然资源
荷兰	土壤保护税、地下水税、自来水税
瑞典	土地、森林、草原、滩涂、海洋、淡水等自然资源
以色列	石油天然气资源税、采石场恢复税、采水税（以是否在冬季、是否超量开采设置不同税率）

资料来源：根据 OECD 环境税数据库、IBFD 国别税制动态资料及部分国家政府网站。

同时，也要认识到，虽然资源税征税范围的扩大具有紧迫性和现实性，但是整个过程需要循序渐进，需要在充分认识我国现有税费制度的基础上，分步骤地有序完成。本书从我国现行的税费制度出发，提出以下建议：

第一，尽快推动水资源税征收试点范围的扩大。我国的资源型地区基本上都是我国的主要缺水区，从河北省水资源税试点取得成效来看，我们可以尽快地将水资源税的试点扩展到所有资源型地区。这样做的目的是希望利用国家法律的强制性，更好地解决资源型地区日趋严峻的水资源短缺与水资源需求量大之间的矛盾，通过征收资源税起到节约和合理利用水资源，同时保护和涵养水源的作用。具体而言：一方面，在水资源税的试点征收中需要充分考虑实际情况，我国水资源分布十分不均衡，南北差异极大，针对水资源这种特殊的分布特征，在对水资源进行征收及其税率等设计上，需要充分考虑到各试点地区水资源的不同情况，进而区别对待，使水资源税能够切实实现设置此项税目的目的。另一方面，资源型地区在水资源试点上要学习先前试点地区的经验，在水资源征收范围的设计上遵循两个层次，第一个层次是将所有水分为地表水和地下水，第二个层次是在前一个层次基础上将二者再进行划分，分为工业用水、农业用水以及生活用水，确立水资源税征收的基本架构，确保地下水税率高于地表水，工业用水高于农业用水税率，农业用水税率高于生活用水税率，同时对特种行业征收高额水资源税，进而在不增加居民用水负担的前提下，保护地下水源，促进企业转型升级，实现对水资源的合理使用。

第二，森林资源是重要的自然资源，保护森林资源对于建设生态环境具有重要意义。一些资源型地区既有丰富的矿产资源，同时也有丰富的森林资源，例如我国的东北地区。因此将森林资源纳入资源税的征税范围对于从生态环境角度助力资源型地区转型发展意义重大。现阶段，我国森林资源的税费管理制度还是以征收森林植被恢复费、林木采伐许可证费及征地占用林木补偿费为主，收费相比征税，在征收以及管理过程中存在许多弊端，所以为规范对森林资源的管理，本书认为应该借鉴水资源税改革试点对我国森林资源进行税费改革，确立符合我国森林资源现状的森林资源税，通过资源税的征收来促使企业合理开发利用森林资源，促进生态环境可持续发展。考虑到国家禁止开发天然林，森林资源税的征税范围可设定为在人工植林区采伐的用材林、经济林、薪炭林等木材。在税率设计上，可根据树种类型、木材采伐量或森林的生态贡献来区别对待，实行从量定额征收的方法。[①] 这样，通过对森林资源征收资源税，可以促进森林资源的规范管理和生态环境的保护。

2. 完善资源税税收优惠政策

（1）实行税收优惠与降低企业融资成本相结合

针对矿产企业在获取衰竭期矿产企业认证后贷款难度加大，融资成本提高的问题，我们需要增加配套措施如资源型地区可以在财政方面拿出专项资金，对衰竭期矿产开发企业在银行借贷等融资利息方面给予专项补贴，来平衡认定为衰竭期矿产企业之后存在的融资成本过高的问题，调动企业的积极

① 参见王婷婷：《资源税扩围的法理逻辑与路径选择》，载《江西财经大学学报》2018 年第 5 期。

性，使这项税收优惠措施落到实处。另外考虑到衰竭矿山开采本身的特点，可以限制贴息贷款使用的范围，将通过贴息取得的贷款主要用于环境保护、技术改造和转型升级等方面，推动衰竭期矿山的可持续发展。

（2）降低税收优惠门槛，增加优惠力度

针对税收优惠门槛过高的问题，可以设置多层级的税收优惠标准，相应地设立不同档的税收优惠幅度，以满足不同实力的矿产企业发挥自身的实力，进行衰竭型矿产的开发和“三下”资源的充填开采，最大限度地开发和节约利用资源。关于税收优惠力度不足的问题。目前，资源型地区的资源税税收优惠主要是对衰竭期矿山和充填开采两类矿产企业进行优惠，而国家税务总局、国土资源部《关于落实资源税改革优惠政策若干事项的公告》（国家税务总局公告2017 年第 2 号）规定资源税改革过程中所实行的有关优惠项目不得叠加适用，如果企业存在的开产同时符合上述两种优惠情况，只能适用其一。因此，为了促进资源型经济的转型发展，可以考虑对同时符合上述两种情形的企业新设一项资源税税收优惠，以解决资源型地区资源开发利用中存在的上述问题。

（3）优化备案类税收优惠

备案类税收减免方式较核准类税收减免方式减少了审批环节，为资源型地区企业提供了获得税收优惠的便利，只需要备案即可获得税收优惠，但是在后期管理中增加了企业的涉税风险，核准方式的税收减免只要纳税人不存在虚假资料报备，即使事后查明企业不符合税收优惠条件，那责任也不在企业一方。而备案式的税收减免的责任则归责于企业，即使企业对优惠政策有误读，也要承担责任。针对这个问题，首先，纳税人要加强自身对相关政策的理解能力，避免因自身的误读而给自己带来风险；其次，税务部门也要加强对相关政策的解读，做好宣传工作，尽可能避免企业的错误理解；最后，针对《税收减免管理办法》第 18 条关于企业责任的部分也可进行区别对待，对于企业提供虚假材料备案获得税收优惠的可以对其进行追责，而对于企业对税收优惠的政策误读而进行备案取得优惠，只需要退回所取得税收优惠，补缴税款，不再进行其他的责任追究。关于备案式税收减免存在的缺少实质检查的问题，我们需要加强事后的监督检查工作如制定不定期现场检查制度，建立完备的后续监管机制，同时加强第三方评估机构的责任，对于需要第三方评估的资料后续要做好审核工作，对于第三方评估机构出具虚假评估材料的情况要加大处罚力度。

（二）不断完善资源税费体系与资源税征管体制

1. 建立部分资源税专款专用制度

由于税费改革，统一征收资源税之后，原来收费项目承担的功能在资源税中并不能体现，导致虽然税费平移，国家收入基本不发生变化，但是实际上用于矿区治理、塌陷区恢复治理等生态环境保护和企业可持续发展的资金却出现了很大的缺失，资源税作为一般公共预算，在资金的使用上缺乏针对性，同时考虑到生态的修复和采矿业的可持续发展是资源型地区经济转型的重要组成部分，所以这方面的资金必不可少。资源型地区有必要在现行的资源税费体系之下找出一种符合资源型地区资源税使用制度。资源税在税收的归属上除海洋石油资源税收入归中央政府所有，余下的部分全部作为地方收入，地方拥有绝大多数的所有权和使用权。因此，为了促进资源型地区生态修复和可持续发展，本书认为资源型地区可以设立主要资源的可持续发展基金。由资源型地区人大制定地方性法规，授权政府从资源税收入中提取一定比例的资金用于设立主要资源的可持续发展基金。该比例以税费平移的增量部分来计算。此处我们需要注意的是这种基金与山西省曾经设立的煤炭可持续发展基金有区别，二者最大的区别就在于资金来源不同，我们这里设立的可持续发展基金的资金来源主要是从资源税中提取，不会再给企业增加税费负担，而过去山西省的煤炭可持续发展基金主要是对在山西省行政区域内进行原煤开采的单位和个人进行直接征缴，以满足其资金来源，这种基金资金获取方式给资源开发企业造成了税费之外的负担。最后，建立全方位的监管机制，为基金营造良好的运营环境，保证该项基金的不被挪用，实现其设立的目的。

2. 完善资源税税收征管体制

资源型地区的产业主要以资源的开采加工为主，所以资源税征管方面存在的问题在资源型地区也最为突出、最具代表性，解决资源税征管中存在的问题对于资源型地区转型发展意义很大。所以为了应对资源税改革带来的变化，保障资源税改革切实地落实到位，本书认为应当从以下三点来完善资源税征管体制：首先，针对资源税计税依据难以确定的问题，主要是资源税只在销售环节征税，企业通过自用将资源税应税产品转化为资源税非应税产品，这样一来，加大了税务机关对资源税应税产品使用量的核实难度，针对这一问题，可以要求企业做好相关资源税应税产品使用量的会计核算，供税务机关征税时核查，对于没有资源税应税产品会计记录的，参照同行业生产相关产品所需资源税应税产品的最高量进行计税征收。其次，对于计税价格难以确定的问题，要尽快建立所征收对象的价格形成机制，确保计税价格属于市场化的价格，加大对关联交易行为的检查，避免这种行为形成的不合理影响计税价格。同时，可以委托第三方进行评估测算相关资源的价格，保证计税价格的公平公正。最后，对于原矿与精矿的换算比率确定困难的问题，逐步探索换算比和折算率调整工作机制，以体现资源税改革的精神实质，确保原矿与精矿保持相当的税负水平，确保政策执行公允公正。①

（三）稳定资源税收入与降低资源税比重相统一

1. 多维度促进资源税收入稳定

一方面，要逐步提高资源税收在资源型地区税收总收入中的比重，主要从税率和征税范围两方面着手。我国资源税税率普遍较低，但现阶段面临世界经济整体乏力，我国经济下行压力不断增大的局面，如果现在提高资源税税率，无疑将使对资源严重依赖的重工业的生产成本大幅提高，所以，资源税税率的调整不仅要考虑税收收入，而且要与整个经济形势发展相适应。正如前文所述，尽可能将所有资源纳入资源税征收范围，可以拓宽资源税的税基，但是资源税范围扩大的意义更重要的在于对生态环境可持续发展的作用，对税收稳定增收的意义相对较小，主要从税率和征税范围二者来稳定资源税

---

① 参见农华、贾惠：《广西资源税改革与征管问题研究》，载《经济研究参考》2017 年第 5 期。

收入都显得不大现实。另一方面，资源税从价计征改革后，资源的市场价格对资源税收入的影响更大。所以建立资源价格的稳定机制对资源税收入的稳定也就显得更为关键。同时，从国际经验可以看到，美国等国家建立矿产资源储备制度，因此，资源型地区可以借鉴国外的相关经验，建立政府储备为主，民间储备为辅的矿产资源储备制度，通过对供给端的调节，来促进各主要矿产资源价格的稳定，进而稳定资源型地区资源税收入，避免资源价格的不稳定性给税收带来不稳定性。

2. 优化产业结构，减少对资源税收入的依赖

资源型地区产业结构单一，过度依赖资源的开采，进而形成了资源型地区目前主要依赖资源直接开采为主的产业结构，导致资源税占税收收入比重大，资源型地区资源税收入的变化影响着资源型地区的财政收入，所以要促进产业结构的优化升级，在保障资源税收入数额的同时，逐步降低资源税占税收收入的比重，进一步摆脱对资源的依赖才是根本出路。资源型地区的产业结构优化升级，重点是从单一的、低技术含量的、资源部门为主的产业结构，向多元的、具有高附加值价值、高技术含量的制造业部门，以及服务于资源部门、制造业部门的现代物流、科技研发、现代金融、信息产业等生产性服务业转化升级的过程。[①] 逐步提高其他税种的收入比重，降低资源税收入比重，减少资源型地区财政对资源税收入的过度依赖，增强资源型地区地方税收收入的稳定性。

三、促进资源型经济转型的环境保护税收法律制度创新研究

环境保护税法律制度的实施，有利于使污染者和破坏者承担必要的污染治理与环境损害修复成本，通过增加企业的税收负担，引导企业生产经营行为，从而促进产业结构的调整以及发展方式与消费模式的转变。但由于我国环境保护税的立法规定尚存不足，助力经济转型的力度不够，现阶段还需对相关法律制度进行创新研究，从而达到减轻环境污染和生态破坏、转变经济

① 参见张复明：《资源型区域面临的发展难题及其破解思路》，载《中国软科学》2011 年第 6 期。

发展方式的最终目的，促进转型地区的升级发展。

（一）适当提高环境保护税率以助力转型发展

环境保护税作为基础税收的一种，具有与其他税收相一致的调控作用：一方面，环境保护税遵循“谁污染、谁缴税”的税收准则，通过对排污者征税的方式，促使其承担与自身造成的污染破坏相当的环境成本，进而通过限制污染者的排污行为来实现环境保护的目标；另一方面，对排污者征税会产生积极的激励效应，排污者为减少缴纳相关的环境保护税收，势必会积极采取措施，通过加快科技创新、促进产业结构优化调整等方式，减少污染排放，从而促进技术进步和实现产业升级。[①] 从本质上讲，环境保护税应被归类为刺激型税收，对污染行为的刺激大小，很大程度上由环保税率决定，从而进一步影响环境保护目的的实现。就目前我国环境保护税的立法规定与实施状况来看，环境保护税税率相对偏低。如果环境保护税税率过低的话，将很难发挥对企业的引导作用，难以激励企业积极进行节能减排。

对资源型企业而言，环境保护税的实施初衷，会刺激企业开发有利于自然资源节约和环境改善的技术，减少高污染高能耗的技术和产品对环境造成的损害，鼓励绿色环保技术的发展，促进节能清洁产品的生产与消费。就环境保护税的征收而言，污染的末端治理成本，远远高于环境污染的预防成本。因此，科学的税率设置，是环境保护税能否对排污行为产生刺激作用的关键，合理的环境保护税税率有利于刺激企业的排污行为，减少污染物的排放，实现污染的事前防预与污染的末端治理。[②] 从现行《环境保护税法》的法律规定来看，我国环境保护税税率设置仍然偏低，远远低于污染治理的边际成本，并且没有设定分阶段提高税率的过渡方案，或者日后修法调整税率的相关条款，难以实现环境保护税对节能减排与环境保护的预期效果。因此，在合理范围内，适当调高环境保护税税率水平下限，根据治理成本对各税目的税额

① 参见陈斌、邓力平：《对我国环境保护税立法的五点认识》，载《税务研究》2016 年第 9 期。

② 参见刘佳奇：《环境保护税收入用途的法治之辩》，本书系 2015 年国家社会科学基金重大项目“长江流域立法研究”（项目编号：15ZDB177）的阶段性研究成果。

标准进行科学测算，建立定期调整机制，是下一步完善我国环境保护税法的必由之路。若一时之间难以达成合理目标，可以制定长期的改革目标，根据我国经济发展情况分步骤实施。世界上发达国家的环境保护税改革，也大都经历过长期的完善过程，才逐步形成比较合理的税率体系。例如，德国的生态税制度是分步骤进行；欧盟的环境保护税也经历了从初期的治理成本补偿理念发展至中期以保护环境为目标，再到现在以可持续发展为宗旨三个阶段。[①] 为真正实现环境保护税对各国环境治理的有效性，必须做好治污减排的长足准备，并且根据自身经济实际，灵活制定税收调整政策，走绿色生态、可持续发展的长远之路。反观环境保护税制度完备的国家和地区，其环境保护税税率也大多随着环境状况的变化做相应的调整。例如德国的水污染、瑞典的能源税两步走，以及英国垃圾税率的分阶段提高。我国应充分借鉴发达国家的发展经验，兼顾我国环境保护的实际情况和加强环境保护税的调控职能，进一步促进经济的转型升级。

（二）明确环境保护税收入使用用途

税收收入的合理使用，是发挥其宏观调控作用的重要环节。明确环境保护税收入的用途，有其制度上的合理性：首先，从制度必要性的角度来讲，以立法的形式明确环境保护税收入的用途符合税收法定的基本要求。环境保护税作为一种特定目的税，其收入的专款专用有利于规范环境保护税税收的资金使用，可以营造更加稳定、安全、合理的税法环境。其次，从制度可行性的角度来讲，环境保护税的专款专用具有较高的社会接受性，向纳税人明确环保资金的流向，告知其所缴纳的税款将会有目的、有计划地用于污染的后续治理以及有关保护环境、改善生态等方面，确保环境保护税收入得到有效利用，以期新税种获得最大的群体支持。[②] 税收是一种传统高权行政活动形式，因而通过法律控制政府与税收相关的权力就成为行政法治的必要内容

---

① 参见唐明：《最优税率视阈下环境保护税以税治污功效分析——基于环境保护税开征实践的测算》，载《财贸研究》2018 年第 8 期。

② 参见郭冠男：《促进我国环境保护的税制改革研究》，载《中国经贸导刊》2012 年第 6 期。

之一，法律的确定性对于自由社会得以有效顺利的运行具有不可估量的重要意义。所以，政府实行与税收有关的地方权限时，必须得获取法律的确定性授权。[①] 因此，如何实现环境保护税收入的专款专用，建立我国环保税收入专款专用制度，还须从立法上作出安排。表 10 – 2 是国外对于相关环保税收入使用用途的不同规定，对我国的立法规定有一定的借鉴意义。

表 10 – 2　部分国家环境税收入使用方式

国家	环境税种	收入使用方式
美国	臭氧消耗物质税	纳入预算统一使用
	水质	纳入预算统一使用
	年度空气排放许可费（缅因州）	100% 专款专用
	固体废物处置税（明尼苏达州）	70% 专用于环境基金
澳大利亚	航空噪音税、 臭氧保护和人工温室气体税	100% 专款专用
	废物和环境税（新南威尔士）	55% 用于垃圾规划和管理基金， 45% 列入州统一预算
	环境保护费（首都区）	纳入预算统一使用
加拿大	绿色税	纳入预算统一使用
	碳氢化合物税（魁北克）	100% 专款专用于绿色基金
芬兰	温室气体排放超限收费、垃圾税	纳入预算统一使用
	水保护费	100% 专款专用
瑞典	化肥税、农药税、垃圾税、 水污染税、NOX 税等	纳入预算统一使用
	氮氧化物排放税	除 0.7% 用于弥补政府监管成本外，其余全部以企业有效能源产量为核算标准返还给企业

资料来源：根据 OECD 国家相关数据整理。[②]

① 参见［美］弗里德希·冯·哈耶克：《自由秩序原理》（上），邓正来译，生活·读书·新知三联书店 1997 年版，第 264 页。

② 表格数据来源于 https：//stats. oecd. org，根据 OECD 国家相关数据整理。

根据表10－2可以得知，国外对于环境保护税收入的使用用途以不同税目加以区分。结合我国不同地区经济发展和环境生态现状，明确环境保护税的用途必须从立法上进行明确规定：首先，总体来看，《环境保护税法》及《环境保护税法实施条例》等立法文件应当作出将环境保护税收入进行专款专用的规定，并进一步明确环保税收入专用的主要方向。《环境保护税法》在立法第1条开宗明义："为了保护和改善环境，减少污染物排放，推进生态文明建设，制定本法。"该规定明确了立法目的：一是环境保护税有利于保护和改善环境；二是有利于促进社会节能减排；三是有利于推进生态文明建设。[①] 因此，环境保护税的收入使用也应该紧紧围绕"保护环境、节能减排、生态建设"的立法目标。特别对于资源型地区来讲，环境保护税的使用应当不仅局限于对现有环境污染的事后治理，更应该在现阶段，面临地区环境质量差、资源枯竭严重、生态受损等诸多问题时，采取以提高环境质量为核心的环境治理新目标，加快地区老旧污染产业的转型升级，充分利用税收资金，引进先进技术与外部资金，促进地区产业向更清洁、更绿色、更环保的方向发展，从根本上主动改善生态环境问题。其次，具体来讲，可在立法上设立义务性条款，以立法形式明确环境保护税收入专用的具体内容。例如，以列举式条款明确税款专用于以下方面：区域污染防治与生态修复；保护和改善环境的工艺技术和设备、产品的开发示范和应用等；重点污染源防治；主要污染企业的关停整治；设立污染治理专项资金；其他有助于提高环境质量，促进转型的事项等内容，[②] 以期真正实现环境保护税收入的"取之于污，用之于污"，促进地区的转型发展。最后，为了避免征收的环境保护税收入被截留、挤占甚至挪用至其他非提高环境质量的领域，应在前述义务条款的基础上，设立相应的责任条款，明确违法使用环保税收入的法律后果，规定其应承担的民事责任、行政责任或是刑事责任，为环境保护税收入的专用提供

---

① 参见陈斌：《对我国环境保护税立法的五点认识》，载《税务研究》2016年第9期。

② 参见刘佳奇：《环境保护税收入用途的法治之辩》，本书系2015年国家社会科学基金重大项目"长江流域立法研究"（项目编号：15ZDB177）的阶段性研究成果。

完备的法治保障。总之，相比于将环境保护税收入纳入统一公共预算体制，税收收入的专款专用更能体现“污染者负担”的原则，有利于发挥环境保护税对经济与环境的矫正功能，促进资源型经济的转型发展。

（三）完善环境保护税税收激励措施

1. 细化减征标准，完善正向税收激励措施

促进传统企业的优化升级是十九大以来党和国家一直倡导的社会发展目标，税收优惠措施的落实，可以起到鼓励和引导污染型企业积极节能减排的重要作用，实现传统产业的转型升级。但是目前的环境保护税税收优惠措施不够完善，表现为减征标准不够细化，缺乏一定的针对性和灵活性，不利于发挥环境保护税对污染企业的税收调控作用，影响地区转型发展。现行的《环境保护税法》将减征标准设定在30%和50%两档，适用要求过高且标准僵化。我国正处在经济转型时期，不合理的减征标准不利于发挥税收优惠对企业投入环境技术创新的激励作用，难以实现环境红利和经济红利的双赢，阻碍我国生态文明建设的协调推进。如果环境保护税能够引入浮动税率，将我国现有标准进行调整，促使大多数企业努力“跳一跳，够得到”，例如将大气、水污染物的排放浓度值治理标准调低到国家或者地方排放标准的50%～80%，促进企业节能减排。① 因此，可以从我国实际出发，在《环境保护税法》的税收优惠减征标准中增设一条关于污染物排放浓度标准低于80%的规定，激励企业主动采取治污减排措施，实行差别化的环境保护税税率，放宽税收优惠的适用标准，实行差别化的税收优惠措施。例如，企业污染物排放浓度值可以做出如下安排：在规定排放标准的80%～100%（含100%），按基准收费标准计征环境保护税；在规定排放标准的50%～80%（含80%），按基准收费标准80%计征环境保护税；低于规定排放标准的

① 参见郑海东、徐梅：《环境保护税的税收要素解析及完善建议》，国家自然科学基金项目（项目编号：71172080）；山东省社会科学基金规划项目（项目编号：16CGLJ41）；山东省自然科学基金项目（项目编号：ZR2017MG024）。

50%（含50%），按基准收费标准的50%计征环境保护税，[①]如此才有利于实现环保技术、经济实际与现实可能性的相协调，促进企业节能减排，优化地区产业结构，充分发挥税收优惠的减免作用。从国际经验来看，国外在征收环境保护税过程中也比较注重税收减免等调节作用。例如，可以借鉴德国的有关做法，针对无铅或低硫汽油、柴油等实行更低税率，实现差别化征收，按照产品和行业的不同，对风力、水力、太阳能等环保能源免除生态税；为最大限度提高企业投资环保产业的积极性，奥地利采取免蒸资本税的税收政策；对照比利时，曾规定特殊投资，例如，保护环境或者有利于环境保护等方面，可享受投资额按通货膨胀率加10%的比例于税前减免的税收优惠。[②]

2. 增设惩罚性加征的反向税收激励措施

税收优惠措施的规定与落实，有利于改善地区产业结构，提高经济发展水平。一方面，我们需要正向税收优惠措施的指引来激励企业环保责任的落实；另一方面，我们也需要对部分污染企业超标、超总量排污的行为作出规制，不放任屡教不改、肆意污染环境的排放行为。并且，从激励和约束措施的对称性角度来看，也应该在税收优惠规定之外增加税收惩罚的反向激励措施，保障立法体系更趋完善。[③]可以充分借鉴原排污费征收制度中的加倍征收制度，根据科学的测算结果，出台环境保护税实施细则或法律解释，将超过环境标准浓度值划分成不同档次，超标越多，环境保护税税收加征就越高。例如，对其中污染物排放浓度超标或者高于排放总量指标的，按照当地适用税额标准的两倍计征；对于污染物浓度既超标又超总量的，按照当地适用税额标准的三倍计征。[④]资源型企业较多的污染严重地区，可以根据授权在立法规定的基础上制定适合地区发展的加征标准，从而更好地保护环境，促进

---

① 参见贺震：《环境保护税立法应解决好三大问题》，载《中国环境监察》2016年第10期。

② 参见唐明：《最优税率视阈下环境保护税以税治污功效分析——基于环境保护税开征实践的测算》，载《财贸研究》2018年第8期。

③ 参见宋丽颖、王琰：《完善我国环境保护税法的思考》，载《税制改革》2015年第9期。

④ 文字引自《环境保护税法（征求意见稿）》。

本地区的经济转型发展。纵观诸多西方国家对超标、超量排放的污染物也是采取加征更高税率的做法：西班牙的惩罚性加征，取决于废水排放物的污染程度，税率最高可达标准税率的四倍；德国对含硫量超标的汽油、柴油加征生态税，以此鼓励使用低硫燃料，实现二氧化硫排放降低的目标。① 没有税负就没有税痛，没有税痛就难以改变，仅一味地给予税收优惠，并不能充分发挥税收政策的调控作用，只有通过税收反向激励措施的相互配合，对于超过国家或地方排放浓度值标准和总量的纳税人，实行从重征收环境保护税，有利于督促污染企业，积极寻求更节能、更环保、更绿色的发展方向，采取措施引进先进环保技术与设备，进一步实现降污减排与节能环保，促进地区转型发展。

四、促进资源型经济转型的企业所得税优惠制度创新研究

本书第 5 章第四部分企业所得税优惠制度对资源型经济转型的影响进行了分析，得出企业所得税法律制度对资源型经济转型在资源综合利用和循环经济发展、现代农业产业化发展、自主创业和高新技术产业发展、中小企业发展等方面具有制约性。本小节试图从以上四个制约性出发，提出促进资源型经济转型的企业所得税立法建议。

（一）完善资源综合利用企业所得税优惠政策

从本书第 5 章第四部分第一点对现行的资源综合利用企业所得税优惠政策的分析可知，以减征免征方式进行优惠的环保、节水节能项目以及以减计收入进行优惠的综合利用资源目录，均由 2007 年制定的部门规章予以规定，该目录自 2007 年制定、2008 年实施以来至今未进行任何调整，具有一定的滞后性，不符合资源综合利用行业的技术发展现状，从而导致税收优惠激励作用无法完全发挥。本小节将从扩大资源综合利用企业所得税优惠的适用范

---

① 参见葛新峰、朱易捷：《我国实施环境税面临的问题及国际经验借鉴》，载《金融纵横》2018 年第 3 期。

围与降低享受政策的技术标准两方面完善资源综合利用企业所得税优惠政策。

1. 扩大资源综合利用企业所得税优惠的适用范围

资源型地区为全国经济发展，特别是改革开放以来经济的高速增长提供了重要的能源支撑，但是粗放型的经济发展形成了“资源诅咒”现象，造成了巨大的资源环境代价。随着资源型经济转型的提出，资源综合利用的技术方面也取得了很大进步。然而，目前现行有效的2008年制定的《资源综合利用企业所得税优惠目录》（以下简称“企业所得税优惠目录”）不包括对煤矸石发电的税收优惠。企业所得税优惠范围过窄，滞后的制度对资源综合利用项目范围的界定已经无法适应资源综合利用的现状，导致煤矸石电力企业无法享受企业所得税税收优惠。

本书建议，全面考察资源综合利用产业的发展现状，通过将新型资源综合利用项目纳入企业所得税优惠范围来扩大税收优惠的范围、改善《企业所得税优惠目录》的滞后性，从而使《企业所得税优惠目录》适应科学技术发展的速度以及资源综合利用领域的现实需求，对新型的资源综合利用产业给予税收激励，使得税收优惠激励政策与生产实践相适应，实现财税法对资源型经济转型的促进作用。此外，扩大税收优惠范围，有利于资源综合利用企业所得税的优惠范围与增值税税收的优惠范围相统一。虽然企业所得税与增值税是两个不同的税种，但对于资源综合利用项目的定性范围应予以统一，既方便税收政策执行，也有利于国家宏观调控政策保持一致。

2. 降低享受政策的技术标准

资源综合利用企业所得税优惠要求原材料占生产产品材料的比例不得低于《企业所得税优惠目录》规定的标准，但是，从事资源综合利用项目而未达标准的企业，则无法享受税收优惠。降低技术标准能使资源综合利用的税收优惠政策更好地发挥税收政策引导流通、生产的作用，从而促进循环经济发展以及资源型经济的转型。以山西省综合利用粉煤灰、煤矸石生产新型墙材为例，山西省共有新型墙材企业579户，生产能力313.17亿块，年产量112.04亿块。新型墙材占墙材总量的比例为41%，利用工业固体废物2810.90

万吨，节地8000亩，节约标煤69.50万吨，减少二氧化硫排量1.56万吨。但只有个别企业达到了条件享受了企业所得税优惠，而数量较多的企业进行了综合利用，而无法享受税收优惠。资源综合利用企业存在投资大、生产成本较高、经济效益不高的现状，更多的是以减轻环境污染压力，促进可持续发展的社会效益角度予以维持，没有强有力的政策支持，仅凭企业的社会责任意识维持很难实现持续发展，应在税收优惠力度上给予更大支持。

降低技术标准是强化企业所得税税收优惠对资源综合利用企业激励作用的有效途径。本书提出的降低标准并非“一刀切”地对资源综合利用率制定较低的标准，而是根据不同的资源综合利用率给予不同优惠力度的企业所得税优惠，例如，制定一定梯度的减计收入比例来激励相对应的资源综合利用率下的资源综合利用项目。具体来说，对于资源综合利用应当予以鼓励和支持，对于达不到高标准的企业，也应该按照其使用比例给予适当税收优惠，体现多利用多优惠、少利用少优惠、不利用不优惠的政策导向。

（二）完善资源型地区现代农业产业化发展的所得税优惠制度

资源型经济转型要求推进农业供给侧结构性改革，发展特色、精品农业，打造“农谷”综合性、专业性科创中心，鼓励杂粮生产大县、争创特色农产品优势区。[①] 因此，利用税收优惠政策促进资源型地区农业产业化是税收法律制度保障资源经济转型的一个重要方面。税收优惠政策应当从以下两个方面促进农业产业化：第一，促进农业技术进步。农业技术是农业发展的重要动力，财税法律制度与农业技术进步内在的正关联关系表现为财税法律制度通过税收优惠鼓励农业企业进行研发活动，允许农业企业将研发费用在计算所得税时予以扣除。第二，促进农业结构调整。财税法律制度与农业技术进步内在的正关联关系表现为财税法律制度通过低税率或者给予所得税优惠鼓励资源型地区特色农业产业的发展，促进资源型地区农业产业由传统产业向

---

① 国务院《关于支持山西省进一步深化改革促进资源型经济转型发展的意见》（国发〔2017〕42号）

现代化特色产业转型。针对第5章第四部分第二点中分析的现行所得税优惠政策对现代农业产业化发展的制约，课题组就如何优化资源型地区特色农业发展的所得税优惠政策，提出如下具体建议：

1. 调整农业企业的所得税优惠标准

资源型地区农业产业化尚未成熟，处于发展阶段，中小型农业企业是农业产业化发展的潜力所在，通过税收优惠政策促进中小型企业推进农业产业化发展，是财税法律制度激励资源型经济转型的有效途径。我国现行的农业产业化税收优惠政策侧重于对龙头企业的激励，享受优惠的标准条件是中小型企业远远无法达到的，针对缺乏中小型农业企业税收优惠政策的问题，本书提出以下建议，通过以下两种方式调整有关所得税优惠标准：第一，对于从事资源型地区特色农业的小微企业，提高小微企业的认定标准，扩大从事特色农业的小微企业的认定范围，如普通小企业所得税优惠标准为年应纳税所得额低于100万元，从事特色农业的小微企业年应纳税所得额不超过150万元就可以享受普通小微企业减按50%计入应纳税所得额，按20%的税率缴纳企业所得税的优惠政策。第二，降低标准龙头企业的认定标准，在农业产业化龙头企业的认定资格标准之下建立较低的标准，对符合标准的中小型农业企业进行税收优惠。

2. 扩大农业企业的所得税优惠范围

通过税收激励措施促进资源型地区特色农产品深加工，可以进一步促进资源型地区农业产业链的延伸，推动资源型地区农业产业结构升级。基于此，本书建议：第一，对于符合资源型地区特色农业的农产品，给予其在深加工阶段低税率的税收优惠；第二，对于农产品深加工阶段符合一定标准的技术、资产与人才的投入，给予其所得税扣除的税收优惠，鼓励农产品加工企业通过技术、人才投入来增加特色农产品的附加值；第三，对于农产品深加工方面的员工技术培训给予深加工企业税前扣除的所得税优惠，给予培训机构免征企业所得税的优惠政策。

3. 丰富农业企业的所得税优惠形式

现行企业所得税共有五种优惠形式：一是收入环节：免税收入；二是扣

除环节：加速折旧、加计扣除、投资抵扣等；三是所得环节：所得免税，减半征收，免征 + 减征，免征或减征，三免三减半；四是税率环节：低税率20%，15%；降低税率10%；五是税款优惠：投资抵免。[①] 结合上述企业所得税的优惠形式，针对农业产业化中不同的项目设置不同的优惠形式。例如，对于农产品加工企业为特色农产品的深加工投入先进设备时，可以借鉴《企业所得税》第34条对环保专用设备的投资额的抵免规定，给予深加工设备投资抵免、加速折旧等间接税收优惠。

（三）完善资源型地区自主创业与高新技术产业税收激励制度

自主创业与高新技术产业是产业结构升级的动力所在，是资源型地区在经济转型过程中关注的重要方面。目前，资源型地区的高新技术水平远远落后于其他地区，以税收优惠作为激励自主创新的手段之一，促进资源型地区产业结构升级，是财税法律制度促进资源型经济转型的应有之义。

1. 调整高新技术企业的认定标准

我国现行的《高新技术企业管理办法》对高新技术企业的认定条件主要是参照国际标准来设定的，从我国的现实看，我国高新技术产业与发达市场经济国家相比还有很大差距，[②] 我国的高新技术企业正处于成长阶段，与发达国家的发展程度相比尚未成熟，资源型地区的高新技术企业尤为如此，尚且处于初创阶段与成长阶段。基于幼稚产业理论，资源型地区的高新技术产业的发展尚未进入成熟阶段、不具有市场竞争力，具有带动周边产业发展的正外部性，若其无法给企业带来可期的利益，企业就没有主动增加投入促进其发展的动力，属于典型的幼稚产业。但是高新技术企业在资源型经济转型的背景下具有极大的发展潜力，基于其“幼稚产业”的特征，需要在尚未成熟之时给予特殊的税收优惠等保护措施，促进其“又快又好”的发展。因此，本书建议：

---

① 参见李国珍：《我国农业产业化税收政策研究》，载《延安职业技术学院学报》2013年第4期。

② 参见蓝相洁、蒙强：《“一带一路”背景下高新技术产业税收优惠政策的优化》，载《税务研究》2017年第10期。

（1）针对不同的发展阶段设置不同的认定标准

将苛刻的认定标准适当降低来保护资源型地区高新技术企业的发展，针对不同发展阶段的高新技术产业，将现有的必须同时满足的6项必要性认定条件进行调整。例如，规定一般性条件与不同发展阶段高新技术产业对应的特殊性条件，对于一般性条件，享有优惠的企业必须同时满足，对于特殊性条件，仅仅该发展阶段的申请享受优惠的企业满足即可，对于初创阶段与成长阶段的技术型企业规定较低的条件标准，享受较小的税收优惠；对于成熟阶段的技术型企业规定较高的条件标准，享受较大的税收优惠。如此，既可以对“幼稚产业”进行保护，又能激励幼稚产业快速成长，从而享受更多的税收优惠。

（2）针对不同的产业设置不同的认定标准

在本书第5章第四部分第三点的分析中可知高新技术企业主要集中于工业，对于农业与服务业的涉足较少。相对于工业高新技术企业，农业与服务业的高新技术企业属于“幼稚产业”，且认定标准存在其特殊性。因此，针对不同的产业设置不同的认定标准，能够使该类型的税收优惠更符合不同产业高新技术企业的实际情况，可以有针对性地提高各个产业内的生产技术水平。

2. 加大对科技型企业的税收优惠力度

高新技术产业技术创新活动具有准公共产品的性质，主要原因在于，自主创新活动具有正外部性。高新技术企业自主创新出一项新的技术，一旦该技术生产问世，该企业不可能将该项技术产生的正效应全部占为己有，其他生产者在边际成本为零的情况下，对该技术进行学习与改进。自主创新的收入具有不稳定性。高新技术是资源型经济转型的科技动力，对具有准公共产品属性的高新技术产业技术创新活动，制定税收优惠法律制度予以扶持具有正当性。本书建议通过税收的收入效应和替代效应，降低因自主创新而产生的生产成本的相对比例，提高该项技术带来的生产效益。具体措施体现在以下两方面：

（1）调整加速折旧年限

高新技术研发的资金投入需求较大，加速折旧的优惠方式能够使企业回收投资，更多地享有货币资金的时间价值。本书建议：在我国现有折旧年限一般期限为2年，软件集成电路期限为3年的基础上进行一定比例的加速。此外，高新技术研发的无形资产投入需求亦十分可观，本书建议：将无形资产业纳入加速折旧的范围，在规定的合理期限内摊销，以环节企业因自主研发活动而承受的资金短缺的压力。

（2）加大投资抵免力度

一方面，基于资源型经济转型的需求，建议将现行的享受投资抵免的税收优惠范围“符合国家产业政策的技术改造项目中的国产设备”扩大为“应用高新技术、节约能源和环保设备等符合可持续发展战略的高新技术产业”；另一方面，设置在投资抵免优惠政策，即当技术型企业理由税后利润再次进行自处创新活动或者投资其他创新企业、创新项目的，结合前述“再创新”活动的投入给予一定比例的税收返还奖励。

3. 加大对创业投资企业的税收优惠力度

技术研发投资的风险属于高风险投资，我国相关的税收优惠体现在《企业所得税法》第31条以及财政部税务总局《关于创业投资企业和天使投资个人有关税收政策的通知》（财税〔2018〕55号）有关的投资抵扣方面，其规定了以股权投资的方式投资于尚未上市的中小高新技术企业的创业投资企业股权抵扣税额的优惠方式，同时规定了抵扣的时间条件和抵扣限额。我国对风险投资的激励远远不够。本书建议：首先，加大对风险投资税收激励的力度。对成立初期的风险投资者实行较低的所得税税率优惠；提高抵扣限额，在风险投资抵扣比例70%的基础上再提高；延长抵扣的时间，取消风险投资必须持股满两年的限制。其次，创新对风险投资的税收激励方式。盈利的风险投资公司获得利润再投资于高新技术企业或研发项目的，可以实行再投资退税优惠。当风险投资公司出现亏损时，允许一定年限内向前或者向后结转，实现盈亏互抵。

（四）完善资源型地区扶持中小企业税收激励制度

改革创新科技发展是资源型经济转型的核心，科技创新在小微企业产生、发展至逐渐成熟，小微企业的发展则是改革与创新的重要推手。有效地为小微企业科技创新发展提供持续动力是资源型经济转型努力的方向，完善资源型地区扶持中小企业税收激励制度对保障中小企业创新力具有重要的意义。

1. 针对不同发展阶段的小微企业制定不同的税收优惠政策

不同发展阶段的科技型小微企业的发展重心不同，经营模式也存在一定的差别，对税收优惠的需求不同。为不同发展阶段的科技型小微企业提供相应的税收优惠，能够提高税收优惠政策的实效性。

对于初始阶段的小微企业，需要人力、物力的投资较大，而此时的科技型小微企业规模小、缺乏必要的资金，作为新的经济主体，容易受到市场上原有经济主体的排挤，在市场上的竞争力较小，投资风险较大，此时需要关于筹集资金的税收优惠来予以激励支持，例如，投资抵免与税收返还。本书建议：对于从事符合资源型地区产业政策的科技型项目的小微企业，在自主创新过程中投入的具有一定技术标准的设备，可以在计算企业所得税时将其价款在税前予以扣减。对于初创的小微企业，在创立的前几年内，给予一定的补贴，支持小微企业度过投资风险大、筹集资金不易的阶段。

对于成长阶段的小微企业，不断地推进研发技术是该阶段的核心工作，我国目前对于科技型小微企业在研发方面的税收优惠表现在：对与符合一定标准的高新技术的研发费用加计扣除，而该标准对于小微企业的发展规模以及经济实力来讲是难以企及的。基于此，本书建议：制定科技型小微企业的认定标准，对于符合条件的小微企业，给予其研发费用加计扣除的税收优惠，且当年抵扣不完的部分在之后一定的年限内可以结转抵扣。

对于成熟阶段的小微企业，从研发技术到研发产品已经趋于成熟，此时的核心工作是将前期开发的新技术向新产品进行成果转化、将新产品向市场推广，在此阶段试制、试销是其核心业务，此时用于成果转化的固定资产投入较多。本书建议：根据不同的行业特征所使用技术设备制化技术衰减规律表，通过一套既定的公式最大程度地反映技术设备等固定资产的实际使用价值，综合运用多种折旧方式激励企业完成创新技术向创新产品的成果转化。①

2. 建立具体有效的产学研协同创新的税收激励机制

“产学研”的合作模式使得企业以及学校、科研机构可以各自发挥所长，协调市场需求与技术需求，是资源型经济转型过程中值得推广的合作方式，本书建议：建立具体有效的产学研协同创新的税收优惠制度，允许将符合条件的“产学研”合作所产生的研发费用在计算所得额时加计扣除，从而激励“产学研”推动资源型经济转型。具体来讲：第一，当小微企业与科研所、高校联合建立实验室，通过与这些科研机构的技术依托关系推进该企业的研发项目时，允许将发生的委托费用进行加计扣除。第二，对于“产学研”合作模式下发生的应当由小微企业承担的研发费用，在计算所得额时允许加计扣除。

3. 增强企业税收优惠的区域导向性

长期以来，受资源禀赋、区位条件和国家区域发展战略的影响，资源型产业占资源型地区比重巨大，使得新兴产业在经济总量中的比重偏小，产业发展不平衡、不协调问题十分突出。加快资源型经济转型、加快经济发展方式转变已成为我省建设资源型经济转型综合配套改革试验区的首要任务。

从具有区域导向性的所得税优惠政策来看，我国2001年实施的西部大开发税收优惠政策对于西部地区的生态治理以及产业结构具有较强的调控作用。因此，本书建议，结合资源型经济的基本目标，制定具有区域导向性的所得税优惠政策。第一，借鉴西部大开发优惠政策，对符合资源型经济转型方向一致的企业、能够促进转型目标实现的产业如现代服务业、“低污染、高附加值”的新型产业、改造提升的传统产业以及发展循环经济环保产业，采用15%的低税率征收企业所得税。第二，借鉴“六大行业、四大领域”的相关优惠政策，对符合资源型地区产业结构调整方向的中小企业，新购进的研发与生产经营共用的单价100万元以下的固定资产可享受一次性扣除，100万元以上的，采用加速折旧的方法在一定期限内完成扣除。

---

① 参见魏红颜：《创新型小微企业税收激励机制优化研究》，哈尔滨商业大学2017年硕士学位论文，第41页。

结 论

资源型地区为中华人民共和国经济的发展和工业体系的建设做出了重要贡献，但是，随着国家经济发展战略的调整以及体制机制改革的推进，资源型经济的传统发展模式已经不能适应新的发展要求，转型就成为资源型经济发展过程中的题中之义。资源型经济转型的核心要义就是由资源依赖型、结构单一型发展模式向寻求新的经济增长点、多元化的发展模式转变的过程。财税法律制度与其他法律制度相比较，在引导产业结构合理布局、促进经济发展方式转变等方面具有方法更直接、传导速度更快、导向作用更明显等一系列独特优势。然而，我国现行财税法律制度存在一些不利于转型的因素，迫切需要进行完善。对于税收政策如何促进资源型经济转型，在理论界讨论比较热烈，但都是从经济学的角度进行探讨，本书主要从法学的角度，对现行财税权配置及财税法律制度对资源型经济转型的影响进行了系统论述，并提出完善建议。

第一，论证了资源型经济转型和财税法律制度之间的内在关联，首次提出二者之间正关联和负关联的概念及相关含义。本书认为，“经济基础决定上层建筑，上层建筑对经济基础具有反作用”。财政税收制度作为上层建筑，对经济发展具有反作用。因此，财政税收制度的优劣与运行状况和资源型经济的转型发展具有内在关联：正关联表现为，财税法律制度对资源型经济转型的促进与保障，即财政税收制度通过增加公共产品的供给以及安排具体税制保障和促进资源型经济转型；负关联表现为，财税法律制度对资源型经济转型的制约与阻碍，即财权与事权不协调、税制结构不合理、财政支出结构不完善制约和阻碍了资源型经济转型。笔者通过研究二者的关系，企图将资源型经济转型这个经济问题转换为法律问题，基于经济学、法学的学科交叉视角，既汲取了从经济学视角研究问题的丰富成果经验，又创造性地以法学为主要研究视角去发现法律问题，对于资源型地区处理好“转型”与“法治”的关系具有重要的意义。

第二，全面梳理了我国资源型经济转型的财税法律制度并进行了评析，填补了我国在这一领域研究的空白。本书将影响转型发展的财政法律制度分为预算法律制度、转移支付法律制度、财政补贴法律制度，将影响转型发展的税收法律制度分为增值税法律制度、企业所得税法律制度、资源税法律制度、环境保护税法律制度，对上述具体法律制度进行全面梳理。通过梳理发现，在我国财税法治建设中，取得了一系列重要成果，对资源型经济的转型发展具有一定的促进作用，但是，还存在立法位阶低、财税制度政策化、缺乏促转型的针对性、缺乏必要地方立法权等不足。笔者通过对我国资源型经济转型的财税法律制度的全面梳理，充分展示了我国相关法律制度的发展现状，对激发研究中的问题意识具有重要的作用，对财税法律制度如何促进资源型经济转型等相关问题的分析具有的参考价值。

第三，创造性地提出并论述了赋予资源型地区适度税收立法权的建议。本书认为，在坚持税收法定的前提下，赋予资源型地区一定的税收立法权，能够为健全资源型地区地方税收体系提供权力基础、发挥资源型地区的积极性。但是，需要强调的是，这个税收立法权仅限于与当地经济发展密切相关的地方税，而且是适度赋予税收立法权，也就是说地方税收立法权是在中央的调控下，受到法律约束的立法权。全国人大及其常委会必须把控整个授权立法行为，以宪法法律为依据，明确税收授权立法主体、明确税收授权立法的范围、突出税收授权立法的限制性规定、规范资源型地区税收立法的法定程序、健全资源型地区税收立法后的评估机制。只有这样，才能保障资源型地区税收立法权的合法性与合理性。这对于科学建立我国税收地方立法权，具有一定的指导作用。

第四，首次提出并论述促进资源型地区财税政策法律化的建议。本书认为，促进资源型地区财税政策法律化，能够改变现在资源型经济转型过程中“政策主治”的现状、改变增强财税制度的实效性、发挥财税法的制度优势。要想实现资源型地区财税政策法律化，必须结合资源型经济转型的发展实际，来设计财税政策法律化的基本思路：首先选取适合法律化的财税政策，其次将该政策变换为法律化的表述方式，接着通过专家审核，最后进入立法程序，编制立法规划、制定法律草案、举行公民听证会、审议与公布法规、对转化后的制度进行评价。本书提出的“资源型地区财税政策法律化”建议突破了经济学领域就促进资源型经济转型的财税政策的单一研究，而是将经济政策和法律一体化建设研究，这对于深化财税法治改革、促进资源型经济转型，具有一定的理论意义和实用价值。

第五，全面论述了不同财政法律制度与税收法律制度对资源型经济转型的影响，并提出建议。本书将资源型经济转型这个经济问题与预算法、财政转移支付法、增值税、资源税、环境保护税和企业所得税法律制度等财税法律制度中的具体规范相对应，突破法学领域对财税法功效的宽泛研究，找到法律制度在促进转型时存在的具体问题进行分析，提出促进和保障资源型经济转型的具体建议，对完善资源经济转型的财税法律制度具有参考价值。

此外，本书对资源型经济、资源型经济转型、资源型地区财税立法的原则、资源型地区财税激励的原则等几个重要概念之内涵进行了深入论述。这对于正确理解和把握资源型经济转型与法治的关系、完善资源型经济转型的财税法律制度，具有一定的理论意义。

本书虽然对上述问题进行了较为系统、深入的研究，提出了一些独到见解。但在笔者研究过程中，不断有相关财税法律制度的变更，因而，本书中涉及一些施行不久的财税法律和政策，如与资源型经济转型密切相关的《环境保护税法》于2018年1月1日起施行，由于这些法律制度运行的时间较短，具体问题并未完全显现，所以成果中涉及的该法的问题和解决措施未必全面，尚需深入研究。此外，本书中涉及的范例略显局限，由于本书作者位于山西省，而山西省又是我国的资源大省且被国务院授予资源型经济转型示范区，调研工作大都集中在山西省，使得成果所具有的说明力受到了些许影响。本书研究还有待于进一步深入，希望该项研究能够起到抛砖引玉的作用。考虑到目前税收法治改革的推进以及税收征管改革的深化，建议结合当前资源型地区在相关改革中出现的新问题，进一步研究，以便在理论上更好地取得共识，尽快完善我国资源型经济转型的财税法律制度。

图书在版编目(CIP)数据

资源型经济转型的财税法律制度研究 / 薛建兰等著
. -- 北京:法律出版社,2020
ISBN 978 - 7 - 5197 - 4326 - 0

Ⅰ. ①资… Ⅱ. ①薛… Ⅲ. ①财政法 - 研究 - 中国②税法 - 研究 - 中国 Ⅳ. ①D922.204

中国版本图书馆 CIP 数据核字(2020)第 044761 号

资源型经济转型的财税法律制度研究 **ZIYUANXING JINGJI ZHUANXING DE CAISHUI FALÜ ZHIDU YANJIU**	薛建兰 等 著	责任编辑 薛 晗 田 浩 装帧设计 汪奇峰

出版 法律出版社
总发行 中国法律图书有限公司
经销 新华书店
印刷 北京玺诚印务有限公司
责任校对 杨锦华
责任印制 胡晓雅

编辑统筹 法商出版分社
开本 710 毫米×1000 毫米 1/16
印张 18.5
字数 254 千
版本 2020 年 12 月第 1 版
印次 2020 年 12 月第 1 次印刷

法律出版社/北京市丰台区莲花池西里 7 号(100073)
网址/www.lawpress.com.cn
投稿邮箱/info@lawpress.com.cn
举报维权邮箱/jbwq@lawpress.com.cn
销售热线/400 - 660 - 8393
编辑电话/010 - 83938130

中国法律图书有限公司/北京市丰台区莲花池西里 7 号(100073)
全国各地中法图分、子公司销售电话:
统一销售客服/400 - 660 - 8393/6393
第一法律书店/010 - 83938432/8433 西安分公司/029 - 85330678 重庆分公司/023 - 67453036
上海分公司/021 - 62071639/1636 深圳分公司/0755 - 83072995

书号:ISBN 978 - 7 - 5197 - 4326 - 0 **定价**:82.00 元